本书受2017年海南省高等学校发展专项资金，海南热带海洋学院重点学科民族学建设经费资助出版。

海南热带海洋学院民族学学科建设成果文库

海南民族研究 第六辑

海南民族历史文化暨黎文创制60周年文集

郑力乔 高泽强 | 编著

光明日报出版社

图书在版编目（CIP）数据

海南民族历史文化暨黎文创制 60 周年文集 / 郑力乔，高泽强编著．--北京：光明日报出版社，2020.4
（海南民族研究．第六辑）
ISBN 978-7-5194-5695-5

Ⅰ.①海… Ⅱ.①郑… ②高… Ⅲ.①黎族—民族文化—海南—文集②黎语—语言史—海南—文集 Ⅳ.①K288.1-53②H281-09

中国版本图书馆 CIP 数据核字（2020）第 052157 号

海南民族历史文化暨黎文创制 60 周年文集
HAINAN MINZU LISHI WENHUA JI LIWEN CHUANGZHI 60ZHOUNIAN WEN JI

编　　著：郑力乔　高泽强	
责任编辑：曹美娜　黄　莺	责任校对：陈永娟
封面设计：中联学林	责任印制：曹　净

出版发行：光明日报出版社
地　　址：北京市西城区永安路 106 号，100050
电　　话：010-63139890（咨询），63131930（邮购）
传　　真：010-63131930
网　　址：http://book.gmw.cn
E - mail：caomeina@gmw.cn
法律顾问：北京德恒律师事务所龚柳方律师

印　　刷：三河市华东印刷有限公司
装　　订：三河市华东印刷有限公司

本书如有破损、缺页、装订错误，请与本社联系调换，电话：010-63131930

开　　本：170mm×240mm	
字　　数：207 千字	印　　张：14.5
版　　次：2021 年 1 月第 1 版	印　　次：2021 年 1 月第 1 次印刷
书　　号：ISBN 978-7-5194-5695-5	
定　　价：68.00 元	

版权所有　　翻印必究

目 录
CONTENTS

罗香林黎族研究的问题、方法、材料与理念 …………………… 1
基于黎族民间传说探讨海南岛远古文化史 …………………… 13
论黎族养生文化与海南大健康旅游业的新发展 ……………… 36
论"全域旅游"背景下三亚民族文化旅游资源开发利用 ……… 43
民国以前的黎族教育说略 ……………………………………… 51
现代黎族民歌中崖州民歌的身世之谜 ………………………… 58
刍议海南黎族竹木器乐的生态人文 …………………………… 92
从"三伯公"说起
　　——兼论黎族研究中黎译汉的用词选择 ………………… 103
环北部湾地区服饰文化的历史演变 …………………………… 108
基于海南与东南亚民族文化互动的黎锦旅游纪念品设计研究 … 124
促进民族文化与地域经济发展的良性互动
　　——黎族传统文化在海南国际旅游岛建设中的物化 …… 131
黎族审美文化的简单主义倾向
　　——从线条及其颜色谈起 ………………………………… 138
旅游语境下黎母信仰的唤醒与重构 …………………………… 145
浅析原始宗教文化对黎语的影响 ……………………………… 156

浅谈清代海南社会历史与文化的特殊性 ……………………………… 171
三亚疍家咸水歌研究 …………………………………………………… 178
市场扩大、技术交流与宋元之间海南棉纺业的发展 ………………… 189
"早发的神箭"与黎族历史文化关系考论 …………………………… 196
主题学视域下的黎族与其他壮侗语族民间爱情叙事长诗比较 ……… 215

罗香林黎族研究的问题、方法、材料与理念*

尽管罗香林不是专门从事黎族研究的学者,仅仅写过一篇关于黎族族源问题研究的论文,但这篇论文树立了之后长期为学术界承认的主流的观点,他研究黎族的问题、方法、材料和理念值得认真总结。在认真研读罗香林1943年写作、1955年出版的著作《百越源流与文化》一书以及相关文献后,笔者认为应对以下系列问题进行梳理和研究,以洞察其研究的科学性和局限性,阐释其研究的学术史意义,为黎族族源问题研究提供参考。这些问题是:罗香林为什么要研究黎族族源问题?其所持的"黎族源自古代越族的一支"这一观点何以能够成为主流?后来又受到哪些质疑?后人在进行黎族族源问题研究时对罗香林的研究在材料和方法上有哪些借鉴、继承和新创?罗香林的研究进一步开拓空间何在?

一、为什么要研究民族族源问题

罗香林(1936—1978),广东兴宁人,自幼家学深厚,父亲罗希山著《亚洲史》和《国史概论》为世人称道。求学时代在清华,大学时期曾跟随陆懋德、朱希祖、钱玄同、梁启超、陈寅恪、冯友兰、许地山等名师,治学方法和精神受到熏陶。饶宗颐先生评价他的学问说:"罗先生一个人就拥有家学、师学、乡学、外学、内学,这些条件都具备,是他得天独厚之处,所

---

* 本文作者:郑力乔,就职于海南热带海洋学院人文社会科学学院。

以他能够开拓许多史学研究的道路。"他的主要研究方向有民族史、中外关系史、唐史、民俗研究等。可以说,罗香林的民族学研究独树一帜,他研究民族问题,提出问题的角度,开展研究的方法、材料及理念,至今仍有其学术方法论意义。首先,罗香林为什么要研究民族的族源问题呢?而黎族族源研究又何以进入罗香林的研究视野?这要从他提出问题的背景说起,他提出问题的角度、思考问题的方法实际上与其他从事黎族研究的学者(包括与他同时代的刘咸、王兴瑞、史图博以及后来的黎族研究学者)很不相同。

第一,他认为民族的族源问题是历史研究中常常被忽略研究的。在其所著《百越源流与文化》一书序言中,罗香林指出,中国历史上关于民族的管理和记载,主要集中在两个方面,一是各种族之名号的记录,二是各民族入朝奉贡的经历,其目的是便于统治者"安辑庶姓,和齐民族,郅治常轨"[1]。而对于各民族的源流系统,在漫长的历史长河中其错综分合的轨迹,描述则十分简略。罗香林认为,史书上的这些关于民族问题在记述上之详略,政治上对于国家同化种族之策是多有贡献的,但从学术研究的角度来说,中土种族史与种族学大量的可贵资料可能就被湮没,没有发挥出其应有的学术研究价值。因此,在民族学问题研究上,罗香林提出民族的源流问题,是综合了历史上对民族管理的史书记载资料,具体提出如百越民族的源流系统、黎族的族源问题、客家族的源流问题,这些问题的提出具有极高的学术价值,至今仍有待深入研究。

第二,他在历史研究中大量阅读了古代史书和古代神话传说,认为古代的神话传说以及古代史书都需要辩证地去看待。那么,黎族族源问题的提出究竟是受谁的影响呢?考其研究的缘起,当从他在清华大学学习时说起。"往者余肄业国立清华大学研究院,从诸师专治唐史,并兼习古史,于古代各氏族与种姓之神话传说,颇尝请益。"[1]这段话可见,罗香林的民族源流研究得益于他在清华大学研究院读书时对唐史、古史的研究,在历史研究中阅读了大量的古代氏族和种姓的神话和传说,有了广阔的学术视野和深厚的学术积淀,产生了开展历史学术研究的问题意识,罗香林认为古代的神话传说是古代生活的反映，古代史书记录的是古代历史的片段，学者在从事研究的时候，对于那些不可信为事实的神话传说，应该寻求其中的"古史质素"，对于那些人们信以为真的古代史书，则要指出其中的"罅漏"。

第三，罗香林是在百越民族史研究框架中触及黎族研究，其研究的逻辑链条是"越族源出夏民族考"——"古代越族分布考"——"古代越族文化考"——"古代越族方言考"——"海南岛黎人源出越族考"——"疍民源流考"——"南诏种属考""狼兵狼田考"——"僰夷种属考"——"马来人与古代越族之关系"。罗香林是从古代越族的历史渊源、地理分布以及文化特征等研究出发，发现海南岛黎族与疍民、南诏（今云南一带）、狼兵（壮族土司武装）、僰夷（西南诸民族）、马来人等都同属古代越族的孑遗，如何解释这些族群有如此多的文化上的相同的特征，只能推断他们有共同的来源。显然，这一观察是以科学的分析为基础的。值得一提的是，罗香林的黎族研究从一开始就把黎族作为一个整体来研究，这实际上显示了他的创见，因为在他所处的时代里，人们对于黎族种属问题还是比较模糊的，如1934年王兴瑞在《黎人杂谈——种族、来源及地理分布》一文中指出"琼崖黎人所包含的种族，最重要的有下面三个：（一）黎，（二）岐，（三）苗"，他认为从明代以来，所有的黎议奏章书牍，皆黎岐并称，黎和岐不得混为一种。关于黎族的称谓也比较多，琼崖抚黎专员陈汉光曾把黎人分为七类。直到王学萍《中国黎族》一书出版，将黎族划分为五大方言区，周伟民、唐玲玲在《海南通史》中确定"黎族五个支系有共同的起源"[2]，再次验证了罗香林的结论是能够经得起历史的检验的。

二、黎族族源研究没有办法绕开罗香林

今天的黎族族源研究已经不可能绕过罗香林，换句话说，罗香林的族源研究奠定了此后黎族族源研究的基本框架，其所援引的语言学、考古学、人类学和民俗学方面的例证在后人的论著中频繁出现。

第一，同时代的刘咸和岑家梧等学者没有完全否定罗香林的观点。刘咸

《海南黎族起源之初步探讨》[3]，分别从历史文献记载"黎"族称谓变迁、黎族体质上的特征、文化习俗等方面探讨，得出十一条结论。关于黎族的来源，从空间上看，一部分由大陆迁入海南岛，一部分由海上迁入海南岛；从时间上看，一部分是有史以后迁入海南岛，一部分是在有史以前移入；更因后来汉人因素及影响，互为激扬，遂形成今日黎族之状况。刘咸的观点可以称为"多源说"，他认为黎族的来源有多个。岑家梧在《海南黎族人来源考略》中认为从地理空间上看，在史前时期，海南岛与马来群岛，印度支那半岛，雷州半岛，香港附近岛屿连成一片，因而在文化上有很多的同质性，生活在这片区域的人被称为亚洲古生人种。此种文化之主持人即亚洲南部之古生人种、今日南洋群岛之土人，印度支那半岛之泰族及海南岛之黎人，皆其子遗。"海南岛黎人，确属南方系统之民族"，"其迁来岛上，不由亚洲北部大陆，而由亚洲南部岛屿"，"进入历史时代，安南、雷州、广州附近之黎人曰俚，政府屡次遣兵讨伐，黎人又反而逐渐南迁，乃形成今日之状况"[4]。岑家梧坚持"南来说"，同时指出其形成并非一次迁入而繁衍至今，而是有两个阶段，经历了史前和历史时代。

第二，后来的研究大多认同或部分认同罗香林的观点。1962年，王穗琼的《略论黎族的族源问题》主要从族称，语言的系属、地名，考古，物质生活和精神文化等方面寻找证据，认为黎族与壮侗语系有着十分密切的关系，赞同黎族的远古祖先就是骆越。[5]2008年，高泽强《黎族族源族称探讨综述》发表在《琼州学院学报》第2期，认为从古文献记载、考古学方面（石器、陶器、铜鼓）、语言学、地名学、民族习俗五个方面的证据可以支持"黎族源于骆越"的观点，而这一观点也是多数学者公认的、最具权威的观点。但笔者同时指出这一观点的局限性，认为断言黎族源于古代百越民族难以准确指出黎族的来源及其历史文化形成发展的成因，同时援引文献，得出新的观点："黎族是南岛语族和壮侗语族进入海南岛后，经过上千年的不断交流、融合与发展才最后形成的，因此可以说南岛语族、壮侗语族是黎族的两大源头。"[6]2013年，郝思德、黄兆雪《从考古资料探讨黎族族源》收入

《百越研究第四辑——中国百越民族史研究会第十六次年会论文集》。文章运用新的考古资料证实了罗香林的观点，认为黎族不仅是由几何印纹陶分布的岭南地区迁徙过来的，而且是从中国南方地区古代越族发展而来，并与以后的"百越"族有密切的文化和族源关系，甚至断言，黎族就是来自百越族中骆越（俚人）的一支，在海南岛上繁衍生息，成为当地最早的居民，而骆越人直至唐宋时期才真正演变为黎族。[7]

第三，完全否认"黎族源于骆越"这一观点的理由尚不充分。1985年，华峰的《关于百越民族社会经济形态和黎族族源的讨论》，总结了关于黎族族源的三种主要观点：黎族是海南岛的最早居民（与源于骆越不矛盾）；海南岛上最早的居民是壮族（找不到证据）；海南岛上最早的居民是小黑人（这一观点后来被周伟民等学者否定）。有学者认为黎族源自岭南的古越族，与骆越无关，骆越不是一个族称，是南越到西瓯及骆整个"南蛮"的泛称。[8]2003年，练铭志在《关于海南黎族族源的研究》中援引考古学的资料指出：黎族是海南岛最早的居民，后来与汉族、壮族、回族、正马来人、矮黑人等多民族有一个民族融合的过程，是"一源多流的融合体"。但他的观点似乎前后矛盾，因为文末很肯定地说"没有骆越就不可能有今天的黎族"，"黎族的构成是多元的，但非多源。她的源只有一个，那就是骆越"[9]。

黎族作家亚根在其编著的《黎族》中否认黎族源于百越。其理由是"百越指的是浙南、福建一带的东瓯、闽越。秦始皇二十六年（公元前221年）灭六国，分天下为36郡，最南的是长沙郡，南中国的广西、广东还未包括在内。秦始皇三十三年（公元前214年），征服五岭，灭百越，置桂林、南海、象三郡。至汉武帝元鼎六年（公元前111年）平定南越时，'自合浦、徐闻入海，得大洲（即今海南岛）'，始在此增置珠崖、儋耳二郡。因此所谓汉以前的'百越'地域并不包括海南岛在内。"得出的结论是"黎族非'百越'，也非'骆越'"。在此，亚根以海南设立行政建置的时间来推算黎族的族源，显然与罗香林的研究不在同一语境中。不过他提到一位杰出的女性——冼夫人，认为正是这位世代为南越"俚"人的首领促进了海南民族融合，她"带领一批又一批家族人深入海南各地平动乱、讨逆贼、抚百姓、安民心,清明朝廷",先后在海南设置十县,即义伦、感恩、颜卢、毗善、吉安、昌化、延德、宁远、澄迈、武德。"冼氏家族统治海南历经隋、唐、宋、元等几个朝代,拥有500多年的辉煌岁月,'俚'人当中确实有不断转变为'僚'为'黎'的事实,只是由于种种原因,那些先后来海南常住的人们已经无法统计,也不好考证他们之中的哪些人是汉族,哪些人是'俚'族,哪些人变成了汉族,哪些人融入了黎族。也许正因为如此,进入海南的南越'俚'人早已为被忽略被遗忘的历史。"[10]这一段叙述是比较符合各民族在迁徙过程中不断融合的实际的。

2012年8月,海南大学鞠斐在《海南黎族族源及入琼时间研究》中不认为黎族源于骆越,他的理由是黎族的文明程度高于骆越,因此不可能由骆越发展而来。证据是语言中的数词,认为黎族在迁入海南的时候,一到十的计数系统已经形成了,黎族迁出时的文明程度要高于骆越系民族。[11]这一理由似乎并不充分。

2017年,周伟民、唐玲玲的《海南通史》认为"黎族不单是源于百越族,而是与百越族有共同的起源"[2],指出黎族源于百越族的一支——骆越,这一学术界长期以来的一个主流观点,忽视了历史的层递关系,有片面性。依据:(1)吕不韦提出百越到现在也不过2000年,而黎族是距今1万多年以前,从广西迁徙到海南的,怎么可以说黎族源于百越族?(2)百越族的骆越一支,连同罗香林说的其他16个族群,都是后人在文明时期据史书记载而提出的,1万多年前肯定是没有称为"骆越"族的族群的!我们可以这样说,从历史的层递关系来说,在1万年以前,广西有族裔是黎族先民的祖源,黎族迁到海南之前是这个族裔的后裔。因此,在黎族迁徙到海南岛后的7000、8000年才出现的"百越",与黎族有同源的关系,而不是黎族源于百越族。周伟民和唐玲玲的研究结论:第一,冰川期在距今1.2万年左右结束,冰川融化,海平面上升,形成了琼州海峡。距今1万年左右,黎族稳定在海南岛上,成为一个非常好的隔离群。第二,黎族五个支系有共同的起源。第三，黎族与百越族有共同特征，但两者分离较早，故不能说黎族源于百越族，而是与百越族有共同的起源。第四，黎族与汉族、苗族、瑶族的遗传关系较远，黑矮人没有参与黎族的形成。第五，黎族与代表台湾的泰雅人、阿美人和排湾人的起源极为亲近，有极大的同源性。

综合以上几位学者的观点，后人对"黎人源于骆越"的观点提出质疑主要有以下几个方面：第一，黎族是海南岛原住民，并非后世迁入。第二，黎族在海南岛的考古遗迹显示其生活的时间至少应该在7000年以上，并非3000年。黎族与骆越族有着共同的起源。第三，黎人与其他壮侗语族的同源关系并不紧密，至少语言上的证据不够充分。第四，断言黎族由雷州半岛之"俚"人转化而来，是汉族对黎族的一种歧视。[2]在罗香林以后的70多年间，通过考古的新发现，关于黎族族源的研究，主要观点已经从"黎族源于骆越"过渡到"黎族与骆越有共同的起源"，将黎族在海南岛的居住时间大大地往前移了几千年。尽管如此，"黎族与骆越有共同的起源"这一观点没有否认黎族与骆越有许多共同的特征。将黎族起源的时间上溯至比中华文明还久远的7000年以前，甚至1万年以前，从历史的分期看（英国摩尔根把族群的历史分为蒙昧时代、野蛮时代和英雄时代），只是把黎族的蒙昧时代无限延长，某种程度上这样的讨论已经脱离了历史的范畴。在得出"黎族源于骆越"这一结论前，罗香林仔细思考过这样一个问题，即"百越"族群究竟源于何时？"百越"之名见于2000多年前的秦代，但不等于其在秦代才形成，其形成的年代当更为久远。罗香林认为越族与夏民族有关，或者说越族由夏民族演进而来。他列出七条证据：第一，《史记·越王勾践世家》："越王勾践，其先禹之苗裔，而夏后帝少康之庶子也。"越族的特点是披发文身，文身有龙蛇之状，"陆事寡，而水事众"。越族与夏民族崇拜龙蛇一类水族为图腾，颇为相似。第二，越族的居住地会稽山其实就是夏民族的崇祀地涂山。第三，引韩非子记载，称夏越本一体，都与后羿为仇。第四，引春秋左传等资料认为越族为夏民族一支演进而来。第五，汉水流域在秦以前为越族居住地。第六，越族重心之地春秋时的越国，当时最盛行关于夏禹的传说。越人称夏禹的陵墓就在越国的会稽（今浙江绍兴）。第七，越族与濮族原为一族，"吴越"在古籍上又被称为"吴濮"，而濮族分布甚广，与夏民族有同源关系。地理上南北濮水的发源地，在今河南密县，而密县与新郑相接，又与今河南登封县相接，因此濮水上流的先民，可以推断是夏民族一支所繁衍。

梁启超认为，研究民族分类和研究民族起源的方法不同，研究民族分类者当以体质为基准，其次是语言与文化。而研究民族起源的方法是一种史学方法。"一民族之演进，血统以人口移动而混淆，文化以交通传播而变迁。追溯此混淆变迁之迹者为历史，历史之端倪则为起源。"历史的方法是要追寻文化的变迁之迹，这七条证据显示了罗香林正是使用了严谨的史学方法（而非文化学的方法），推论越族与夏民族的关系，说明罗香林研究民族起源的整个逻辑框架是把各民族置于华夏民族这个大的源头之下，通过追寻文化变迁之迹来讨论民族的起源，反过来说，如果脱离这一点去追寻民族的起源的年头，实际上已经脱离了历史的范畴。

三、罗香林的研究特点

从民族学的学术史角度来看，罗香林的这篇论文《海南黎人源出越族考》具有以下几个方面的特征，而这些特征于学术研究而言具有多重价值。

第一，罗香林在研究黎族的综合族源问题时综合采用了多学科理论与方法。20世纪30年代，在总结史图博《海南岛黎族》、王兴瑞《海南岛黎人研究》等研究的得失之后，罗香林在其《海南岛黎人源出越族考》中提出黎人的种属问题，他综合运用考古学、民俗学、民族学和人种学等多学科理论和方法，探讨黎族形成的源流及特性。

第二，注重从语言发展的角度求证和比较研究。从语言的同源关系，他认为"黎"与"俚"、"俚"与"雷"相通，得出黎族即雷民或俚人音证的结论；他考察海南黎族文身的文化内涵，指出黎族与古代越族的相同点主要有三：黎族文身的纹样有象征龙蛇一类水族之痕迹，与古代越族之文身龙者相关；黎语的句法组织有"虚上而实下"的特征，形容词与副词必在名词或动词之后；重视考古学的证据，结合人种测量等人类学的研究方法。罗香林找到的重要证据是铜锣和铜鼓等。他探讨黎人源流与雷或雷神的关系，认为黎族分布与雷州半岛有关系，从考古学的角度研究得出石斧和铜鼓的遗留是黎族为骆越的一部分的明证，因而得出"海南岛黎人源出越族"的结论。罗香林在得出结论后并没有止步于此，他提出两种可以继续进行学术探讨的假设：其一，根据中山大学医学院西雅博士测验黎人骨盆的结果：黎人与马来人、中国南方汉人相近，罗香林认为马来人很可能是从中土百越民族分出的一支，提出了远古中国南方民族海外移植的假设；其二，黎人称文身为"登"或"打登"，因此提出与汉语之"德"有同源关系，欲进一步撰写论文《释德》深究其底蕴。人种测量是一种人类学的研究方法，"人种测量是当时希望能向自然科学靠拢的人文社会学者非常推崇的一种研究方法，不但人类学家奉为圭臬，就连历史学家、地理学家都跃跃欲试。学生时代身处清华燕京的罗香林，大抵很难不受这样的学术风气影响。"[12]罗香林将人文社会科研方法与自然科学方法相结合，在黎族族源研究中有效运用人种测量的方法。

总之，学术界对于黎族族源的研究，素有"南来说""北来说"和"多源说"等多种观点。罗香林的《海南岛黎人源出越族考》显然是"北来说"的代表，他认为黎族源于百越中的一支——骆越，这一观点成为学术界主流观点。笔者认为，罗香林的这一研究有着深厚的学术根基，是其百越源流考及客家源流考研究中的一环，更是他师承梁启超、陈寅恪等名师历史研究法的有效运用。同时与他谙熟中华民族的构成与演进，通过族谱学研究，熟知中国历代各族姓之迁移转徙、各民族之混合同化有关；他擅长进行语言分析，特别重视族群分布与自然环境的关系。他是一个以唐史和中西交通史研究为主要学术研究方向的历史学家，运用历史学的方法研究民族问题，从历史上统治者的民族记录中发现有价值的研究课题，创新性地提出被历代史书所忽略的民族的族源问题。方法上，他注意史书记载和神话传说的史料价值及其局限，注重从语言学、考古学、人类学、民俗学等方面寻找材料展开论证。材料上,他尤其看重考古器具方面的证据。他的理论视野不但涉及社会科学,同时涉及自然科学。罗香林的族源研究具有的学术和现实意义在于:

第一,运用历史研究方法开展黎族族源的研究,将黎族的文化寻根之旅纳入中华文化的变迁和演进轨迹之中。

第二,罗香林的族源研究奠定了此后黎族族源研究的基本框架,其所援引的语言学、考古学、人类学和民俗学方面的例证在后人的论著中频繁出现。时至今日,当今学者对黎族族源问题研究即使有不同的观点和结论,也未能脱离他的研究框架。

第三,他的研究不仅对我们今天在"一带一路"背景下考察黎族与东南亚民族的互动关系仍有十分重要的价值和意义,而且从中华民族伟大复兴与民族研究的关系这个视角来看,他的研究对我们辩证理解中华民族文化的差异性、融合性和同质性,从而开展中华民族共同体研究不无裨益。在罗香林研究的基础上,黎族族源的研究可以在以下方面进行新的开拓:

首先,研究黎族起源的方法可以将考古学和神话学相结合。中外学者其实对这一问题都提出过自己的见解,如梁启超认为"文化是人类思想的结晶,思想的发表,最初靠语言,次靠神话,又次才靠文字"[13]。梁启超不完全排斥神话,他在《神话史、宗教史及其他》一文中认为每个民族都有其口口相传的神话,这些神话反映出这个民族曾经有过的事项、风俗和社会心理,应该大规模地去研究这个民族的一切神话。民族文明与野蛮的分野在于文书的有无,文明民族可以从文书的记载去追寻其起源,而原始民族没有文书记载,只能有求于考古和神话。法国社会人类学家克洛德·列维-斯特劳斯(Claude Levi-Strauss)在谈到神话与历史的关系时指出:"如果我们在研究历史时,将它构想为神话的一种延续而绝非与神话完全分离的历史,那么,在我们心智之中萦回不去的'神话'与'历史'之间的鸿沟,还是有可能被冲破的。"[14]试图冲破神话与历史的鸿沟表明了结构主义神话学的理论勇气,黎族拥有自己的史诗神话,近年来经过专家学者的重新整理,材料日益丰富,可以和考古学的资料相证,以探究黎族起源的具体问题。

其次，研究黎族起源问题应在中华民族共同体的理论框架下进行深入。从费孝通提出中华民族多元一体理论到十九大报告提出中华民族命运共同体理论，中华民族是你中有我、我中有你、谁也离不开谁的"整体"，是一个历经几千年漫长的历史发展形成的自在的民族实体。这一理论对我们研究考察少数民族的族源问题具有十分重要的指导意义。

参考文献：

[1] 罗香林. 百越源流与文化 [M]. 台北："国立"编译馆中华丛书编审委员会. 1955.

[2] 周伟民，唐玲玲. 海南通史（先秦至五代十国卷）[M]. 北京：人民出版社，2017.

[3] 刘咸. 海南黎族起源之初步探讨 [J]. 西南研究，1940，1（1）.

[4] 岑家梧. 岑家梧民族研究文集 [M]. 北京：民族出版社，1992.

[5] 王穗琼. 略论黎族的族源问题 [J]. 学术研究，1962（6）.

[6] 高泽强. 黎族族源族称探讨综述 [J]. 琼州学院学报，2008（2）.

[7] 郝思德，黄兆雪. 从考古资料探讨黎族族源 [C] //吴春明，蓝达居，何斌. 百越研究第四辑——中国百越民族史研究会第十六次年会论文集，2013.

[8] 华峰. 关于百越民族社会经济形态和黎族族源的讨论 [J]. 民族研究，1985（2）.

[9] 练铭志. 关于海南黎族族源的研究 [J]. 广东技术师范学院学报，2003（5）.

[10] 亚根. 黎族 [M]. 北京：中国人口出版社，2014.

[11] 鞠斐. 海南黎族族源及入琼时间研究 [J]. 海南大学学报（人文社会科学版），2012（4）.

[12] 程美宝. 罗香林早年人种学与民族学的理念与实践 [J]. 中山大

学学报（社会科学版），2008（6）．

[13] 叶舒宪．中国神话学百年文论选（上册）[M]．西安：陕西师范大学出版总社有限公司，2013．

[14] [法] 克洛德·列维-斯特劳斯．神话与意义 [M]．郑州：河南大学出版社，2016．

基于黎族民间传说探讨海南岛远古文化史*

由于海南岛所处的地理位置，千百年来南来北往、东来西走的族群，均不同程度在这块热土上留下文化的足迹。

黎族是学术界公认的海南岛最早居民。那么，在黎族之前，是否还有其他人类早已生活在海南岛上？对这一问题回答应该是肯定的。这不仅是因为海南岛已发现了万年以上的人类文化遗址，而且黎族的一些民间传说中也隐约透露出有其他人类，或者说类似人类的其他高等级动物曾与黎族先民共同生活在这块热岛上。本文在这里将黎族的民间传说当作探讨的依据，分析和讨论远古时期海南岛的社会文化现象。

一、相关的民间传说

在黎族的民间传说中，有一些涉及远古时期的人类。但由于此类传说历史太遥远，以至在现代黎族社会中，人们对传说中的主人公到底是人、动物、山魈、鬼魂还是自然界的精灵，均难以分辨清楚。在这类传说中，较有名的是"阑咙""族栈"和"塞堆"。

1.《阑咙》

这是一种类似人的山野之"人"，黎语称为"阑咙"，意为"忘记长大

---

* 本文作者：高泽强（昂·德威·宏韬）。
基金项目：2014年国家社会科学基金重大项目《黎族通史》（14ZDB111）阶段性成果。

的人"；有的地方称为"对"，意是"专门藏匿人家东西之精灵"。传说这样：

"阑咙"主要居住在丛林山野中，着装上学黎族，男穿犊鼻裤，女穿筒裙，但个子特别矮小。黎族先民很难看到"阑咙"，但"阑咙"能看到黎族先民。黎族先民只有在梦中才能见到"阑咙"的模样，知道他们长得怎么样，知道他们在干什么。正因为这个原因，"阑咙"喜欢戏弄黎族先民。有的时候，"阑咙"们将梦中深睡的黎族先民抬放到屋外，让黎族先民摸不着头脑，明明睡时是在屋内，醒时怎么在屋外了，但他们从不伤害黎族先民，与黎族先民和睦相处。

白天，黎族先民到山上劳动时，因为见不到"阑咙"而常冒犯他们。如无意间拆掉或烧掉"阑咙"的茅棚，砍倒树压伤正在酣睡中的"阑咙"。如果这样，"阑咙"就会让这人迷失方向找不到回家的路，或把这人藏匿起来。家人一整天见不到这人回来，就会发动全村上山（这人上山前曾告诉家人要去的地方）去寻找，然而黎族先民怎么找也找不到。而被藏匿起来的这个人却能眼睁睁地见到找他的村人，但他动弹不得，喊也喊不出声来。

若是出现这种情况，家人就得回村请祭师举行祭祀仪式。举行仪式后第二天再去寻找，就可以看到这个被藏匿的人就在原来找过的地方坐着。当人们见到他时，饥饿感立马出现，直喊渴喊饿。如果被树压伤的"阑咙"能很快好起来，伤到"阑咙"的人就没有什么事；如果"阑咙"伤得重，甚至死亡，那么伤到"阑咙"的人也就会长期患病，直至死亡。

2.《族栈》

这类传说在黎族地区流传比较广，最早见诸文字的是在王国全《黎族风情》一书中。书中记述：

很久以前在现今琼中县毛贵、毛栈地区的贺志浩石洞里，居住着一群"野人"（黎语称作"族栈"）。洞口岭下有一个村子叫牙开村。"族栈"每日都要到牙开村人的山栏园里要饭和讨南瓜吃。有一天,因"族栈"骗走并吃掉牙开人的小孩,小鬃黎人的祖先就动员了毛贵、毛路、毛栈三峒的人包围了"族栈"居住的山头,用木柴堆放在"族栈"住的石洞,放火烧了七天七夜,直至把"族栈"全部烧死在石洞内,"族栈"就这样绝种了。

接着以上的故事,在三亚一些地区的黎族群众还有这样传说的:

"族栈"在山洞被烧的过程中,其中有一个非常聪明,竟然用黎族人制作的陶锅将身体罩住逃了出来,黎族先民不断地去追赶,但"族栈"跑得飞快,很快就跑到了海边跳入海中,消失在茫茫大海里,从此海南岛便没有了"族栈"。

在保亭类似《族栈》的传说被收集后,经过整理,其故事情节更加详尽细腻,名为《劳咏智灭野人》:

相传很久很久以前,海南岛有一种叫作穴赞的野人。他们群居高山密林,善攀崖走壁,形状像人,身黑毛黄,披头散发,也说人话,喜吃人肉。这些穴赞生性凶残,被人视为天敌。后来,残存的穴赞聚集于五指山西南的红石山中。红石山,山高林密,石洞繁多。穴赞在这里集居,有大酋首、小酋首分掌各洞。他们常成群结队袭击山下的人们,这一带的人们把穴赞当作瘟神一样,十分惧怕而又无计可施,逃亡的逃亡,留下的寥寥无几。

在红石山下密林中,有一个叫作涝卫的黎村。这个村原先住着七十多户人家,因穴赞的危害渐渐地只剩下七户人家了。村中有个叫劳咏的年轻猎手,家中有妻子和一位老母亲。一天,劳咏因老母重病,上山捡草药去了。傍晚,当他踏入村子的时候,只见全村无烟火,断墙残壁,地上到处乱肠碎肚,血肉模糊,惨不忍睹。劳咏断定又是穴赞来吃人了。他侥幸外出,才免了一死。看到这一惨状,劳咏痛不欲生,他下决心非报此仇不可。他日想夜思,终于想出了一个计谋。

劳咏从高山上采来味道极苦极苦的苦连藤和颜色最黑最黑的黑龙木两味草药,熬成浓汁,然后涂满全身。劳咏身上苦得再也闻不出人的气味来了,黑得像一个墨人。劳咏走到穴赞经常出没的路上。这一天,劳咏终于看见一群穴赞远远地走了过来。为首的穴赞看见一个黑不溜秋的东西在行走,又惊又奇,大声吼道:"呜!那是什么东西啊,胆敢在我们的面前行走。"

劳咏壮着胆子上前说:"我是天神派来的使者,有重大事情要找你们大酋首。"穴赞不知是真是假,也不敢多问,就把他带上了红石山。只见红石山上有数不清的小洞,大路小道,九曲回肠。大小穴赞成百成千,黄毛为衣,披头散发,走来走去。劳咏不禁吓出了一身冷汗。

"天使来了!""天使来了!"穴赞们乱哄哄的,听说有天外来客,都拥在大厅里看热闹。几个酋首轮流盘问。因为他们从未见过天外来客,而且是比他们还黑的"神人"。

"是真是假,还得试试。"酋首们叫劳咏脱下衣裳,伸出舌头,几个小兵前来东摸西摸,闻来闻去,弄了半个时辰,也查不出什么可疑的地方来。因为劳咏全身又黑又苦,穴赞嗅不出人的气味来了。

忽然一个穴赞嚷道:"怎么这里白得像鹿肉。"原来劳咏在涂身时,不注意在耳朵背后有一小块皮肤没有涂着,被那穴赞看到了。劳咏急中生智,说:"嗨,这有啥大惊小怪的,是我刚长好的一点点疮疤。你们地下人没有生过疮当然奇怪了。"

"是真的天使来了。"几个酋首看不出什么破绽,终于相信了。于是齐声唤道:"真的,是天使来了,快拿出最好最好的鹿肉干来招待!"几个穴赞抬出"鹿肉干"来摆在石桌上,请劳咏进餐。劳咏不看便罢,一看禁不住地一阵颤栗。那些"鹿肉"竟是人肉啊!断腿残臂,连手镯还挂在手上哩。原来,穴赞把人当作鹿来捕杀的呀!

"尊敬的天使,怎么不吃鹿肉哪?"

"我的肚子疼,吃不下这些干东西。"

"天使不吃鹿肉就杀几头猪吧!"只一会儿,几个穴赞把穿山甲当作他们养的"猪"杀了。劳咏看着穴赞们津津有味地啃着人肉,想到自己的亲人也被他们这样吃着,心中万分的悲痛,眼泪禁不住地流了出来。

"天使为什么哭了?"

"屋里烟大,我不习惯这样地熏着,因此流泪。"

第二天,穴赞的大酋首终于出来接见"天使"了。劳咏向大酋首说:"七月七日,天要翻潮,刮八十级台风,到时万物消逝,大地淹成海洋。因为天神怜惜你们,特派我下来告诉你们,全体出动,砍七七四十九天干柴,浇上松脂蜡油,堆在洞口,才能免此大难,保你全族生存。"

穴赞们又惊又喜,他们高高托起这位"天神的使者",全体下跪,伏拜天地。然后,穴赞大酋首发号施令,由"天使"监督,倾巢出动,奋力砍伐收集干柴,制作油脂。

到了七月七日前的一天,"天神使者"劳咏吩咐所有穴赞酋首,各掌其洞,从今天起全体必须躲在洞中,不准外出,否则触犯天规,无一生存。这位"天神的使者"把一切安排就绪,最后亲手封住洞口,才大摇大摆离开了红石山。

这些凶残而又愚蠢的穴赞,不知是计,都躲在洞中,守住油柴,小心翼翼地等待着天地翻覆的时刻。而劳咏却安然出来把事情告诉了乡亲们,人们无不称赞劳咏的勇敢和机智,感激他为民除害的英勇行为。当天夜里,勇敢的劳咏带领着乡亲们悄悄走上红石山,在周围七个洞口上放起火来。火借风势,风助火威,一时红石山便成了一片火海。洞中的穴赞不知死到临头,听到外面的风火声大作,以为真的天翻潮了,他们还庆幸自己免了一场大灾难呢。

不多时,烈火漫入洞内,数千穴赞烧成灰烬,无一生还。从此穴赞这种凶残吃人的野人种,终于在五指山上绝迹了。传说这场大火一直烧了七天七夜，烧得满山通红，玉石俱焚，红石山由此而得名。①

3.《塞堆》

这是与黎族先民更为接近的一种人类，由于他们特别崇拜牛，所以黎族先民称他们为"塞堆"，意即"崇拜牛的原住人"。传说这样：

"塞堆"建村立寨，有茅草房，有自己的语言，能听懂黎语，种植山兰稻，尊重牛而忽视人，不吃牛肉但可以吃人肉。当牛死时，"塞堆"会哭诉牛的功劳，并把牛抬到牛的墓地去埋葬，整只牛身埋到地里，留牛角露出地面。

每当人们出去劳动时，他们就将已失去再劳动能力的老人带到河中泡水，以去掉身上的污垢和异味。此时老人都知道末日已到，流着眼泪自觉或配合地去泡水。当人们劳动回来后，把老人从河中捞出来，举行一些仪式，然后将老人杀掉煮吃。"塞堆"对亲生的婴儿也一样，当婴儿长到几个月后，他们就将婴儿放到房屋的流水坡处，如果此婴儿懂得抓起房屋上的茅草以防滑落掉下，那么这个婴儿就可以留下养大；如果不懂抓起房屋上的茅草并滑落掉下来，那这个婴儿就会被杀死煮吃。

一次，一位黎族先民误入他们的领地被捉住。"塞堆"把他关到一间茅草中，并且每天都打水去给他洗澡，以便洗净备杀。但此人没有洗澡，每当"塞堆"把水提过来，他都放在一边，待"塞堆"走后便将水轻轻地泼在泥土墙上。三天后泥土墙松动，晚上趁着夜色，他把松动的泥土墙扒成一洞口逃了出来，一路奔跑，"塞堆"知道后马上追赶，但追赶不上，他总算拾回来一条命。

二、与黎族民间传说有关的历史考古信息

从上面3则黎族民间传说中可见，作为孤悬海外的海南岛，在远古时期

---

① 《劳咏智灭野人》摘自符桂花主编的《黎族民间故事大集》，1985年采录于保城镇。讲述者：王春英，黎族，61岁，农民，不识字；采录者：张凤艮和王平，均为黎族，干部，一个25岁，高中文化水平；一个30岁，大专文化水平。

除了有黎族先民外，的确尚有其他人类或类似人类的其他高等级动物存在，他们可能比黎族先民更早地进入了海南岛。

1. 关于"阑咙"

"阑咙"主要居住在丛林山野中，着装上学黎族，但个子非常矮小，黎族先人难以见到他们，只有在晚上做梦时才能见到他们，这样我们就不好判断他们到底是人类之一种还是某种动物、某种精灵了。

但据 2003 年在印度尼西亚弗洛里斯岛的一个叫利昂布阿洞穴的石灰石岩洞中的考古情况，科学家发现了一种体型非常矮小的、类似人的生物骸骨，身高只有 3 尺，生活于 13000 年前，这类矮人被当地人称为 Ebu Gogo，意思为"无所不吃的奶奶"，人类学家则称为"弗洛里斯人"（Homofloresiensis）。

美国佛罗里达大学的人类学家迪恩·福克曾对"弗洛里斯人"脑腔内部做了研究。根据他的研究结果，无论从大脑的形状还是啮叶的位置来说，"弗洛里斯人"的大脑发育程度同智人不相上下，由此可以证明这些化石者在生前是完全正常的，具备复杂反应能力，会制造工具，甚至会使用语言。后来科考队在岛屿东部进行挖掘研究，又先后出土了一批 80 万年前直立人使用过的工具，而直立人有可能正是"弗洛里斯人"的祖先。如果这一点得到最后的科学论证和证实，那就说明早在几十万年前弗洛里斯岛上就已经有人类活动了。

科学家认为，印度尼西亚矮人居住在弗洛里斯岛已有数万年的时间，后来（即 1.3 万年前）的一次巨大的火山喷发，印度尼西亚矮人全部灭绝。所以可以说，在印度尼西亚这种小型的人类种群曾和"普通人种"一起生活在这个地球上。2004 年澳大利亚考古学家托马斯·苏蒂柯纳又发现了一些下颌骨、部分的四肢以及牙齿的化石，还有"弗洛里斯人"使用的小型工具。

据此，黎族关于"阑咙"的传说，是否与"弗洛里斯人"有关？这是一个值得深入研究的课题。

2. 关于"族栈"

"族栈"（《劳咏智灭野人》与《族栈》相类似，属于同一类传说在不同地区流传的变体）能说人话，皮肤较厚，个子也很矮小，有吃人脑浆、吃人肉的习惯。后来"族栈"与黎族先民发生冲突，黎族先民千方百计想办法消灭他们，最后黎族先民骗他们进入山洞，然后放火将其烧死在山洞中，更绝的是，三亚地区的黎族还认为有一个"族栈"逃到了海上。

从"族栈"传说本身看，这种人类在海南岛的存在可信度比较高，他们可能是比黎族先民更早地进入海南岛的另一种人类，而且可能是矮黑人。

矮黑人属于尼格利陀人（Negrito），又称小黑人，是东南亚的半游牧民族，曾广泛分布于东南亚及南亚地区。现零星分布于菲律宾的内格罗斯、吕宋、巴拉望和棉兰老岛、马来半岛的泰国马来西亚两国边境地区和印度的安达曼群岛，有塞芒人（泰国与马来西亚边境）、阿埃塔人（菲律宾的吕宋岛、巴拉望岛等地山林）和安达曼人（安达曼群岛）等支系，无统一语言，各支系有自己的语言或借用邻族语言，受邻族文化影响，是目前被了解得最少的人类族群之一。

矮黑人体质特征是身材矮小，头大腿短，男子平均身高1.53米，女子高1.42米，鼻宽唇厚，肤色褐黑，头发略带鬈曲，体毛稀少。他们依靠狩猎采集为生，由40～60人组成群体，在一定的地域内活动，处于原始的状态，多数保持万物有灵和巫术信仰，家庭多为一夫一妻制，社会无阶级无首领，住所系用竹竿或树枝搭成的简陋窝棚，上面盖以树叶或兽皮。如今有部分人转向定居，从事刀耕火种农业，种植旱稻、玉米等，部分人从事捕鱼，也有部分人与邻近民族进行交易。

在安达曼群岛的安达曼人所使用的语言，属于孤立语系，与世界上其他语言均无联系。阿埃塔人和塞芒人受邻族影响较大，其语言分别被南岛语族和南亚语族同化，并混有部分邻近民族血统。他们和维达人、美拉尼西亚人等棕色人种同为东南亚与南亚地区最古老的居民。

根据上述情况，海南岛可能也曾经是矮黑人的涉足地，后来矮黑人"族栈"在与黎族先民的冲突中，逐渐被消灭，或者逃离海南岛。

3. 关于"塞堆"

"塞堆"最突出的文化特点是崇拜牛,不吃牛肉,但却可以吃人。这是我们关注"塞堆"的两个主要焦点。

崇拜牛。目前在世界上最崇拜牛的要数信奉印度教的印度人,印度人在家中饲养牛,给牛起名字,同牛说话,用花环和绶带装饰牛。

据学者研究,印度最古老的居民应该是尼格利陀人种、尼格罗-澳大利亚人种和达罗毗荼人种。现今尼格利陀人种和尼格罗-澳大利亚人种的经济、文化仍很落后,许多人仍以采集和射猎为主,有的依靠掘土棍生产,许多方面都保留着氏族部落结构,有些仍处在原始公社后期,生活在深山密林中,保留万物有灵信仰。达罗毗荼人种则被认为是欧罗巴人种南欧类型的人,于公元前4000~前3000年到达印度后与当地人混合而形成的。罗毗荼人多信印度教,其中以湿婆派为主,经济、文化均较发达。公元前20世纪中叶,雅利安人由兴都库什山和帕米尔高原进入印度河流域,并和当地的达罗毗荼人进行长期斗争,最后征服了他们。

进入印度的雅利安人最初并不崇拜牛、保护牛,但后来为什么印度教却把牛作为崇拜的圣物?这值得深究一番。印度教源自种姓制度的婆罗门教,所以也被人们称为新婆罗门教。而婆罗门教则源自更古的吠陀教,吠陀教是由古印度西北部雅利安游牧部落信仰演化而来,属多神教,后期渐趋一神教。

在雅利安人进入印度前,牛应该早已成为当地民众日常生活中的主要家畜,是土著人崇拜的对象。后来属于上层的雅利安人为了便于统治,便把土著人崇拜牛的习俗吸收到婆罗门教中来。公元八九世纪,婆罗门教又吸收了佛教和耆那教的一些教义,以及当地的民间信仰,逐渐发展成为印度教。

在印度教义中,禁止杀牛、食牛肉,这种禁忌已经深入人心。现在在印度个别欠发达地区,一名女子的价值可能连头牛都不如,没有人敢虐待牛,没有人不尊重牛的生命。

吃人肉。在遥远的远古时代,人吃人的现象应该是常事。据记载,操南岛语的原始马来人,有猎人首和吃人肉的习惯。原始马来人的社会结构普遍落后,直到19世纪大部分人仍处于氏族社会,经济发展不一,有的有发达的农业和畜牧业,有的以采集、狩猎为生,停留在刀耕火种阶段,多住干栏式建筑。大部分原始马来人水性都很好,善于造船。

现今印度尼西亚加里曼丹岛的土著居民达雅族(Dayak)就是原始马来人,人口800多万,内部有数个支族,每个支族有不同的方言。部分居住在内陆的达雅族由于世代居住在昏暗的热带雨林中,少见阳光,因此肤色白皙。居住在沿海地区的达雅族肤色比较深,大部分为浅棕肤色。

达雅族的村寨通常建在河岸边,传统住宅是高脚长屋。村寨之间有明显的疆界,耕地归小家庭所有,家庭实行一夫一妻制,继承制度上采取双系继承制,儿子和女儿都有平等的财产继承权。除一般通用的狩猎方法和工具外,达雅族还有吹箭筒和毒箭头;在古代,他们造的战船可长达50米,能载60人上下;手工业主要是竹编、藤编,几乎人人都会编,产品有篓、筐、箩、席、帽;最受敬重的手工业者是铁匠,炼铁用的工具有陶制坩埚和带活塞的风箱;制陶工业较粗糙,制品有陶罐以及各种容器。

达雅人古代有猎头习俗,各部落之间经常爆发战争。他们猎取人头并非由于生来嗜杀,而是因为他们迷信的风俗。他们迷信人头具有无边的魔力,相信人头会带来好收成,会给部族带来力量和兴旺。在19世纪以前,达雅人男孩年满18岁时,必须设法猎取一个敌人的头颅挂在门外,以示成人和勇敢,向姑娘们证明自己是一个堂堂的男子汉。如今他们猎取人头的风俗虽然早已绝迹,但那些头颅仍保存至今。

此外,巴塔克人(Batak)也是印度尼西亚北苏门答腊省的土著民族,属于原始马来人,人口也有800多万,主要居住在多巴湖周围的高原地区,混有少量澳大利亚人种维达类型的血统,因此肤色普遍较深,但也有浅肤色的。

巴塔克人农业较发达,主要种植稻谷还有木薯、番薯、玉米、马铃薯等。河谷地一般是水稻田,坡度较缓的山坡上是旱稻田,他们建造住宅、铺设道路、建设牧场等多在较缓的山坡上。再往上的山坡上建造梯田，种植蔬菜、木薯及各类果树。他们擅长纺织、染布。

巴塔克人一度有食人习俗，但吃人肉并非日常饮食，而是仪式性地食用死刑犯作为对犯罪的惩罚，巴塔克人有时会将死刑犯以凌迟的方式处死，并将肉割下分给群众。

属于原始马来人的还有爪哇岛的登格尔人、苏拉威西的托拉查人、马古鲁群岛的阿尔弗腊人、吕宋岛的伊格罗特人、马来半岛的贾昆人和生活在泰国、缅甸之间海域的莫肯人等。在我国，属于南岛语族且有猎人首习惯的是台湾少数民族中的部分民族。

据研究，原始马来人的祖先最初来自中国，他们在新石器时代中晚期迁徙至南洋群岛，部分则与澳大利亚人种发生混合。据此，黎族传说中的"塞堆"有可能是原始马来人抑或印度的达罗毗荼人种，或者是这两种族群融合的后裔。对于这个问题还有待更深入的探讨和研究。

三、我们的分析与探讨

众所周知，人类的发展过程是从猿到人，而到了人的阶段又分为原始人类、智人（现代四大人种之祖）。据遗传学 Y 染色体研究证明，东亚的现代人具有共同的非洲起源。约在 5 万年前，最早的一批走出非洲的智人进入东南亚地区，在以后的数万年中逐渐向北迁移，进入东亚大陆，北及西伯利亚，另一批则从东南亚向东逐渐进入太平洋群岛。中国人的祖先从东南亚进入中国南方，而后有的越过长江进入北方地区，有的从沿海地带到达北方地区。

1. 棕色人种和黄色人种进入东南亚、东亚地区

对于矮黑人（也称棕色人种）和黄色人种进入亚洲地区特别是东亚、东南亚地区的时间，专家学者们有这样的推断：

根据对人类线粒体 DNA 的研究，发现现代人类的祖先最早是沿着印度洋海岸线"走出非洲"的，进而扩散到全世界。从海岸线走的好处是，既能

获取陆地上的食物，又可以获取海洋中的食物，利于原始人类的生存发展。人类的祖先在迁徙过程中基本没有什么目的性，主要看哪里的环境适合生存，就会往哪里走。

  A. 棕色人种大约10万年前走出非洲，至少在5万年之前已经来到东南亚；黄色人种则是大约5万年前的时候开始向东迁徙；

  B. 大约4万年前，棕色人种已散布于东北亚到澳洲的广大地区，而黄色人种则进入了东南亚；

  C. 大约3万年前，黄色人种在东南亚、印度尼西亚次大陆和中国南方进一步扩张，而棕色人种可能有一部分已经来到美洲；

  D. 大约2万年前，黄色人种几乎征服了东亚和东南亚的大部分地区，使该地区的棕色人种锐减；

  E. 大约1万年前，黄色人种进入美洲，并成为美洲的主宰；

  F. 在数千年内，黄色人种又向中亚、北欧、印度洋和太平洋诸岛扩张，东亚最偏远地区的棕色人种也渐渐与黄色人种融合。

这是一个动态的替代过程，在黄色人种扩张的同时棕色人种也在继续迁徙。在这种替代的过程中，人类不可避免会出现征服和杀戮，这主要是因为两种人种社会文化上有严重差异。由于黄色人种社会文化和工具制作运用的相对先进，很早就有陶器和新石器，而大部分棕色人种直到西方殖民时代到来还在使用粗糙的旧石器，没有陶器，所以渐渐被黄色人种替代。

最早的棕色人种拿着最简陋的旧石器和尖木叉，在印度洋岸边走着，寻觅着鱼虾蚌蛤，在5万~10万年前他们来到了南亚和东南亚。当时的海平面比现在要低好多，巽他（Sunda）群岛与中南半岛连成一片，成为一个很大的印度尼西亚半岛，澳大利亚和伊利安以及美拉尼西亚的许多岛屿也连在一起。棕色人种很快就散布到了这片广阔的区域。到海平面抬升以后，大印度尼西亚半岛消失，澳大利亚和伊利安远离亚洲大陆，棕色人种尼格利陀人（Negrito）小黑人即在澳洲这两块世外桃源般的大陆上居住到了现在。

在南亚地区，印度半岛上的居民达罗毗荼人（Dravidian）长期以来都是棕色人种，直到白色人种雅利安人（Arian）入侵才使他们发生了混血。他们是棕色人种中文化发展最为先进的一支。缅甸以西海中的安达曼群岛上，这里的棕色人种保持着非常纯正的血统。

用简陋的工具来获取维持生存的食物，这将导致无法保证每一次都有收获，食物短缺肯定经常发生，所以从安达曼到伊利安，棕色人种始终保持着食用人肉的传统，这是自古流传下来的生存法则，他们在此基础上建立起了自己的道德标准。

黄色人种走向东亚的路线是从西亚进入印度河流域。到达南亚的时候，这里早已生活着大量的棕色人种，当时黄色人种还没有能力与棕色人种抗争，所以只能沿喜马拉雅山南麓（南亚次大陆的北端）匆匆通过。到达东南亚后，黄色人种得到发展壮大，渐渐占据优势。也是在这一时期，黄色人种分化成了沿海支和内陆支。

沿海支的黄种人最初在越南、广东、广西一带形成，后来部分人南下马来西亚和印度尼西亚，部分人则沿着东海大陆架北上。沿海支就是南岛语系（Austronesian）和侗台语系（Daic）的人群的祖先，也是民族学上所说的百越民族。这一支的人群携带着明显的Y染色体单倍群O1。

内陆支的黄种人形成于缅甸、云南一带，并长期居住于此。由于历史比沿海支稍长，渐渐形成了更多的基因突变。这群人（内陆支）是南亚语系（Austro-Asiatic）的祖先，就是民族学上说的百濮民族。他们带的Y染色体特色单倍群为O2和O3。

当时是末次冰期时期，海平面下降，大陆边缘延伸，有一些黄种人由此进入了北方，这些人可能携带了特色Y单倍群P。在冰期末最先翻过冰雪进入中国北方的黄种人与后来到来的黄种人混合形成了黄种人的北亚支，就是阿尔泰语系（Altaic）的祖先。

在末次冰期结束后，即在1万~2万年前，黄种人又大规模北上，使中国大陆的人类历史发生了革命性的变化。不久，新石器产生了，并迅速传遍了各地的黄种人社群，农业文明在各地黄种人中形成发展起来，汉藏语族开始形成。

在棕色人种和黄色人种发生碰撞时,棕种人人口减少较快。在原始社会,凡与本种群有竞争关系的其他种群就是敌人,这是一个残酷竞争过程。唐代时有昆仑奴的传说,清代的地方史料中有广东官宦家庭豢养过"小黑人"的记载,台湾少数民族有灭绝"矮黑人"传说,黎族有"族栈"传说,这些都不是无中生有的。当然也有部分棕色人种融入各地黄色人种之中,而未被融合的,只能在亚洲的边边角角留存。

据研究,地球最后一次冰河时期开始于10万年前,结束于1万年前。晚更新世(约1.2万—10万年前)以来,地球进入了最后一次冰期,中国称为大理冰期,其间又经历2次海退和3次海侵,海退时洋面下降150多米,全球性海岸线大推进,琼州海峡(最深处114米)露出海面,海南岛与大陆连接。海南岛成为滨海大平原上一块突起的高原。是时,在全地球范围内,不仅海南岛与大陆相连接,东南亚、太平洋的岛屿也与亚洲大陆相连接,英伦三岛与欧洲连接,澳大利亚与新几内亚相连接,日本与中国相连接,红海与波斯湾底均成为陆地,如此等等。

海平面下降后,黎族传说中的"阑咙""族栈"等人类不用游泳,仅靠走陆路就可以轻松来到海南岛。后来作为黄种人之一的原始马来人,他们到达海南岛前海平面早已上升,海南岛已经形成,但原始马来人水性很好,且善于造船,他们可游泳,也可坐竹排、木筏、独木舟等进入海南岛。

2. 海南岛的考古与黎族来源

在考古上,旧石器时代属于新生代第四纪的更新世,是以打制石器为特点(也使用木器、骨器、角器、蚌器等),以狩猎采集经济(也称为"掠夺性经济"或"攫取性经济")为代表的文化发展阶段。但是,打制石器并没有因旧石器时代的结束而消失,在非洲和澳洲一些地区,由于金属工具不易获得,一些土著人如今仍在使用打制石器。

新石器时代是以农业、家畜饲养业和磨制石器的产生作为主要标志的,磨光石器和陶器是新石器时代的代表性器物,特别是陶器的发明,促进了经济形态与生活方式的变化，陶器可作炊具煮食和贮藏食物，这对于人类定居生活十分重要。农业起源被公认是"新石器时代的革命"。

海南岛的地理环境和气候不利于文化遗址特别是人类遗骨遗骸的保存，所以上万年以上的人类文化遗址，目前海南岛仅发现2处：三亚市郊的落笔洞古文化遗址和昌江黎族自治县燕窝岭旧石器遗址。而在3000～7000年前的新石器人类文化遗址，海南岛发现的就比较多，可说遍布全岛，但主要也仅限于石器、陶片和人类生活过的堆积层。

对于"弗洛里斯人"，中国古代各种古籍文献中均没有记载，可能"弗洛里斯人"在更早的时候就已被矮黑人（棕色人种）灭掉，或者"弗洛里斯人"只分布于现今的东南亚一带和中国东南沿海地区，从未涉足中国大陆尤其长江以北的内陆地区，故而典籍中未有记载。

对于矮黑人，中国古代典籍中的记载就较多，如典籍中的短人、短民、昆仑奴、野人、大青小青黑、山都、木客等称呼，应该是指小黑人的尼格利陀人种。

三国时期，现今安徽地区有"黝歙短人"的记载；东晋的干宝《搜神记》有"庐江耽、枞阳二县境上，有大青、小青黑居山野之中"的记载；唐代白居易有"道州短民"的记录；《旧唐书·南蛮传》有载："在林邑以南，皆卷发黑身，通号'昆仑'。"宋代周去非《岭外代答》卷三有载："西南海上有昆仑层期国，连接大海岛……海岛多野人，身如黑漆，拳发，诱以食而擒之，动以千万，卖为蕃奴。"宋代地理书《太平寰宇记》福建汀州地区有载"地多瘴疠"，"山都木客丛萃其中"；《临汀汇考》称汀州"山都木客"身材短小如儿童；《牛肃纪闻》亦称先住民"如人形而卑小"；《四川通志》称"蛮有山都六乡"等。

典籍中的记载表明了这些先住民族最显著的特点：身材矮小，皮肤黝黑，身居深山，住在树上或崖壁间，神出鬼没，少为外人所见。他们多分布于福建、江西、四川、广东、浙江、湖南等省的部分地区，其中以闽粤赣交界地带最为活跃。

海南岛可以说是东南亚地区的中心地带（华南一带也划入东南亚的范畴），几千年来几万年来的南来北往之人，无不在海南岛上留下了一些文化的足迹。综上所述，我们可以有以下的基本判断：

第一，"阑咙"在几万年前甚至更早的时候就已经生活在海南岛上，后来矮黑人也进入了海南岛，矮黑人有可能对他们实行了杀戮，但也没有最后灭绝，所以直到黎族先民入岛时还能见到他们。"阑咙"从不伤害黎族先民，黎族先民也没有把他们当作对手（或许是因为太小的缘故），与黎族先民和平相处（这是基于"族栈"与黎族先民的关系而言）。由于身体太矮小，以至于躲到森林里黎族先民基本不容易发现他们，所以在现今流传的传说中，黎族人总认为他们可能是精灵的一种。在黎族人的眼中，"阑咙"的主要特点：一是群居山野；二是个子特别小，以致黎族先民难以发现他们；三是与黎族先民没有冲突；四是精灵的一种。

第二，"族栈"早于黎族先民进入海南岛，他们不懂耕作，仅从事采摘和渔猎，偶尔帮黎族先民看护山兰园，主要住在山洞里。但"族栈"常会伤害黎族先民，黎族先民或被吸脑髓致死，或被杀掉吃肉，吃不完的还被腌制成酸肉，所以黎族先民和他们有不共戴天之仇。后来黎族先民骗他们进山洞并放火将他们烧死在山洞里。对于"族栈"的来源以及存在的确切年代，我们已难以考究。但从传说中我们大致可以了解"族栈"的一些特点：一是群居山洞；二是以采集为生，不事耕种；三是常与黎族先民发生冲突；四是已灭绝。

第三，在传说中，"塞堆"已经建村立寨，懂种地，与黎族先民有交往，而且还能说黎语，但他们不吃牛肉，人肉却可以吃，这让黎族先民感到极其恐怖。黎族先民以彼此基本是平等的的态度对待"塞堆"，只是对他们吃人肉的风俗表示不理解，没有像对"阑咙""族栈"那样具有优越感。"塞堆"的一些特点：一是建村立寨，能说黎语；二是不吃牛肉但吃人肉；三是已从事原始的农业耕作。

对于海南岛最早居民，学术界公认是黎族。但黎族这个人类共同体是从哪里来的？由哪些远古人融合组成的？什么时候进入海南岛的？这在学术界主要有两种观点。

第一种观点：矮黑人说。

最具代表性的是原广东省民族研究所所长刘耀荃，他在《海南岛古代历史的几个问题》一文中提出："小黑人"是海南岛上最早的"土著居民"。他从黎族的体质特征、古代小黑人的分布、有关"昆仑奴"传说、以及黎族流传的关于"族栈"的故事等方面来分析论证，因此他得出这样的结论："早在黎族的远古祖先迁到海南岛之前，岛上很可能有小黑人居住着，后来一部分由于与黎族接触、通婚，逐渐融合于黎族之中；一部分被灭绝，一部分则向外迁徙；至今在海南岛上已找不到他们的踪迹。"①这种观点也得到一些学者的呼应，认为从人类地理学观点来看，在黎族未迁入海南岛前应有更早的土著住民，他们可能是矮黑人或其他丛林民族。从黎族把他们作为野人看来，他们是比黎族先民还要原始。

第二种观点：南岛语族（实为原始马来人）与壮侗语族说。

这主要是从语言学和风俗习惯上研究与对比得出的结论。"黎语中的一些南岛语词，是独特的，与壮傣、侗水的不同，是黎语的底层词，而不是它们共同的底层词或借词。"②"在语言学上，不少学者对南方壮侗语族的许多人群做了深入的语言调查，并与今南岛语族语言进行比较，发现黎族、水族、侗族、壮族等民族的方言和口语与今高山族、菲律宾土著、马来语等南岛语言在基本词汇上有很大的共性。同样的现象存在于南方汉语方言中，闽、粤汉语方言和客家方言的语言调查表明，南方汉语方言的构词和语音与台湾阿美族、排湾族等高山族分支语言有很大的共性。"③一些学者认为，黎

---

① 刘耀荃. 海南岛古代历史的几个问题 [J]. 新亚学术集刊，1986 (6).
② 吴安其. 汉藏语同源研究 [M]. 北京：中央民族大学出版社，2002.
③ 吴春明. "南岛语族"起源与华南民族考古 [M] //厦门大学人文学院历史系考古教研室，香港中文大学中国考古艺术研究中心. 东南考古研究（第三辑）. 厦门：厦门大学出版社，2003.

语乃至整个壮侗语族早期可能使用原始马来语，后来由于长时间地、大面积地受到汉语的影响而发生融同化，完成了"类型转换"，转变为与汉藏语同一体系的孤立型语言。①有的学者更大胆推测"据许多学者研究，黎族的历史文化特征，乃至体质特征，均保存马来文化的痕迹……黎族跟世界上所有民族一样，其族源亦是由多种民族成分所构成。若按黎族先民的实际发展，它本应是一个区别于壮侗语族，而跟马来亚——玻里尼西亚语族的民族相近的海岛民族"②。"（南岛语族）物质文化中有陶器，有石、木、竹器，有纺织，有干阑屋宇，有树皮布，并有大量使用蚌贝，有发达的船航工业。"③ 20世纪30年代，德国民族学家史图博在其所著的《海南岛民族志》中就指出："海南岛是被数次民族浪潮——即由本地黎（润）、美孚黎、岐（杞）黎、侾（哈）黎——冲击过来的民族所开发的，这些迁移到海南岛的民族，很明显是由阿乌斯兹罗尼亚（马来亚）和泰族这两种要素组成的。"他认为"海南黎族源于马来人与泰人的结合"。1986年，中央民族大学倪大白教授在对海南岛回族语言的专门调查中发现，海南回族的回辉话竟与印尼语同出一源，由此他在此基础上扩大对壮侗语族和印尼语的研究，创立了自己的一套学科理论，出版了阐明这一理论的专著《侗台语概论·语言类型转换》一书，大胆提出"壮侗语族语言属于马来——支那语"的新学说。

在我国，众多官方出版的著作中，从历史地理、考古、语言、地名、风俗习惯等方面，都认为黎族源自壮侗语族。④

黎族与南岛语族、壮侗语族同源，这在基因研究上也给予强有力的支持。"黎族五个支系有共同的起源，在黎族五个支系中 O1a* 和 O2a* 是主要

---

① 罗美珍. 试论台语的系属问题 [J]. 民族语文，1983（2）.
② 姜樾. 海南岛最早居民蠡测 [M] // 海南民族研究所. 海南民族研究论集（第一集）. 广州：中山大学出版社，1992.
③ 张光直. 中国东南海岸考古与南岛语族起源问题 [M] // 张光直. 中国考古学论文集. 北京：生活·读书·新知三联书店，1999.
④ 如：中国少数民族风俗志 [M]. 北京：民族出版社，2006；中国少数民族古籍总目提要·黎族卷 [M]. 北京：中国大百科全书出版社出版，2010；中国黎族 [M]. 北京：民族出版社，2004；黎族简史 [M]. 广州：广东人民出版社，1982.

的单体群。但在大陆群体占主导地位的 O3 却非常低，这表明黎族群体与大陆的隔离。主成分分析及主成分与 Y 染色体单倍型的相关分析发现，黎族与起源于百越的侗台语系侗水语支、壮傣语支和仡央语支及南亚语系族群遗传关系最近，说明他们有极大的同源性，这与体质学和人文学研究结果相一致。进一步的研究还揭示，黎族群体中的主要单体群 O1a* 和 O2a* 到达海南的年代是 2 万年前，这也正是海南黎族开始与其他群体隔离的年代。黎族虽然与百越族群有共同的特征，但分离较早，为此黎族是处于现代人类进入东亚人口的一个有 2 万年历史的古老活化石，是一个非常好的隔离群，对人类进化、遗传学研究有重要价值。"[①] "海南黎族与南北汉族、壮族、布依族、傣族、维族、回族人群 HLA-A、B、DRB1 基因频率比较差异皆有统计学意义，但更接近于南方汉族、壮族、布依族、傣族及回族，特别突出的特点是 DRB1*16 在海南黎族与壮族、布依族、傣族中均有较高分布，明显区别于其他汉族及少数民族群体，提示海南黎族与壮族、布依族、傣族具有相似的遗传基因背景，这与文献记载、考古发掘以及语言学、民族学等方面的研究结果是一致的。"[②] "同时我们还注意到，在所观察的三个基因座中，本地黎与杞黎在三个位点中均是一致的，这不仅提示本地黎与杞黎有共同的祖先，而且在 DYS393 和 DYS395 基因座最常见等位基因高频率分布上，也反映了建立者效应对海南岛黎族群体遗传结构的影响。同时黎族群体在 DYS393 基因座最高等位基因频率的分布与百越起源的壮族一致，以及在 DYS390 和 DYS395 基因座最常见等位基因频率分布与南岛语系越南、马来人群出现一致性的结果。"[③]

在对小黑人基因的研究中，否定了其参与到黎族的组成当中来，同时也

[①] 李冬娜，区彩莹，孙元田，等. 中国海南岛黎族起源的 Y-DNA 遗传学证据 [J]. 国际遗传学，2009（4）.

[②] 唐秋萍，杨向萍，蔡于旭，等. 海南黎族人群 HLA-A、B、DRB1 基因分型 [J]. 现代预防医学，2009，36（18）.

[③] 李冬娜，区采莹，周贞鉴，等. 黎族三个支系 DYS390、DYS393、DYS395 基因座的遗传学研究 [J]. 中国热带医学，2008（1）.

不支持黎族的皇帝族（华夏）起源学说。

"在东亚广泛出现的黑矮人又称'尼格利陀人'（Negrito），Negrito 都带有一种古老的 Y – SNP – YAP，都同属于单倍型 D – YAP，安达曼群岛的安达曼人、马来半岛中部的塞芒人（Semang）和菲律宾群岛的阿埃塔人（Aeta）都属于这一类型，并且在东亚其他人群中也都有不同频率的出现。但 D – YAP 单倍型并没有在黎族中出现，因而'黑矮人'并没有参与黎族的组成。聚类分析和主成分分析的结果显示，黎族与汉族、苗族、瑶族的遗传关系较远，不支持黎族的皇帝族起源学说。但并不能把黎族与马来族人和起源于骆越的壮族、布依族、水族、侗族的遗传关系分开……从黎族的 Y – SNP 单倍型结果中我们还可以看出，黎族五个支系有95%以上都属于同一个单倍型 O ∗ – 175，这一比率远高于其他人群，因而黎族支系间的亲缘关系非常接近，他们有共同起源毋庸置疑……我们还发现，代表台湾的阿美人、排湾人人群属于 O ∗ – 175 单倍型的比率占100%，这提示，黎族与台湾少数民族的起源很亲近，这一点与他们文化、体质的相似以及考古学证据能够相互印证。结合在海南和台湾都发现有一万年前的旧石器和新石器遗址，而 O ∗ – 175 单倍型出现的年代也约在3.5万年前。因而有一个可能的解释就是，在最后一次的冰川时期，海南和台湾与大陆相连，O ∗ – 175 单倍型人群曾遍布于整个海南—台湾这一连续的区域，黎族和台湾原住民的祖先在1万年前就已经分别到达海南和台湾。随着1万年前的冰川期结束，海平面上升使海南和台湾与大陆分离。随后大陆的人群与其他人群互相融合，形成后来的百越，而由于地理的隔阂，黎族和台湾原住民依旧保持非常纯的 O ∗ – 175 单倍型。"[1]

"小黑人"或"矮黑人"实际上是指早期从非洲移出进入亚洲大陆的一支古老的人种，现主要分布在东南亚的一些岛屿中，其特有基因类型比较古老而简单，即 D – YAP 型基因，这种除在东南亚和太平洋群岛上分布之外，

---

[1] 孙元田，杨波，区彩莹，等. Y – 染色体单核苷酸多态性对中国黎族起源的研究 [J]. 中国热带医学，2007，7（9）.

只在西藏和日本有一定分布。而在海南的黎族中,至今尚未检测出有这种基因类型,也就是说基本可以排除"矮黑人"参与到黎族的形成当中来。

3. 我们的总结

据上述的传说和分析,关于海南岛的远古文化史,我们基本可以有这样的大胆推测:

第一,海南岛的旧石器时代和新石器时代。旧石器时代一般指以使用打制石器为标志的人类物质文化发展阶段,人类生存的经济形态完全处在采集和渔猎,从距今300万年前开始,延续到距今1万年左右止。新石器时代人类则已使用"磨制石器",出现了原始农业、畜牧业和手工业,发明了陶器,有了氏族观念,生活安定,至少是半定居,时间大约从1万年前开始,结束时间从距今5000多年至2000多年不等。据此,黎族传说中的"阑咙"与"族栈"应该是旧石器时代人类,"阑咙"属于早期中期的旧石器时代人类,"族栈"属于晚期的旧石器时代人类。而"塞堆"则属于新石器时代人类,因其已有聚居的村落,黎族先民也属于新石器时代人类。

"阑咙"可能是"弗洛里斯人",是早期旧石器时代人类;"族栈"可能是矮黑人(棕色人种),为旧石器时代晚期和处于向新石器时代人类的过渡期,昌江黎族自治县燕窝岭旧石器遗址和三亚市落笔洞古文化遗址属于"族栈"遗存的文化遗址;而"塞堆"则是原始马来人,为新石器时代人类,后来与黎族先民融合成为今黎族的一部分,海南岛发现的4000年以前的文化遗址都可能与他们有关。

"阑咙""族栈""塞堆",他们在海南岛共同生活,在历史长河中他们之间也难免有相互杀戮的时候,但都没有达到把对方灭绝的程度,所以直到黎族先民入岛后还能见到他们。后来"阑咙""族栈"逐渐消失,而"塞堆"则融合到了黎族先民中。海南岛的新石器时代可能延续较长,中原封建王朝势力入岛后,海南岛的石器时代还处在繁荣期,直到宋代时期,石器的运用在海南岛的偏远地区还是存在的。

第二，黎族进入海南岛的时间。在我国众多出版的著作中，都公认黎族先民是在距今3000多年的殷商时期进入海南岛的，这种观点得到官方确认。但随着考古的发掘，特别是距今6000~4000年前海南岛新石器文化遗址的发掘，黎族先民入岛的时间又向前推了3000年。

在基因研究上更令人惊心动魄，显示出"黎族群体中的主要单体群O1a*和O2a*到达海南的年代是2万年前，这也正是海南黎族开始与其他群体隔离的年代……黎族在海南岛已有2万年以上的基因"[1]。

对此笔者认为，基因上显示出黎族与其他群体隔离的年代达2万年以上，这是没有问题的，但能否就此证明黎族先民在2万年前就已进入海南岛，还是值得商榷的。

首先，众所周知，在远古时期，人类迁徙的目的（或许唯一的）是寻找适合人类休养生栖的生存环境。若某一区域、某一环境较为单纯封闭，物产又丰富，没有争斗，没有外部骚扰，人们基本都会安居乐业，不会随意迁徙。因此黎族这种与其他群体隔离年代达2万年以上的基因，到底是黎族先民早已在海南岛这块地方上因冰川期结束形成岛屿后造成的？还是在黎族先民尚未来到海南岛之前早就已在某一地形成而后才随着黎族先民而入岛的？

其次，在冰川时期，海南岛是与华南至东南亚的大部分地区几乎连成一片的，当时海南岛这块地方只是南海之滨的一块凸起的"高原"。如果黎族先民2万年前就一直在这个"高原"待着且哪里都不去，那么就无法解释为什么海南岛的新石器时代文化总比大陆的新石器时代文化出现得晚。唯一的解释只能是在琼州海峡形成后，在距今6000~3000年前，拥有新石器时代文化的远古人类，不断从大陆地区来到海南岛，新石器时代文化才传播到了岛上。

再是海南岛发现上万年以上的2处文化遗址都属于旧石器时代或是

---

[1] 李冬娜，区彩莹，孙元田，等. 中国海南岛黎族起源的Y-DNA遗传学证据[J]. 国际遗传学，2009（4）.

新旧石器时代过渡期,而黎族先民是属于新石器时代人类,这2处文化遗址显然与黎族先民无关,它应该属于黎族传说中的"族栈"创造的。

第三,基于第一、二条的分析,在距今2万年以前,海南岛的这块地方至少应该已经生活有阑咙、族栈等旧石器时代人类。

距今1万年前,在东南亚和中国南方的大部分地区,新石器时代人类获得大的发展,形成了各种族群、各种部落,各种族群的原始语言也开始形成。

距今8000~7000年前,在中国南方地区壮侗语和南岛语的共同原始语早已形成,可称原始南岛语。后来由于生存环境发生变化、族群间的纷争等问题,原始南岛语族群不断迁徙,约在6000年前有一小部分进入了海南岛,这应该是第一批黎族先民。此后不断有各种人群族群陆续入岛。

距今5000~4000年前,在强大的汉藏语的长期影响下,生活在中国华南一带原操原始南岛语的族群的语言发生变化了,渐渐发展成了新的语种——壮侗语。

距今3000年前,一批批操壮侗语的先民们又先后进入海南岛。这个时期入岛的先民规模比较大,文化也较先进,他们进入海南岛后便占领了利于耕作的沿海及平原地区。由于壮侗语和南岛语的族群本来就有密切的文化渊源关系,两大语种在海南岛相遇,经过千百年漫长的交流、融合和发展,最后形成了黎族。①

以上是我们对远古海南岛文化史进行初步的、粗线条的构建,它反映了远古时期海南文化史的大致情况。当然以传说来构建海南岛的远古文化史,这本不应是从事历史文化研究者所该采取的方法和手段,它与严谨的科学态度和科学精神完全不相符,所以在此还望读者见谅!

---

① 高泽强. 黎族历史文化的形成发展及其特点之综论 [J]. 琼州学院学报,2013(3).

论黎族养生文化与海南大健康旅游业的新发展[*]

当前"建设健康中国"任务的提出,给民族旅游新发展提供了一个很好的契机,我们要促进民族旅游事项、活动内容与养老、旅游、互联网、健身休闲、食品等五大领域的融合,把旅游与人民健康相结合放在旅游新发展的战略地位上,将普及健康生活、优化健康服务、完善健康保障、建设健康环境、发展健康产业贯穿始终。把民族民俗风情旅游、环境生态旅游、自然奇观旅游等项目与民族健康养生文化旅游相结合,突出民族健康养生文化的特有魅力,为海南大健康旅游业的新发展勾勒出崭新画卷。

在众多民族的健康养生文化中,黎族养生文化是一朵奇葩。改革开放以来,各民族的旅游业如雨后春笋般展示56个民族独特的文化形态和生活方式。特别是他们的生产、生活、消费、建筑、居住、服饰、饮食、婚恋、丧葬和礼仪等,都各具特色风情,强烈地吸引着国内外消费者的眼球,使人们感知中华民族五彩缤纷的内容,认识到对民族风情的了解和把握是人类认识自身和社会的必要依据。能体验到那瑰异多姿的生活习俗、传统节日,感受他们那一层层动人心魄的亲情、友情、爱情、族情和族际情的新风貌、新气象是多么的幸福和欢愉。如今健康养生文化的融入又给民族旅游业发展带来新的契机。黎族健康养生文化如何与海南大健康旅游对接?如何传承、保

---

[*] 本文作者:邢植朝,海南省民俗学会会长,任职于广东技术师范学院。

护、挖掘、利用黎族健康养生文化为现实服务？如何利用民族旅游彰显黎族健康养生文化的个性、特色和品牌，让更多中外游客看到"建设健康中国"的大好前景和中华民族大家庭民族历史风情与现实交融发展变化的宏伟画卷，是迫切需要解决的问题。

一、黎族有深厚的养生文化和丰富的养生资源

黎族是在海南孤岛上生存发展历史悠久的特殊民族，其养生文化极为丰富，有饮食养生、艺术养生、体能养生、山水养生、医药养生等。如果能够深度挖掘黎族养生文化，把传统与现代相结合，形成一系列大健康旅游新文化，对发展海南大健康旅游业将起着举足轻重的作用。

改革开放以来，海南旅游业在民族旅游、山地旅游等方面均做了很大的努力，许多景点知名度都比较高，如"槟榔谷""呀诺达""七仙岭"等旅游景区，均突出民族特色、地方特色。但是，对于历史悠久的黎族来说，想要充分展示其养生文化还有一定的距离，而黎族养生文化恰好是海南独具特色的健康文化。

展示海南国际旅游岛自己的特色，其国际性是离不开民族性的。黎族能在这个孤岛上开垦生存、坚守和发展那么悠久，跟他们的身体素质和健康养生文化密切相关。如今要作好国际旅游岛这篇大文章，黎族健康养生文化是极其重要的一部分，是撞击中外游客眼球的关键词，是解读海南岛为什么是个健康岛、长寿岛的最深层次的密码。因此，我们必须充分认识黎族深厚的养生文化和丰富的养生资源。黎族健康养生文化是多方面的，有山水养生文化、民间艺术养生文化、民俗饮食养生文化、体能运动养生文化、医药医疗养生文化等。以山水养生为例，海南有国家级的原始森林公园、有浩如大海的松涛水库、有发源于五指山的五条江河、有星罗棋布的大小湖泊、有众多天然的温泉天地……这些山水宝地的周边都居住着黎族儿女，他们长年累月都沐浴在这些优质的山水之间。这些青山绿水的宝地，不仅是金山银山，而且是居家旅游的圣地，是建立医养相结合的伊甸园，只要我们下真功夫把黎族的健康养生文化挖掘出来并加以条理化，海南大健康旅游业的发展一定更有特色！又如艺术养生，许多外地人到海南都把家乡的广场舞带到海南，其实海南黎族本身就有着许多群众喜闻乐见的民间养生艺术，如舂米舞、跳锣舞、打柴舞、钱铃双刀舞、敬祖舞、草笠舞等[1]都可以成为社区艺术养生舞蹈，如果充分发挥各市县文艺骨干，将其编排，引导群众歌之舞之，形成大家热心参与的健康艺术舞蹈，让社区、旅游景点都更加活跃起来，艺术养生就更能接地气。至于其他的黎族健康养生文化，那就更加丰富多彩，根基更加深厚。

二、黎族养生文化与海南大健康旅游业对接，是促进海南民族旅游业发展的新契机

要发展海南大健康旅游，离不开黎族健康文化的支撑。黎族长期生活在高山，过去他们生活环境非常艰苦，但是他们那"共同的命运""共同的斗争""共同的心理素质"，始终紧紧维系着民族内部的情感。特别是黎族深层次的传统文化、民俗文化形成更加强大的民族内聚力，形成举世瞩目的黎族共同体。现在人们从黎族旅游景区都能看到其传统文化、民俗文化事项的展现，领略无数道公、歌手、民间艺人和村头寨老所阐释的民族传统文化、民俗文化。在黎族绚丽多姿的服饰里，有如山花烂漫、各放异彩、吸引着国内外旅客和学者们的眼球的精品。但凡喝过黎家"山兰美酒"，特别是深埋地下的陈年"山兰美酒"的宾客，对黎家的盛情款待记忆犹新，无不充满着一股感激之情。有机会参加黎族的恋爱婚礼，更会如痴如醉，他们那经典的原汁原味的恋爱婚礼，都会在旅游景点上仿真再现。黎族有5个不同的方言群，他们的恋爱婚礼都别具一番情趣，真实地记录他们各自的人生文化，丰富多彩，令人目不暇接。另外，黎族的节日更加令人陶醉，欢欣鼓舞。最有代表性的是每年旧历三月初三举行的"三月三"节，"三月三"是黎家追求爱情和幸福的日子。这个佳节表达了黎家青年男女对未来美好生活的憧憬、对爱情的神往、对友谊的忠诚。节日的本身不仅是载歌载舞、欢天喜地，节

日里深藏着许多健康文化的元素。通过节日的活动，人们感悟到的黎族理念、信仰、期望、禁忌等民族传统文化厚实的内容均在民族传统节日这个特定的时空里得到传承和弘扬。[2] 至今黎族传统节日已经与各民族的传统节日一样，与旅游景区景点紧紧连接在一起，成为中国旅游者的共同盛会。总之，黎族旅游项目、内容已初具规模，在中国民族旅游产业发展中的影响力越来越大。但是，至今人们对黎族千百年来最精华、影响其生存发展的民俗养生健康文化却关注不够，传承挖掘不深，特别是对黎族独具特色的健康养生文化赋予他们顽强的生命力、战胜困难的信心和活力认识不足。这是黎族民族旅游的一大欠缺。如果今天我们把黎族民族旅游和黎族健康养生文化结合在一起，利用黎族深层次健康养生文化来提升黎族旅游景区的新品位、新水平，对发展黎族旅游景区，对发展海南大健康旅游是十分有利的。因此，当务之急是抓住黎族健康养生文化与海南大健康旅游对接的大好契机，用科学与传统的方法打开黎族人民几千年积累下来的健康养生文化宝库，充分发挥黎族深层次健康养生文化的独特优势，把黎族健康养生文化瑰宝传承好、保护好、发展好、利用好。让其在建设健康中国、在发展海南大健康旅游产业中作出新贡献。

三、作好黎族养生文化的大文章，海南大健康旅游业才能得到新发展

黎族是一个承载着千年历史沧桑的古老民族，过去他们生活的地方高山多雨多雾，容易受疾病的侵袭，他们在如此恶劣的自然环境生存，到现在为止，他们的健康体魄，他们养生的奥妙还需要用现代科学去探索和总结，更需要我们去传承、学习、挖掘和发扬。如何做好黎族养生文化这篇大文章，使之与海南民族旅游业相合，是发展海南健康大旅游的当务之急。

首先，人们可以感知，黎族人的健康养生是跟他们日常生活联系在一起的。他们从迁移到建寨的选址，就非常注意开发山泉和寻找清洁的水源，确保水的干净。他们无论迁移到哪里，都习惯利用山区自然条件架竹

笕引水。竹笕引水从水源到村寨远近不等,有的竹笕要盘山过坳,飞越几个山头,山水昼夜不断流淌,水质可以直饮。在日常生活中黎族人还非常注意清洁卫生,寨内寨外,扫除干净,培养人人讲究卫生的良好习惯,是一种体现去除邪气和疾病,祈求人畜兴旺,五谷丰登等意义的卫生习俗。如果发生瘟疫,黎族人会在村寨口挂上一束束厚皮树叶,表示不让外人入村寨,黎族人民在与疾病作斗争中很早就认识到疾病会传染,用隔离或消灭传染源的方法可以制止传染病的流行,用预防的方法可以减少疾病的发生。[3]喝保健饮料也是黎族在日常生活中司空见惯的健康养生饮食文化。黎族人民十分好客,遇到知己,不论本民族或壮、汉等其他民族,便结为挚友,称"老同年",并习惯以酒待客,有的还把喝"山兰糯米酒"作为结交真正朋友的标志。餐桌上,酒已成为黎族人民不可缺少的保健饮料。他们喝的酒绝大多数都是自己酿制的米酒,度数不高,还喜欢喝自己泡制的药酒。他们采用深山里丰富的药物资源,并根据不同的季节或年龄配制不同的药酒,有防治风湿的,有病后滋补的,也有老年饮用的。由于黎族的酒可舒筋通络、驱寒祛湿,加上某种药物,长年饮用,可防病延年,益身健体。

其次,黎族健康养生文化中,黎药是最具特色。长期生活在大山深处的黎族同胞,与雨林相伴,他们从日常生活经验中,从对动植物习性的仔细观察中,发现了各种植物的药用特点。黎药具有很强的实用性,黎族同胞用它们为患者治病,维护着本民族的健康。在懂草药的黎族同胞眼里,房前屋后、田边地头、林下沟边……一片叶子、一段枝干、一把草根、一朵毫不起眼的花儿……都可以入药,还能带给人们神奇的意想不到的治疗效果。

黎族人民世代相传的传统医药,起源于宋元,应用于黎族民间,流传于五指山地区,具有民族性、地域性和传统性,它同藏药、苗药一样,是祖国医药宝库中的奇葩。黎药资源十分丰富,品种繁多。目前五指山地区植物药有500多种,动物药200多种,矿药100多种。黎药对治疗许多常见病、多发病效果突出,特别是在治疗毒蛇咬伤、跌打损伤(内伤、外伤)、接骨、风湿、疟疾等方面积累了丰富的经验，在一些疑难杂症领域也有较好临床效果，在黎族村寨发挥重要作用。[4]如果海南大健康旅游能彰显黎族健康养生文化特色，在旅游景区融入健康养生文化，能够使黎族旅游特色更加鲜明。在景区里把黎族健康养生文化通过多种形式展现，创造条件让更多游客参与，制订多个事项如知识竞赛、问答、咨询等让游客参加互动、提高认识。提高黎族健康养生文化的知名度，体验黎族人民环境养生、动态养生、静态养生、食疗养生、药物养生、娱乐养生、形体养生等多种健康的养生方法，让他们亲身感受到黎族健康养生文化的奇妙。如"百草药"的建设，医养结合的健康乐园的创建，让更多游客体验到黎山旅游的"舒心""顺心""安心""开心""养心"。有些项目甚至可以达到立竿见影的效果。如外人看起来毫不起眼的茅草，以为黎族同胞只拿它作为盖房子的材料，岂不知，它还是很好的草药。"小茅草盖房子不易烂，大茅草盖房容易烂。把大小茅草混在一起整株捣碎外敷，可以治外伤和骨折；用来煮水喝，能消暑、解热毒。"又如在广州许多妇女考虑到妊娠期保健身体，会到香港购买八珍米醋，后将其和猪蹄、生姜、煮熟的一个个鸡蛋熬成一锅，吃数月才能出门，这跟黎族创造的"十二天出工"的效率相比就相差甚远。黎族产妇竟然没有"坐月子"的风俗，产后妇女只需服用一种草药，就能达到祛湿、活血、收宫、除恶露的疗效，产妇24小时后即能下床活动，满周日（黎族的12天为一周）能下田，而且黎族妇女少有产后后遗症，如风湿、偏头痛、手脚麻痹等疾病。黎药不仅资源丰富，而且非常有特色，很多仅为海南特有，如海南粗榧、见血封喉、海南龙血树、海南黄花梨等，以及不少珍稀名贵药材，如海南降香檀、胆木、土沉香等。

总之，中国各族人民都能将自己拿手的好戏上演到各民族的特色旅游上，把许许多多健康养生的非物质文化变为维护民族大健康的精准良方。通过这种方式，旅游者不仅可体验各民族的健康养生文化，而且从民族健康养生文化中得到养心、养身、养体、养颜的秘诀和奇方，领略到民族健康旅游的独特韵味和风采，使山更美、人更壮，"六亿神州尽舜尧"！

参考文献：

［1］邢植朝．黎族文化溯源［M］．广州：中山大学出版社，1993．

［2］邢植朝．黎乡风情录［M］．北京．中国民间文艺出版社，1989．

［3］邢植朝．黎乡风情录［M］．北京．中国民间文艺出版社，1989．

［4］黎药资料来源于 2016 年 6 月 17 日海南综艺频道《海南美》节目．

论"全域旅游"背景下三亚民族文化旅游资源开发利用[*]

自国家旅游局局长李金早于 2016 年 1 月 29 日在海口召开的"全国旅游工作会议"上提出"全域旅游"的概念和设想后,海南省根据本省的省情,提出了创建"全域旅游示范省"[1],三亚市也根据市情提出创建"国家全域旅游示范市"[2],并在市政府第 73 次常务会议上审议通过《三亚市全域旅游发展规划(2016—2020)》和《三亚市创建国家全域旅游示范区工作方案》。笔者以为,三亚市在发展"全域旅游"背景下,深入挖掘本地的民族文化旅游资源,打造文化旅游品牌,是发展全域旅游的重要一环。

一、关于"全域旅游"的三个纬度与提高质量的关键点

国家旅游局局长李金早所提出的"全域旅游"的内涵之关键点,综合起来讲不外包含着如下三个方面,这三个方面其实就是发展"全域旅游"的三个纬度。

一是空间纬度,即体现在空间的扩大和众多产业的融合上。具体地说,即"把一个区域之整体作为功能完整的旅游目的地来建设,实现景点内外一体化,做到人人是旅游形象,处处是旅游环境,从而实现从景点旅游模式向全域旅游模式转变"[3],"从封闭的旅游自循环向开放的'旅游+'融合发

---

[*] 本文作者:林日举、黄学彬、朱海冰,任职于海南热带海洋学院旅游学院。

展方式转变,加大旅游与农业、林业、工业、商贸、金融、文化、体育、医药等产业的融合力度,形成综合新产能"。[4]

二是管理纬度,即要求在管理模式上体现为全区域的一体化。具体地说,要"从单一景点景区建设管理到综合目的地统筹发展转变,破除景点景区外的体制壁垒和管理围墙,实现多规合一,实行公共服务一体化,旅游监管全覆盖,实现产品营销与目的地推广的有效结合","从导游必须由旅行社委派的封闭式管理体制向导游自由有序流动的开放式管理转变,实现导游执业的自由化和法制化","从旅游企业单打独享到社会共建共享转变,充分调动各方发展旅游的积极性,以旅游为导向整合资源,强化企业社会责任,推动建立旅游发展共建共享机制"。[5]

三是质量纬度,主要体现在旅游质量的提升上,所追求的除了旅游提升人们的生活品质和"新财富革命"的价值之外[6],还要提升旅游产品的文化品质和旅游者的文化体验、文化享受程度。而要实现旅游产品的文化品质和旅游者的文化体验、文化享受程度的提升,就必须科学地开发利用本地的民族文化旅游资源,精心打造民族文化旅游品牌,加大民俗旅游的发展。

其实,在发展"全域旅游"的三个纬度中,优化质量纬度,提升旅游产品的文化品质,提高旅游者的文化体验和文化享受程度,是旅游业能够长期吸引游客的关键所在。

首先是因为没有文化的旅游是缺乏活力和魅力的。发展旅游业最为关键的,非但要着力开发利用有特色的旅游资源,而且要尽可能地打造独具特色的旅游产品。三亚的特色旅游资源,除了无与伦比的热带滨海自然资源之外,就数独具特色的民族文化旅游资源了。要把三亚打造成为国际滨海旅游胜地,促进其旅游业可持续发展,就必须科学地开发利用其独特的民族文化旅游资源,并把它打造成为世界上的名牌旅游产品。充分开发利用本土独具特色的民族文化旅游资源,既是发展海南全域旅游的必然要求,又是建设海南国际旅游岛的关键所在。

其次,从20世纪后期以来,随着经济社会的快速发展,人们生活水平和质量的提高，在旅游方面的需求也急剧增长，使得中国旅游业的内容、结构发生了前所未有的变化。这主要体现在旅游逐渐从传统的观光、度假型旅游，过渡到包括文化旅游、民族民俗旅游在内的特色旅游。因为在社会生产日趋工业化和现代化的背景下，人们非但有紧张繁忙的工作生活压力，还要面对"城市雾霾"等环境恶化和事业上得失的压力。在文化旅游、民族民俗旅游中，游客既能领略到绚丽多姿的地域文化和民族文化，又能在朴素淳美的民俗的感受中减轻心灵上的压力，获得放松洒脱、回归自然的美好感受。在这一前提下，游客在旅游活动中的角色发生了转变，即从旅游产品和服务的被动接受者，转变为主动参与产品开发的旅游者。民族民俗文化本身具有显著的活态性，它使旅游者能够在旅游的过程中，与旅游地民俗的主创者共同参与劳动和交流娱乐，在和谐融洽的互动中实现其原本旅游的目的。为什么云南旅游业搞得那么成功，云南丽江成为著名的旅游目的地？这是因为云南的旅游业成功地打造了云南的民族文化旅游品牌。为什么人们喜欢"田园牧歌"式的旅游？因为这种旅游模式既集旅游、娱乐、康体为一体，又有文化。

再次，从文化功能方面讲，发展民俗旅游既有利于民族文化的传承，又能促进民族文化的交流和发展；从社会功能方面讲，开发利用民族旅游资源发展民俗旅游，既能促进和谐社会和精神文明建设，又能增强民族凝聚力；从经济功能讲，开发利用民族旅游资源，发展民俗旅游，有利于促进民族地区的经济发展和产业优化升级；从环境功能方面讲，由于旅游资源开发利用的本质要求，必须力求体现原汁原味，所以开发利用民族旅游资源并不破坏原有的民俗文化环境，而是使生态环境自然而然得到保护。

正基于以上的认识，笔者认为三亚市发展"全域旅游"，必须结合秀美的滨海自然风光，科学合理地开发利用独具特色的民族文化旅游资源。三亚自古以来就是多民族人民的共同家园。它那热带海洋海岸自然旅游资源独一无二，它那绚丽多姿的民族文化也是极其独特的。因此在发展全域旅游的背景下，既要合理地开发其独特的自然旅游资源，又要科学地开发其独特的民族文化资源，使其民族文化之独特魅力尽情地展露出来，以长久地吸引国内外游客，促使三亚的旅游业赢得长足的发展。倘若仅开发利用其独特的自然旅游资源，而未能科学地开发利用其独特的民族文化旅游资源，三亚的旅游业势必会失去其应有的魅力。

截至目前，三亚市隐藏于民间的民族文化旅游资源，包括物质形态、活动形态和精神形态的文化资源。其中被列入国家"非遗"名录的有黎族打柴舞、崖州民歌；被列入省级"非遗"名录的有疍家渔歌、黎族传统纺染织绣技艺、黎族原始制陶技艺、黎族民间故事、海螺姑娘、苗族盘皇舞、回族婚礼；列入市级"非遗"名录的有黎族钻木取火技艺等。

三亚地区的民族传统文化，是生活在这里的世居民族，包括黎、苗、回、汉族人民在内的广大民众经过千百年的劳动创造和积淀形成的，它既蕴含着这些世居民族人民的世界观、历史观、人生观、价值观和审美感受，又凸显该地区历史脉络和民族特色，反映该地区的社会风貌。对此，只要旅游者亲身去体验和体味，就会感知其所蕴涵的文化特质。诸如黎族、苗族的文化的物质形态文化，既极具质感，又具有实用性与观赏性；其活动形态、精神形态文化既具有本真、古朴的特点而又神奇，令人神往；其精神文化既体现出"以人为本"的人文精神，又具有浓郁的民族特色。黎族文化的这些特点，显示出很高的审美价值，因此是极其珍贵的旅游资源，在海南建设国际旅游岛、发展"全域旅游"的背景下，应当科学地加以开发利用。

二、三亚民族文化旅游资源开发利用中的主要问题

从总体上观，至目前为止，三亚境内的民族文化旅游资源的开发，基本上属于简单化的开发，与保亭黎族苗族自治县的民族风情景区槟榔谷一对比，就相形见绌了。三亚市简单化地开发利用民族文化旅游资源，主要表现在以下几方面：

一是所开发利用的文化旅游资源极为单薄，而且只局限于三亚槟榔河乡村旅游景区。所开发利用的民族文化资源主要有物质文化资源和活动文化资源。属于前者的有黎陶、黎锦、服饰、独木器、酒、铜鼓、铜锣和船型屋等；属于后者的有黎族情歌对唱、黎族歌舞表演、苗族竞技表演、一年一度的黎族苗族"三月三"节庆活动等。正因为文化资源开发不足，开发利用得过于单薄、活动规模小，以致不能支撑起某一方面的文化主题，不能成为主打旅游产品对外推介。至今尚未开发利用的仍然像璞玉一样埋藏在民间的，还有诸多的文化遗址，黎族、苗族特色自然村寨，独具特色的民俗文化，极其丰富的民间神话、传说、民间故事、民俗。正由于绚丽多姿的民族文化不能很好地开发利用，使得三亚的旅游缺乏文化魅力。

二是文化资源转化模式属于简单地开发利用。主要表现在对三亚黎、苗、回、汉族文化资源进行直接而简单地开发利用，不能充分地挖掘当地民族文化所蕴含的独特的思想内涵和民族性，以致不能充分地展现出当地民族文化的艺术魅力。

三是开发利用缺乏创意。如今文化资源的创意产业化，是一种满足人们精神享受的新模式。目前三亚槟榔河乡村旅游景区，在黎、苗族文化旅游资源的开发利用上仍缺乏创意，以致旅游产品不能产生应有的附加值。

三亚民族文化旅游资源开发利用之所以存在这些问题，主要原因除了在规划上缺乏整体性、系统性之外，还有投入不足。三亚市于2008年进行规划，2014年由三亚槟榔河旅业有限公司承包建设槟榔河5A级国际乡村文化旅游区，正由于投入不足，以致许多规划至今未能按期落地，导致经营惨淡，未能达到预期的效益。

三、三亚民族旅游文化资源开发利用策略

（一）通过全面深入的文化资源普查，"摸清家底"，并就如何开发利用进行科学合理的规划

民族文化旅游资源的开发利用应建立在文化价值的认知基础之上。因此，必须通过全面深入扎实的文化资源普查，"摸清家底"，充分了解三亚民族文化旅游资源的类型类别以及开发利用的总体情况，了解和掌握区、村各

民族所有的民俗旅游资源的种类、数量、分布状况、生存环境、保护现状及存在问题。在此基础上,实事求是地对其综合效益进行科学的评价和合理的规划,并根据市场需求对民族文化旅游资源进行加工或再创造,科学合理地设计旅游产品,有计划推进景区建设;另一方面,在充分考虑市场需求的同时,也要注意哪些资源可以充分开发利用,哪些不可以。民俗旅游资源的价值、特性各不相同,除了旅游价值外,还有更重要的科研、历史和生态等多种价值。对这类资源就不能仅仅随着客源市场需求而任意开发,必须在合理的环境容量控制下进行有限度的产品化转化和开发。

(二)在加大对黎、苗族乡村旅游开发建设的基础上,注意突出其特色

我们经过调查,了解到三亚市槟榔村确是一处美丽的黎族村寨,全村共有4个村委会、15个村小组,均分布在槟榔河两岸,并掩映在翠绿、婀娜多姿的椰林中。这里非但有山有水,还有温泉,是一处具有典型热带风光的村寨,把它建设成5A级乡村文化旅游景区,融观光、度假、康体和民族文化体验于一体的旅游景区,不会亚于保亭黎族苗族自治县的槟榔谷景区。除此之外,中廖村、文明村、郎曲村等许多坐落在山窝中的黎族乡村,非但拥有优美的自然环境,还隐藏着诸多原生态的民族传统文化,如果对它们进行合理规划并精心地打造,也会成为优美的乡村文化景点。在发展三亚市"全域旅游"中,有必要进行规划和开发建设。

在扩大黎族苗族乡村旅游中,务必注意突出本地的民族特色,不要像某些民族旅游景点,在打造黎族文化旅游产品时,均把黎族的五个方言区的都搬来,忽略了本地的特色,以致所打造的黎族文化旅游产品与其他地区的大致雷同,体现不出本地的特色,没有特色的旅游产品是没有任何魅力的。

(三)加强黎、苗、回民族文化资源的深度开发

文化资源具有显著的潜在性特点,只有进行深度开发,才能使它所具有的独特的精神实质和无穷的魅力充分地展露出来。三亚当地的黎、苗、回、汉族文化中诸多原生态文化形态,诸如歌舞、民俗活动、神话传说故事等,

都是最能体现这些民族独特的民族精神实质和生活风貌的文化形态,通过精心打造,转化为系列的精彩文化产品,就能充分地展露出这些民族文化产品独特的艺术魅力,就可产生高附加值,增加市场竞争力。

此外,在深度开发利用民族文化资源的同时,必须树立精品意识,选择那些具有独特魅力的民族文化进行精心包装,打造成为系列文化品牌,并重点推介,以吸引游客。一个地区的旅游点能否长期吸引客源,关键要看是否有文化品牌。文化品牌具有很强的影响力,能够成功地打造好三亚民族文化的精品、品牌,就会产生相应的品牌效应,就会使得三亚的旅游业饮誉海内外,长盛不衰。

(四)开发利用民族文化旅游资源务必坚持真实性原则

1964年的《威尼斯宪章》明确提出:"将文化遗产真实地、完整地传下去是我们的责任。"世界遗产委员会也十分明确地规定真实性是检验世界文化遗产的一条重要原则。在以往的民族文化旅游资源开发利用中,曾经出现过随意制作民族的物质文化,随意发挥、解说民族原生态文化的内涵,其结果就是歪曲了民族文化的本来面目。如黎族的船形屋,清人张庆长《黎岐见闻》记道黎人"居室形似覆舟,编茅为之……"王学萍主编的《中国黎族》也解说道:"黎族传统的住宅,外形像篷船,内部像船舱,顾名思义称它为'船形屋'。"然而,有的导游或景区却把船形屋的由来解说为由于黎族的祖先乘船渡海到海南岛来,为了纪念祖先,就把居室建成船形屋。这真可谓是牵强附会。关于黎族船形屋的起源,有一个相关的名为《丹雅公主》的传说故事,但有的书籍却把它写错为"雅丹公主",结果是以讹传讹。又如黎族服饰,特别是筒裙,其基调本来是黑蓝色的,但有许多景区制作的许多黎族姑娘的服饰是红色、蓝色的,基调全变了。如此等等,都违背了黎族文化的真实性。为此,在开发利用民族文化资源中,必须坚持真实性原则,开展深入的科学研究,以确保民族文化资源的真实性、科学性。坚持真实性原则,有助于提高对民俗旅游反对民俗识,有效地防止"伪民俗"出现。

(五) 要强化整体性原则，在挖掘开发利用中对民族文化资源加以保护

随着经济社会的快速发展，海南黎族、苗族传统文化日渐消失，三亚境内的黎、苗、回族文化亦然。因而，在挖掘开发利用中务必精心加于保护。保护一个民族文化，就是保护该民族的文明成果，保护该民族前进、创新的力量源泉。对民族文化旅游资源的保护，必须坚持整体性原则，不能仅仅停留在保护一个个"文化碎片"，割裂其生态环境，让其搬家至某个"文化孤岛"之上。整体性原则要求我们对民族文化旅游资源的保护，要以全方位、多层次和非简化的方式来反映并保存民族文化的多样性。对民族文化旅游资源的保护，必须尊重其内在的丰富性和生命特点，既要保护民族文化旅游资源的自身和其有形的外观，更要注意它们所依赖的结构性环境；除了重视民俗旅游资源本身之外，又要关注各种民俗事象存在的方式和存在的过程。

参考文献

[1] 张雪锋, 桂三妹. 三亚市全域旅游发展规划 (2016—2020) 提出让三亚全域每个角落都可以找到旅游的兴奋点 [EB/OL]. 三亚新闻网, 2016-08-15.

[2] 刘赐贵. 政府工作报告·二〇一七年二月二十日在海南省第五届人民代表大会第五次会议上 [N]. 海南日报, 2017-02-26.

[2] 黄丹. 海南该如何打造"全域旅游"国家旅游局局长支招 [EB/OL]. 南海网, 2016-01-29.

[3] 黄丹. 海南该如何打造"全域旅游"国家旅游局局长支招 [EB/OL]. 南海网, 2016-01-29.

[4] 黄丹. 海南该如何打造"全域旅游"国家旅游局局长支招 [EB/OL]. 南海网, 2016-01-29.

[5] 黄丹. 海南该如何打造"全域旅游"国家旅游局局长支招 [EB/OL]. 南海网, 2016-01-29.

[6] 欧阳正宇. 西部民族民俗旅游 [M]. 北京: 北京大学出版社, 2014: 51.

民国以前的黎族教育说略*

从明代水会社学说起

"四百年前填土木，黎山脚下屯兵。破荒学舍读书声，残阳烟瘴里，舂米伴三更。 荣辱兴衰皆已逝，而今几段荒城。是非功过说难清，唯应存古迹，留与后人凭。"

一年前，我第5次来到琼中黎族苗族自治县做文化之旅。这次到达了我数度欲往而未至的水会所。水会所，这座明清时代海南腹地最为著名的政治军事中心，原与一次规模巨大的"平黎"之事有关，在残酷的战乱之后，成了"抚黎"的场所。就在这座万山重绕的孤城，一所黎族教育史上不可绕过的社学诞生了。

社学，乃是古代官办地方小学，设立在农村，为乡村儿童提供启蒙教育，始于元而终于清末。起初我有些疑问，既然社学是在乡村设立，那么设在水会所的这所学校为何叫社学呢？我循着孤城残垣，在荒草荆棘中复原着400年前的情景，原来这并不是什么豪华都市，而是一座用于驻扎一定数量军队、兼具部分管理功能的处所，用土砖墙围起来，才勉强称作城。这里所

---

* 本文作者：李景新，任职于海南热带海洋学院人文社会科学学院。

设立的学校,也就是为了让周围黎族百姓子弟获得最初级的国家教育的机会,它的性质即是社学。这座在当时并不起眼的社学,乃是中部腹地黎族获得官方教育权利之始。

水会社学的设立与琼州通判吴俸有密切关系。此人祖籍浙江,文献记载他曾兼管抚黎事务,黎马矢事件之后,他推动设立水会社学。"水会社学,取府学生儒教黎童习读,黎人因此知学",这条记载出自《广东通志·吴俸传》。吴俸,官职低微,在浩如烟海的官袍顶戴之中并不是著名人物,差不多可以说,只因为他对黎族教育曾经倾其热情,几百年后的黎学学者们才发现了他在历史中留下的姓名。人之立身,你为百姓做了实实在在的事情,百姓终究不会忘记你。

水会社学的设立,也与抚黎理论的语境不可分割。在明朝,抚黎思想已经占据着重要话语权,从水会所建立上溯半个世纪,海瑞的抚黎主张具有代表性。他数次撰写文章阐述抚黎主张,其中一条是要在各处黎族村峒建立社学,实际就是使黎人享受国家义务教育,学习中华主流文化,以取得比平黎更为长远的政治效果。

总而言之,水会所社学于明代万历年间建立了,之后,它就一直在海南中部黎族地区发挥着作用,据史料记载,直到清代道光年间才完成了它的历史使命。这期间它到底发挥了多大的作用,不太好量化,但在整个海岛最为封闭落后的中部山区,一所专为黎族人民设立的官办小学校,居然延续了200年之久,这本身就算是一个奇迹,在黎族教育史上恐怕很难找到第二个。明代是海南教育史上最辉煌的时段,政府对黎族教育的重视也达到空前的程度,史载崖州、感恩县、昌化县、陵水县等地都设立了社学,但谈黎族教育,我舍弃了其他而专说水会社学,原因正在于此。

从王义方到南宋四名臣

说到海南的文化教育史,人们总会不约而同地想到苏东坡。苏老先生在儋州居住三年，虽然并没有像常人想象的那样开设学堂，但他无与伦比的人格风范、横无际涯的知识海洋，以及他那特有的纯真的热情，使得他有意无意间传播的中原文化，在扭转人们观念、推动海南文化教育进入快速发展轨道的过程中，发挥着至关重要的作用。苏东坡所处的时代，儋州还是黎人的聚居区。他老人家离开海南岛之后写诗说："黎歌与蛮唱，语音犹杳杳。"你看，他老人家不是分明在告诉我们，他在儋州这段生命过程中天天与善良而快乐的黎人共处。我们难道不能顺理成章地得出结论：苏东坡在儋州地区实施的有意无意间的教育，很大一部分受众就是淳朴的黎人吗？可以这么说，海南教育史，苏东坡是块里程碑；黎族教育史，苏东坡同样是块里程碑。

事实上，黎族地区接受汉文化教育，在苏东坡之前就开始了。唐朝宰相李德裕被后人列为"五公"之首，虽然他在海南史上并不以教育的影响力著称，但是黎族地区至今还在盛传着他与黎人之间的种种故事，那么，他当时之与黎人的影响力也是可想而知的。教育史研究者更乐于论述比李德裕更早的王义方，他于贞观年间从大陆来到儋州作吉安县丞。史书的一段简单记载，成为他开启黎族汉文化教育的证据。《旧唐书·忠义·王义方传》载："吉安，蛮俗荒梗。义方召诸首领，集生徒，亲为讲经，行释奠之礼，清歌吹龠，登降有序，蛮酋大喜。"这里有两个问题：一是教学的对象是否是黎人。记载中只讲到"蛮"，而蛮也许是黎人，也许不是黎人。蛮本来是南方少数民族的统称。苏东坡的诗把"蛮唱"与"黎歌"相并列，《清史稿·选举志一》谓各设立义学，"教寒生童，或苗、蛮、黎、瑶子弟秀异者"，也是把蛮与黎并列，可见苏东坡和清史稿在具体语境下所说的蛮与黎是两个概念。二是即使是黎人，王义方也是招来一些头目，亲为讲经，并没有建立学校。王义方的意义在于他对黎蛮地区的汉文化教育给予了最早关怀。但是从他学识、声望、魅力多方面看，不要说与后来的苏东坡不能相比，就是连"五公"也无法相提并论。我们冷静观察，王义方的影响在黎族人民之中并没有产生多大的作用。直到北宋，虽然在黎蛮杂居的昌化军设立学舍，但是当苏东坡亲往学舍察看的时候，所见却是"窥户无一人"，只有一个饿得面黄肌瘦的老师坐在那里，无可奈何地与来客空谈一番大道。我相信，如果不是教育史研究者的挖掘，恐怕没有人会知道王义方这个人。同样的情形发生在与苏东坡同时或者略前到达海南的一位琼州教授身上，名叫古革，《广东通志》载："峒蛮多遣子弟受学。"但是除了史志简略的记载之外，古革教授的大名实在没有几个人知晓。

苏东坡离开海南之后，"南宋四名臣"中的李光发现了从苏东坡走后50年间发生的巨大变化。他高兴地说："今相去五六十年间，文学彬彬，不异闽浙。"我们不能排除有一定的夸张，但与王义方几百年的缓慢发展相比，谁都能看出来，促使包括黎族在内的儋州教育驶入快车道的，只能是苏东坡。

而这个巨大变化，不能都归功于苏东坡，李光也是一位极为重要的人物，他在昌化军创作的两首诗、一篇文证明了他乃官方学校重建的积极参加者。诗中记述了他为修复的学校题写"郡学"二字，与郡僚、学官、诸生宴集的情景。他亲作《昌化军学记》，成为后人研究海南教育史的重要文献。李光所在昌化军，同样是黎汉杂居之地，李光之于黎族教育的影响，我们可以加以推理。

与李光同时被贬到海南的胡铨，在黎族教育史家眼中更加著名。他在现在的三亚水南村不仅著书，还热心教书，虽然不是专为黎人而设，而周围黎人的首领也心动了，亲自把自己的孩子送来让他教育。这可是《崖州志》中言之凿凿的证据。胡邦衡为黎族教育做出的贡献，后人岂能忘记？

不过从王义方到胡邦衡，他们所进行的教育，从形式上看，都是"业余教育"，或者说是辅助性的教育，而非正统的官方主流教育，甚至连私立的塾学也很难算上。他们对于黎族教育的影响，主要来自他们的人格魅力，而不是教育体制。

元代寨学：黎族正规教育的开始

无论王义方亲自教授，还是南宋时代更多人的参与，我们看几条记载的语意就知道是怎么回事了：

古革教授琼州，训士不倦，峒蛮多遣子弟受学。——这是《广东通志》关于北宋时代一位琼州学官的一条记载。

诸郡皆闻风来游，虽黎僚犷悍，亦知遣子就学，衣裳其介鳞，踵至者十余人。——这是《琼州府志·艺文志》一条关于南宋时代琼州通判刘汉办学的记载。

新学，在郡学之左庑，黎人遣子弟入学。——这是《舆地纪胜》关于一所学校建立的记载

细心的读者会发现，这些教学都不是针对黎人而设，只不过少数有眼光的黎人觉得到学校受教育更有意义，才送子弟入学而已。

这种局面到元代才实现突破。《广东通志》记载元代至元年间发生的一件教育大事："立寨学训谕诸峒，奏置屯田府，立定安、会同二县，万全一寨。"我们拿这条记载与上述所有记载相比，明显地发生了变化，这次行动的目标是要"训谕诸峒"。当时的定安、会同二县，黎族组织称为"峒"，显然，寨学，就是为黎族而设立，黎族子弟入学不再如前只是个陪衬，而是进入为自己设立的学校学习。这是黎族教育史上的一大变化。元代在中国古代教育发展史上是个低谷，延续的时间短暂，因此寨学发生的作用，我们也不可过高估计。但是，元代的这些措施为迎来明代教育的快速发展做了很好的铺垫。元代的寨学，尚未见在中部腹地山区设立的记载。中部腹地山区所设官学，仍然只能是水会所社学，也就是本文开头所述的那所延续了200年的社学。

清代：从旧式义学到新式学堂

　　清朝沿袭前朝的惯性，进一步加强了对于包括黎族在内的南方少数民族的官方教育，在少数民族地区更为广泛地设立义学，于内地生员中选取品行端正、通晓语言者为教师，让少数民族获得汉文化教育。朝廷和官员越来越多地认识到对黎族进行汉文化教育的重要性，提议或实施创办义学的记载比较多。如乾隆五年，两广总督庆复上疏建议：琼州四面环海，中部有五指山，是黎人所居之地，应该在那里创设义学，使黎族子弟能够就学，享受应试的权利，用"黎"字作为别编，州县给一个名额。（见《清史稿·庆复传》）提议让黎族人在科举中拥有应试机会，这是黎族教育史上的一件大事。

　　"巨石卧水万千年，风痕悲壮苔痕鲜。林深唯有鸟兽知，山高无路补苍天。一朝儒将开荒芜，抚顺百峒黎民安。仰望五峰矜功业，大书一手擎苍天。从此几块补天石，聊伴风雅镇南关。"2012年4月，我与琼中文史专家叶传雄、谢晋顾一起深入五指山探访摩崖石刻，作了这首诗。那几块珍贵的石刻都是冯子材任全琼军务督办时开辟五指山道路过程中留下的。冯子材的工作虽是军务，但他很重视对黎人的教化作用，制定《抚黎章程十二条》，提倡在中部山区为黎族人开设义学，好几所中部地区被称作"冯公学馆"的义学都是在他的倡导下建立的。光绪二十九年，两广总督官员岑春煊为黎族人设学额两名，录取陵水县黎族生员二人，即王义和黄云珍。黎族产生两名秀才，这在科举时代是十分引人瞩目的，可谓黎族教育史上的另一大事。

　　光绪三十一年，延续了一千多年的科举制度被废除，与之相伴随的教育体制立即发生了史无前例的改革，各地旧式教学机构纷纷改为新式学堂。黎族地区的新式学堂也渐渐建立起来。教学形式改为班级制，如光绪三十二年陵水县的顺湖书院改为顺湖高等学堂，每年招收3个班级，每个班级名额50名，学制4年。教学内容则由旧式教育的四书五经改为国文、算术、史学、体操、唱歌、理化等。光绪三十一年，黎族人左有文、王义等人，在陵水县宝停营道隆村创办宝停小学，据说这是五指山区黎族人自筹资金自己创办的第一所学校。黎族的正规教育开始进入近现代的发展阶段。

现代黎族民歌中崖州民歌的身世之谜[*]

黎族传统歌谣和崖州民歌，都是祖国优秀民间文学的重要组成部分。黎族传统民歌得不到应有的保护和传承，而海南汉族的歌谣（主要是崖州民歌）今天已风靡五指山区，普遍为黎族所接受，逐步取代着黎语民歌的地位。不少冒牌的"黎歌"流传日广，真正的黎歌则日渐埋没，也造成了黎歌研究工作中的某些混乱。

各黎族民歌的交流和融合是历史的必然，社会的发展趋势，有利于民歌健康发展。但是，由此无形中出现的混乱局面却是不良现象，应引起足够的注意和警惕。目前黎族民歌研究上的混乱主要体现在民歌作品的搜集和评论上，不少传唱在黎族地区的汉歌（主要是崖州民歌）被拿来充当黎族现代民歌，这也无形中造成对黎族现代民歌评价拔高的现象。考量当前黎族现代民歌的创作现状，虽然黎族同胞也创作了一些崖州调民歌，但是数量不是很多，质量也并不太高。黎族现代民歌中的崖州调民歌，尤其是爱情题材民歌，主要来源于崖州民歌的移植。因而对黎族民歌的研究评价要以传统民歌为基点，以现代黎族民歌创作现状和水平作为参照。

黎族民族的研究应把方向调正到传统民歌上来，不能让真正的黎族民歌消亡，而让冒牌的黎族民歌荒长。应加强黎族民歌的研究队伍建设，提高其研究水平。要加强黎汉之间的思想文化交流，消除隔阂，增强认同。既要相

---

[*] 本文作者：邢孔史。

互尊重，又要切合实际，客观公正。

一、古崖州是汉族和黎族人民的共同家园

崖州的地理区位自古有之。总体来说，崖州的区位坐标、区位大小、区位名称都不是确定的。时而它是海南的整体，时而只是海南的局部或者一小部分，时而它的区位游移在海南的北部或西北部，时而游移在东部或南部。因而，崖州区域有广义和狭义之分。

广义的崖州是中国最南端的古州城，设立着中国最南的行政机构，所辖范围，在历朝历代不断变迁缩扩，西至儋县、乐东、昌江、东方感城，东至陵水，北至五指山腹地的保亭和琼中等地，都在不同的年代里有过隶属于崖州管辖之时。古代崖州大体区域广布原海南黎族苗族自治州的琼南大地，这里是黎族同胞的主要聚居地，也是崖州汉族人民的家园。崖州是黎族和汉族的共同家园，也使用着共同的"普通话"闽南方言，黎汉人民政治、经济、文化的交流和影响十分密切。因此，黎族民歌和崖州民歌交叉融合，黎族同胞中流传学习崖州民歌势在必然。

二、黎族现代民歌和崖州民歌相交融

1. 黎族民歌和崖州民歌简介

海南民歌，因民族、语言及居住地区之不同，其唱法和音调韵律也有所不同，因此就有了海南方言歌（包括崖州民歌）、儋州歌、军语歌、临高歌、客家歌、黎歌、苗歌、回族歌等之分。从当前的发展态势看，崖州民歌、黎族民歌、儋州民歌都入选国家非物质文化遗产代表性项目名录，形成三足鼎立之势。其中，儋州民歌相对独立，崖州民歌和黎族民歌则联系比较紧密，甚至形成了交融关系。

（1）崖州民歌

2006年入选国家非物质文化遗产代表性项目名录。崖州民歌是古崖州一带用崖州方言和声调咏唱的，且格律严谨、自成一体的一种民间汉族歌谣。

相传兴起于宋代,繁盛于清朝后期。代表格式为七言四句式,逐渐引入了"三七句""长藤句"多行格式(四句式的重复而来)。有短歌、歌封、歌本三种版式。韵律以海南调为基础,比海南调要求更高。崖州民歌是崖州劳动人民生活历练的沉淀,是特定时空下崖州人民日常生活的真实写照。崖州民歌描绘的自然景观、人文地理,展示了崖州人民的衣食住行、乡土风俗、感情生活等,其中蕴涵着详尽而生动的民俗事象,是一部鲜活的崖州人民生存繁衍的社会民俗史。

崖州民歌主要流行在三亚市、乐东县以黄流为中心的沿海地区及东方、陵水、昌江的部分地区,保亭、五指山等地也逐渐传唱,甚至辐射到全海南岛。不少黎族同胞也很喜爱和传唱崖州民歌。"海南方言民歌其源头当是闽南民歌在海南的流传和发展,其流传区域主要是定安、文昌、万宁、屯昌、澄迈等县和海口市、琼海市、琼山市以及一些少数民族县市的海南方言居民聚居区。由于海南闽南语系方言在各区域各民族的普及,苗、黎族不少居民也会使用海南方言创作民歌,或演唱海南方言民歌,造成了海南方言歌在苗、黎族地区的流传。"① 在崖州民歌还没有正名、取得独立地位之前,崖州民歌还从属于海南方言民歌。所以上面的表述也同样适用于崖州民歌。

(2)黎族民歌

2008年入选国家非物质文化遗产代表性项目名录。黎族是海南最早的居民,黎族民歌主要流传在保亭、陵水、昌江、白沙、乐东、琼中等黎族苗族自治县和通什市、三亚市的大部分黎族聚居区。黎乡素有"歌海"之称,广大黎族人民善于创作民歌,喜爱吟唱民歌,把唱民歌视为人生的一大乐事。在数千年的历史长河中,黎族人民感于哀乐,缘事而发,引吭高歌,创作了内容极为丰富的民歌,诸如生活歌、劳动歌、儿歌、革命歌谣等。特别是歌咏人们爱情生活的情歌,反映黎族传统民俗的习俗歌,更是形式多样,甚富特色。以歌的曲调而论,内容不同,地方不同,调子也各自有别。

---

① 伍国栋.民歌音乐学概论[M].北京:人民音乐出版社,1997:5.

黎族民歌有两种类型，一为传统黎歌，一为现代黎歌，也叫汉化黎歌。传统黎歌是用黎语咏唱的黎族歌谣歌调古朴粗犷。传统黎歌每首歌句子结构无一定格式。有五字句，也有七字句，甚至多字句，不分段节，一气唱完，其韵律非常独特，押韵不一定规则。汉化黎歌称为汉词黎调，是用海南方言咏唱的黎调歌谣，多为七言四句为一节或一首，韵律同于海南方言歌，这是黎汉文化交流的产物。由于黎族各支系语言存在歧义，因此黎歌的腔调唱法也各不相同，歌调较多，而以罗呢调、格罗调、哎罗调和四亲调最为流行，最为普及。由于不少黎族居民会讲海南方言，会唱海南方言歌，并能用海南方言创作咏唱黎歌，因此，不少用海南方言创作咏唱的黎歌，也在讲海南方言的汉族居民中流传。

2. 现代黎族民歌的复杂成分

（1）黎族现代民歌的产生演变

从黎族民歌的发展过程看，黎族民歌和其他海南各族民歌一样，大致经历了传统意义上的传统民歌、革命民歌和新民歌三个发展阶段。不同历史发展时期的黎族民歌，因其自在不同历史背景下，表达的主题也不同，歌词内容各有侧重，并在原有的基础上又有所突破和创新，因而呈现出鲜明的特点。

传统黎族民歌和黎族的历史一样悠久，形式自由，句式不等，以五言句为代表。

革命民歌也称红色民歌，是革命战争时期的民歌，形式上处于自由体（传统民歌）向格律体过渡时期。黎族革命战争民歌虽然形式为七言四句，但押韵和声调还是较为自由，大多数离汉族民歌标准形式还有一定距离。少部分已达到汉族民歌的形式标准，形式韵律较为严谨，用崖州民歌的曲调也可进行演唱。

黎族新民歌（现代民歌）主要为中华人民共和国成立以来，尤其改革开放以来的民歌，题材发生的重大变化，形式上由自体向格律体转变，占据重要地位。

中华人民共和国成立以来，黎族产生一批作家、诗人，有的在民歌收集整理创作方面发挥积极作用。如卓其德、王文华、黄月圣、黄世训等人黎族现代民歌的创作水平都比普通群众的创作水平要高一筹。格律较严谨，有些与崖州民歌韵律无两样。

（2）黎族现代民歌的音律特点

黎族现代民歌有三种押韵情况，一是押普通话韵，二是押海南调韵律，三是押崖州民歌韵律。

a. 普通话民歌

实质上是黎族同胞创作的汉族民歌，押的是普通话韵，与写新诗押韵相同，属口念歌谣，"大跃进"时期的黎族民歌有较多是普通话歌谣。

五指山下五条溪

五指山下五条溪，五条溪水分高低；

高低流水都北去，我念毛主席在心里。

（原载《诗刊》1958 年第 06 期）

五指山上五座峰

五指山上五座峰，五座峰上五条龙；

龙在高山山常绿，毛主席在此遍地红。

（原载《民间文学》1958 年第 7~8 期）

《广东文艺》1975 年第 1 期曾发表了一组总题为《五指山头唱颂歌》的黎族作者的署名诗歌作品：

东风催动百花开，金鼓银锣敲起来；

四届人大召开了，颂歌一曲震四海。

（陈文平，黎族，社员）

大跃进民歌

旧日苦楚算不清，黎家油灯点不明，
如今来了共产党，装上红灯通夜明。

（流传于东方地区，郑炳南搜集）

万道霞光满天红，英雄花开靠东风；
黎家翻身靠那个？全靠恩人毛泽东。
（丁彦、茶田山搜集，摘自王文华《黎族音乐史》，2001年4月出版）

以上民歌押的是普通话韵，这是黎族现代民歌的一个特殊品种，常常被当作诗歌来写，至今还未引起人们的关注与研讨。

b. 海南调现代黎族民歌

按《中国歌谣集成·海南卷》划分，流传在海南各市县除了儋州歌、军语歌、临高歌、客家歌的汉族民歌，因为没有特别的命名，都称为海南调民歌。

黎族现代民歌是海南调民歌的移植，代表歌词结构为七言句四句一节或一首。严格的歌律要求：一、二、四句尾字必须押韵，并合平仄，每句须做到二、四、六分明，即每句的第二、第四、第六字必须成为平仄平、或仄平仄，而且第一句尾字必须是仄声韵，第二句押的是平声韵。第三句虽不要求押韵，但必须是仄声，第四句同样押平声韵，要求每节（四句）只使用一韵，如果要换韵，则须在下一节，而吟诵、数说调换韵较自由，每押一韵后便可换韵，即四句中可有两个韵。

海南调是最普及的海南方言歌歌调，但由于讲海南方言的汉族人民，居住地区不同，语言音调有变异，如文昌语、定安语、琼海语、澄迈语、万州语、海口语、崖州语等，发音和声调都互有不同之处。因此，在使用海南调咏唱歌谣时，音韵、腔调、唱法也不尽相同。如崖州、黄流就同文昌、定安、琼山等地唱的海南原调不同，当地称为崖州调、黄流调。

语言学家黄谷甘在《海南乐东黄流话音系》中把黄流话划分六个声调：

阴平、阳平、上声、阴去、阳去、长去。

下面我们以黄谷甘《海南乐东黄流话音系》的六个声调顺序为准,对现代黎族民歌的类型进行探讨划分——

  琼中县黎族新民歌
  大军不亲谁人亲?翻山过岭来相认。
  葛藤芒茅他不怕,一心建设咱黎村。

  大军不亲谁人亲?日夜站哨为黎民,
  几多风雨与日晒,一心保护咱黎民。

请看白沙黎族新民歌——

  革命青年学毛选,努力争当红又专,
  活学活用要牢记,立竿见影人更红。

  中学毕业回家乡,农村前途无限好,
  回乡务农心坚决,愿把汗水育青苗。

以上琼中、白沙的民歌押韵和声调都不太严谨,是海南调民歌形式,而且是不太严格的海南调形式。

黎族现代民歌也有较特殊的形式,七言四句式中开头可以是三字开头或五字开头的:

  入山拔藤牵跟路
  暗摸黑,入山拔藤牵跟路,
  牵到半路藤又断,去也暗摸回暗摸。
      (苏海鸥搜集)

  侬耳聋重听不定
  唱歌要大声,侬耳聋重听不定,

都如瘦鹅吞有谷，吞也不成吐不成。

　　　（苏海鸥搜集）

C. 崖州调民歌

　　崖州民歌从歌词结构上看，除了儿歌（摇侬歌），清一色都是七言四句式，作为一节或一首，而上百上千句的长歌也由七言四式组成，有的里面间插三七句组成。

　　从韵上看，海南调民歌主要是四句一韵到底，也有两句押韵的，崖州民歌则要求一韵到底，中间不能换韵。

　　从声调方面看，海南调民歌一般只要求平仄合规，崖州民歌则还要具体到声调，如第二句和第四句尾音要求是平声字，即阴平、阳平都可；而崖州民歌则要求第二句必定是阴平，第四句必定是阳平，否则唱起来不入崖州曲调，不顺畅。还有，崖州民歌四句的第六字，不能是阳平，否则唱起来拗口，二、四名的第四字则要是"阳平"唱起来才顺畅。

　　由于歌词结构和韵律结构的不同，海南调的曲调要多样一些，崖州民歌的曲调则独特一些，地方特色较为浓郁。当然，崖州民歌现在还属于海南方言民歌，崖州曲调民歌也是海南调民歌之一，是海南调民歌的特殊形式。用崖州调写的民歌也属于海南话民歌，而海南调民歌则不一定是崖州民歌。

　　远路走来脚都软
　　黎族　　琼中县

　　远路走来脚都软，田隔田来村隔村，
　　怎样移村近侬室，移室相近门对门。

　　　（演唱者：王桂珍，采录者：王　斌）

　　五指山黎族现代民歌

　　　　伸手与哥咬印印，越咬越见妹情深，
　　　　青山不老留痕迹，见着齿痕忆亲人。
　　　　　　　　　　　　　　（秦济仁搜集）

　　上面几首民歌的韵律都较严格、周密，一韵到底（含近韵），二、四句尾分别押阴平和阳平，是较典型的崖州调民歌。

　　从演唱的角度看，崖州民歌的声调比押韵更为重要，一首民歌如果不押韵，但合声调，勉强还可以唱下去；如果押韵，但声调却不符合规定，则勉强唱也不行。如：

　　　　侬愁没有哥愁大，哥愁三年不唱歌，
　　　　哥愁三年饭不吃，哥愁三年路难行。

这首民歌不押韵，但合声调规定，勉强可以唱。如修改押韵，但声调不合规定则唱不起来：

　　　　侬愁没有哥愁长，哥愁三年路坎坷，
　　　　哥愁三年饭不吃，哥愁三年不唱歌。

　　按崖州民歌韵律，一句尾不能是阳平，而四句尾则要用阳平，上面的民歌"长"是言阳平，"歌"是阴平，故拗口难唱。

　　3. 黎族现代民歌中崖州民歌的身世之谜
　　（1）传入黎族地区的汉歌
　　黄流本土诗人、作家、人文学者张跃虎先生三十多年前已在《传统黎歌简论》中谈到"传入黎族地区的汉歌"的问题。他指出，由于黎族历史上没有自己的文字，本民族的口头文学作品一直得不到有效的记录和保管，再加上封建统治及解放后极"左"思潮所造成的种种劫难，这些作品横遭摧残的情况是非常严重的。黎族民歌更濒于灭绝的边沿。而海南汉族的歌谣（主要是崖州民歌）今天已风靡五指山区，普遍为黎族所接受，逐步取代着黎语民歌的地位。汉歌当然容易采录，因为汉字是现成的。一些同志就把它记下来，当作'黎族民歌'拿去发表，而黎语歌谣则因为不好采录更不易翻译，故极少有人问津,至今还没有得到很好的发掘和介绍。于是,冒牌的"黎歌"流传日广,真正的黎歌则日渐埋没。这就导致了许多读者的误解,以为黎族民歌与汉族民歌是一样的,也造成了黎歌研究工作中的某些混乱。些许同志至今还常常在自己的有关论文或所整理的传说中,拿汉族歌谣当成黎歌来引用或强加于古老的黎族故事,错误地把二者混为一谈。

传入黎族地区的汉歌主要有两种,一种是儋州民歌,一种是崖州民歌。但儋州民歌在黎族地区影响不大,只流传于同儋州比邻的白沙、东方和昌江县一些能操儋州方言的黎族中间。它之所以未能广泛流传,主要是由于儋州方言在海南并不普及的缘故。而崖州民歌则不同,它使用的是海南普及的、属于闽南语系的汉语,几乎全自治州的黎族歌手都能咏唱——或者就以原来的"崖调",或者已在某种程度上受到汉族影响的"黎族曲调"①。

考察我们上面所列的黎族民歌选本,要真正弄清哪些是传入黎族地区的崖州民歌,哪些是黎族同胞受影响用崖州调写作的民歌,是十分复杂、难缠的问题。目前,我们从各选本上所见到的黎族崖州调民歌,绝大多数只标明演唱者,没有标明作者。可见,多数是传唱作品,并不是创作作品,黎族同胞创作的崖州调民歌数量是极有限的。另外,我们从解放以来黎族现代民歌的创作现状看,能够熟练运用曲调创作的作者并不多,数量不多,水平也不很高。

把传入黎族地区的崖州民歌当黎族现代民歌来收集,这种情况是较普遍的。主要原因是缺乏对崖州民歌的研究了解,不免移花接木,张冠李戴。较为明显的是《三亚市黎族民歌》(苏兴庆)、《黎族情歌选》(苏海欧)等。

《三亚市黎族民歌》集中收录的黎族聚居地区的民歌都是传统黎族民歌,如荔枝沟民歌、崖城民歌、雅亮民歌、天涯民歌,这类民歌用黎族语言演唱,句子长短不少,长短无限,较整齐的是五言民歌。而在汉族人口较为集中的地区则收录大量从汉区传入的崖州民歌,和一些黎族同胞创作了部分崖

---

① 张跃虎. 试论传统黎歌的艺术特征 [J]. 海南大学学报, 1984 (12).

州民歌，如红郊民歌、鹿回头民歌、林旺民歌、南田民歌等。这些都是用闽南方言演唱的七言四句的民歌，与崖州民歌无二，这部分民歌被称为现代黎族民歌。我们认为，少部分或许是受崖州民歌的影响创作的黎歌，但大部分可能本身就是传入黎族地区的崖州民歌。特别是长篇叙事民歌，如《梁山伯与祝英台》《高燕真苦情歌》《杜世真情歌》《董荣情歌》《梁生歌》等，都是由反映汉族人民生活的民间故事改写而成，长期在三亚、乐东沿海的四区、五区一带传唱，解放以来一直到"文革"前在民间一直有手抄本和油印本流传，新时期后开始有录音带、光盘版等。这些长篇民歌早已收入由民间文艺家邢福壮先生牵头，2005～2009 年先后由黄流文化促进会和三亚文联出版的《崖州民歌》（1～4 卷）和《崖州民歌》5～12 卷之中。这些民歌传入黎族地区在群众中传唱，因为篇幅较长，口头记忆有限，内容不完整，《三亚黎族民歌》（2011）搜集者把它们当作黎族民歌搜集整理，并注明可能已经失传，这与实情不符。这也体现了《三亚黎族民歌》在搜集和整理方面的失误和局限，也说明收集者对崖州民歌缺少了解。

《黎族情歌选》把收集到的民歌都用现代民歌形式记录，清一色的七言四句体式，押海南方言韵，包括崖州调民歌和海南调民歌，这些民歌源于黎族传统民歌、黎族同胞用现代形式写的民歌、崖州民歌和海南其他市县的汉民歌。

（2）黎族同胞创作的崖州调民歌

杨兹举在他的著作《海南民族歌谣》中指出："黎族不少居民也会演唱海南方言民歌，甚至，使用海南方言创作民歌，这样就造成了海南方言歌谣在黎族地区的流传。甚至在黎族地区，尤其是在五指山外围的陵水、崖县、乐东一带的沿海区域，黎族歌谣出现一个用黎语吟唱到用海南方言吟唱的发展阶段。"① 黎族同胞创作的崖州调民歌主要有以下几个方面。

a. 民间创作

---

① 韩伯泉，郭小东：黎族民间文学概说［M］．广州：广东民族学院民族研究所，1984.

从地区来看，能够比较熟练地运用崖州调创作民歌多是乐东、三亚、定安、陵水等古崖州区域的黎族同胞。要想从各种选本上确认哪些崖州民歌作品是黎族同胞创作的可靠性不大，那些崖州民歌其实多是传唱作品，而不是创作作品。我们还是先从民间接触到的一些资料来考察一下。

20世纪六七十年代，毛泽东思想文艺宣传队遍及全国城乡农村。据邢阶福先生搜集，1970年春天，乐东县宣传队到红五黎村慰问演出，受到红五村委会的热情欢迎。席间，宣传队陈队长激动地说："今晚太麻烦红五村大队了。"接着陈队长频频举杯互相敬酒。红五大队的黎族社员十分高兴，便要求陈队长唱几首民歌，陈队长不负众望，脱口而出：

乐东文艺宣传队，今晚到红五慰问；
麻烦红五村大队，备好酒饭相伴随。

群众拍手称快，大队长激动地说："不麻烦罗，麻烦的是只鸡和只羊。"接着便和民歌：

草草招待情要领，不是麻烦我村乡；
宣传队请勿客气，麻烦是个鸡和羊。

宣传队同志捧腹大笑，黎族同胞那朴实的感情和幽默的语言让人难忘。

传统黎族民歌的对唱常常在本族男女中进行，但黎族现代民歌的对唱多以汉黎男女之间的对唱进行。这在乐东、三亚黎族乡村较为普遍。据罗才让等老先生搜集，"文革"期间，崖州梅山一青年到凤岭黎村去买猪苗见一姑娘在田里边插秧边唱歌，不禁歌兴大发：

阿侬插秧在田里，绿色田洋贯东西；
请求条路通凤岭，等兄时常好往来。

姑娘知道青年明明知道通往凤岭的路怎么走却故意来打扰，不禁暗笑，委婉唱道：

兄你问路到这里，路上多条通东西；

东边那条人封紧,西边这条勿乱来。

青年听后,只好向姑娘频频摇手说:"对不起呀,请原谅!愚哥多嘴。"又如下面乐东民族地区汉族男歌手和黎族女歌手的对唱——

女唱:
阿侬的家住抱告,手把槟榔送兄哥。
槟榔里有侬心意,吃口槟榔挂侬否?

男和:
槟榔就是抱告好,黎家姑娘又好看,
此下常来与侬买,吃侬槟榔甜过糖。

在一些公共场合,黎族同胞也口头现场创作演唱崖州民歌,对唱形式也多以汉黎歌公、歌母进行。2016年6月11日,"崖州藏美——乐东民间文化遗产保护展"在海口骑楼街开展,观众如潮,盛况空前。黎族韦天江(女)歌手和汉族孔歌王张秀进行嘴前风流土歌对唱:

女唱:
客是穿裤黎穿筒,穿筒的人没脚档;
古代留传到今岁,接多筒来分乜人。

男唱:
民族姑娘最心动,合着黎人最大方;
黎也劝交客劝合,才是通情知话人。

女唱:
千万勿合民族党,谁想合的谁味呆;
咱室住在深山岭,多见树棵少见人。

男唱：

民族花容香芳动，睡几深眠都做梦；
室果吃多都烦嘴，坡果听不厌得人。

崖州民歌传入黎族地区的主要是传统爱情题材的民歌，所以各种选集中除爱情民歌外，尤其是反映时代生活、时代精神题材的黎族民歌可信度较高。黎族群众写革命战争民歌、解放后的民歌中很大部分是海南调民歌，也有小部分属于崖州调民歌。

红色（革命）民歌

只有共产党能打赢

（昌江）

日本来到田村岭，国军听见逃没命。
试问谁个敢去打，只有共产党能打赢。

伤员住在咱草房

（昌江）

伤员住在咱草房，是咱的兵咱敢藏。
如有人问他是谁，是咱亲儿咱屋人。

（王海博客《我是黎人》）

新民歌

自从来了共产党，黎家翻身把家当，
改变一穷与二白，五指山区赛天堂。

现在种田为革命，主席领导在北京，
主席写书教讲会，人人学了心里明。

一些著名黎族歌手往往精通多种腔调的民歌，也会创作一些崖州民歌，如王妚大、符其贤、王桂梅等。1964年王妚大阿婆赴北京人民大会堂演唱民歌。一首《感谢恩人毛泽东》黎族民歌感动了在场的听众，而后受到周总理的亲切接见。请看她编写的崖州民歌：

"苦万"做饭吃都甜

一眼看去岭闪闪，嘴都不讲心早念，

求得哥心入妹意，"苦万"做饭吃都甜。

这首歌是标准的崖州调黎歌。

丧偶悲情

放身到席又托梦，十次摸席席空空。

枕头烂烂人去处？席又暖暖不见人。

《丧偶悲情》称得上黎族民歌中的佳作，情真实感，如哭如泣！

b. 诗人、作家的创作民歌

一些优秀的黎族作者后来成为了作家、诗人，如卓其德、黄世训、王月圣、王文华都是黎族领导干部，他们十分热爱本民族的文学，在繁忙的工作之余，搜集了大量的黎族民歌，同时又创作了不少民歌，并编辑出版了民歌集。

卓其德，男，1939年4月出生在海南陵水县，海南省作家协会会员。担任过县委副书记兼县人民政府县长，县委书记兼县人大主任，省民政厅副厅长等。他长期从事党政领导工作，热心于民间文学事业，从20世纪60年代初开始搜集、整理黎族民间文学作品，先后创作近千首民歌和一些歌曲，前后结集出版了两部歌谣集《美满的歌》和《浪花》，都是用崖州调写的民歌。有突出的思想价值，也有一定的艺术价值，具有浓郁的海南地方特色和民族风味。

党给休的好歌喉

唱首山歌作热闹，歌声袅袅荡山沟，

欲问歌声去哪要,党给侬的好歌喉。

劳动致富闯新路
劳动致富闯新路,向着市场跨大步,
大干实业创财富,吃也不愁穿不愁。

只要两人有感情
自许终身把命定,哥家再穷侬不怕,
不求荣华和富贵,只要两人有感情。

卓其德的这些民歌,如果有选入崖州民歌选集中,也没有什么值得怀疑的。

黄世训是黎族现代民歌的重要作者,1946年5月生,琼中岭镇人,大专文化,任过中小学教师、校长,琼中县委统战部部长。曾编写《海南琼山人——丘浚》《众志成城战胜灾情》等黎族民歌集,收集、整理《后母歌》《敬酒歌》《槟榔花飘番》等黎族传统民歌集。他写的《歌颂黎族领袖王国兴》是长篇现代黎族民歌,共20万字,史料翔实丰富,较全面地反映了王国兴从一个黎族头人成长为共产党领导干部的壮丽人生。(《序言》)该歌集用本地方言,采用海南调和崖州调结合写成。请读《序歌》:

琼中红毛番响村,乜人到此都相问;
此村出个英雄仔,从小机灵他姓王。

此人名字叫国兴,为人正直又灵精;
深知同胞生活苦,心里想的是人民。

回忆过去贫人苦,乌云遮日天暗黑;
山薯树根做时顿,每顿吃饭如吸糊。

住也没屋站没村,四季一年都剥归;
没吃没穿过日子,骨瘦如柴脸饥黄。

吃时看镜睡看天,衣都没条遮身躯;
冬天到来盖稻草,烧火取暖盼鸡啼。

秋天到来雨下大,雨淋身湿没衣换;
破旧麻衣晒又洗,身湿都没衣穿寒。

夏天到来热如火,父母生下多弟妹;
缺吃缺穿过日子,四季一年都饿饭。

黄世训精通本地方言和崖州州曲调,他的《歌颂黎族领袖王国兴》用崖州曲调演唱应该问题不大。

王月圣的《黎族创世歌》是一部重要的黎族现代民歌选体,因其作品多为海南调和普通话韵民歌,崖州调民歌较少,在此不再列举。

c. 文艺刊物上的民歌创作

中华人民共和国成立以来,党的民族文艺路线,大力扶植民族文艺队伍,为了培养黎族诗歌作者,刊物的发表向民族作者倾斜,在20世纪50—90年代有一批黎族作者以现代民歌形式创作的诗歌作品在《诗刊》《作品》《民间文艺》《海南文艺》《五指山文艺》等各级刊物发表。发表在刊物上这些作品,大部分是海南调民歌、普通话韵民歌,如《广东文艺》1975年第1期曾发表了一组总题为《五指山头唱颂歌》的黎族作者的署名诗歌作品:

一

东风催动百花开,金鼓银锣敲起来;
四届人大召开了,颂歌一曲震四海。
(陈文平,黎族,社员)

二

人大精神放光彩，全国军民喜开怀。
黎家献诗学大寨，山山水水巧安排。
（黄文泽，黎族，保亭团委书记）

三

文化革命八年长，打倒刘、林两黑帮；
大批大干新跃进，各族人民斗志昂。
（杨文贵，黎族，保亭县委书记）

以上是普通话韵或海南调民歌。也有小部分是崖州调民歌，如——

幸福有了毛主席，穷人才有这好命，
吃水要念水源处，转身翻头念党情。

毛主席住在北京城，人读宝书他都听，
全琼工作他指示，社员人人都执行。

（《作品》1959 年第 9 期）

(3) 传统黎族民歌翻译成崖州民歌

过去，由于黎族本民族民歌研究人才欠缺，从事黎族民歌收集研究的多是汉族同志，加上时代精神所使，黎族文化汉化的加强，而且黎族没有文字，黎族民歌的收集、创作用汉字和汉歌的形式记录下来，理所当然。一些传统民歌就变成现代民歌，其中有部分是崖州调民歌。如苏海鸥的《黎族情歌选》、卓其德的《美满的歌》和《浪花》、苏兴庆的《三亚黎族民歌》等都有把传统民歌翻译成现代民歌的倾向。下面以《黎族情歌选》为例试作分析。

1982 年由自治州文化局选编的《黎族情歌选》《序言》称，从大量的黎族情歌中可以看到"在形式上，一般是五言、七言一句，四句一节，也有一些长短不等的自由体"。而集中入选的作品则是清一色七言四句式的现代汉化黎歌,很明显选编者是把所有入选传统黎族民歌的作品都以海南话民歌或崖州民歌的形式记录下来。而其中不少则是由崖州民歌移植入来,像上面所引张跃虎两年后写的论文所指出的一样。

《黎族情歌选》包含海南调民歌和崖州调民歌两种汉化黎歌,两者的不同之处是海南调民歌流传在海南各市县,曲调形式多样些,韵律的要求宽松些;崖州调民歌是特殊的海南话民歌之一,是崖州地区的民歌,曲调形式单一些,韵律的要求要特殊单一些。

请看秦济仁搜集的两首民歌:

侬站门口把哥等

哥如真情恋妹心,回宅要盆哥洗脸,

哥有心来送凳坐,侬站门口把哥等。

唱个山歌试妹心

隔河海棠开成荫,心想摘花怕水深;

掷个石仔试深浅,唱个山歌试妹心。

这两首民歌押海南话韵的,可以用海南曲调演唱,也可用黎族一些曲调唱,不能用崖州曲调演唱。崖州曲调明显的地方是结束音应是言阳平(第二声)才能唱得顺口。"等"是方言上声(第三声),"心"是方言阴平(第一声),用崖州曲调演唱不顺口。

符震搜集的两首民歌则属崖州调民歌:

免哥挂怀日与夜

看上妹脸见白白,如是鱼虾哥捉生,

哥如识字把名记,免哥挂怀日与夜。

红绸绑放金竹竿

红绸绑放金竹竿，嘴含鹿茸香满坡，

想妹语言当流水，哥心想妹妹如何？

这两首歌都严格按照崖州民歌的音律来写作，用崖州民歌曲调演唱非常协调。

海南调民歌不一定能用崖州调演唱，而能用崖州调民歌都可用海南调演唱，所以崖州民歌能够在海南各市县广泛流传。

（4）其他来源

汉族同志也曾从事黎族同胞的生活生产劳动，如打猎、砍柴、种山兰等，这方面也留下了一些民歌，容易被当作黎族民歌来收集。如上文撰述张跃虎所录他叔父照贤公曾向他说及他年轻时候随口创作的一首民歌：

请求天公发雨水

脚脚踏来都着刺，多多请求土与天，

请求天公发雨水，好得山兰稻今年。

在研究黎族民歌中有一个现象值得注意：汉族群众也创作了一些黎族生活题材的民歌，过去一段时期在文艺中突出黎族特色，黎族题材的作品往往发表的机会要多一些，因此，一些汉族作者往往写一些黎族生活题材的作品，以争取更多的发表机会。这部分民歌往往容易被当作黎族民歌来收集。如收入《黎族民歌三千首》的《工地摆开赛歌台》：

工地摆开赛歌台，

英雄歌手四方来，

登上歌台显身手，

高歌一曲响天外。

黎族队长一声喊，

肩扛大锄不一般。

歌声笑声鼓掌声，

众人齐声唱生产。

黎苗姑娘歌声美,
赛歌台上唱一回。
唱得山醉水也醉,
唱得满地人不归。

这是一首用普通话韵写的汉族民歌（诗歌），反映的是人民公社大跃进时期的作品。

又如《久久不见久久见》是一个流传已很长时间的崖州民歌，原出自汉区入黎地经商的流动货郎。这些人往往口齿伶俐，善于交际，他们在黎地结交同年（朋友），靠同年的帮助，方便经商。他们在黎地卖完货，就要长时间回汉区筹货，如果再次到黎地卖货，看同年，就唱民歌活跃气氛：

久久不见久久见，久久相见才有味，
人情交长不交短，久久要来看同年。

后来这首民歌被后人改造，变成了黎族爱情民歌了。

4. 黎族歌手参加崖州民歌传承活动

(1) 平时集会唱和

乐东县黎族抱浅村、芒菓头村、抱屯村、老陈田村、红五村、茅坡村、永益村、三角土一带，这里黎村与汉人村庄近，也会说汉族，常与当地客人往来，都有唱崖的习惯。学会了崖州民歌，觉得与黎歌不同，也新鲜，学了也有成就感。抱浅村，普遍喜爱崖歌，每逢结婚升梁等喜事酒席间都对唱崖歌，有名歌手有几个，多数人都会唱几句，女歌手有尚柳（已故）曾在外区经常演唱。抱浅村演唱崖州民歌还长期热火。三亚市的凤岭、梅山、梅东、三更黎村平时唱崖州民歌也很普遍。

汉黎族歌手经常互访演唱。已故歌后关兰母生前多次到乐东、黎族村庄演唱。孙秀鸳介绍，汉族歌手黎吉娥等常凤岭、梅山和黎族歌手联谊演唱。

黄流崖州民歌协会会长童永佩介绍，协会定期举行每周一歌活动，每逢年节，纪念日，村委会选择等，都进行崖州民歌演唱比赛，平常地逢开奖日，店里都有歌手来唱歌，多是有十对、八对，黎族歌手也会应邀而到，不计报酬，只要提供车费和一餐饭就可。

（2）参加社会民歌传承活动

三亚黎风岭族崖州民歌歌手比较多，主要有韦文儒、韦文姑、韦天江、张亚良、韦金銮（五姨），后面两人水平较高。张亚良、韦金銮（五姨）、韦天江等多次参加在乐东三亚举行的各种演唱会，张亚良曾获崖州民歌演唱一等奖。海南电视台拍摄崖州民歌专题片，张亚良进行了现场演唱表演。现在也有一些黎族歌手参加参加汉族人举行的崖州民歌演唱会，在黄流举办《每周一歌》活动中，黎族歌手陈明月（镇海北边黎村）、张德凤（三角土温严村）常来参加组织活动。三亚市崖州民歌协会会长张远来反映，三亚市（风岭）黎族歌手韦文儒、韦文姑常来参加他们的民歌演唱会。

2016年6月11日，"崖州藏美——乐东民间文化遗产保护展"在海口骑楼街开展，观众如潮，盛况空前。黎族歌手韦天江（女）和张秀孔进行嘴前风流土歌对唱。

黎族歌手不少人加入崖州民歌社会，积极参与团体活动。韦文儒、韦文姑、韦天江、张亚良、韦金銮（五姨）等加入三亚市崖州民歌协会，韦亚春、韦亚金、张文娱等加入黄流民歌协会。乐东县抱由镇番豆村著名黎族作家符永进受歌群的影响，目前在热心演唱崖州民歌。三亚市吉阳区南丁村委会书记黎族吉书记也喜爱崖州民歌和演唱民歌。

（3）初登微信"唱响乡音-崖州民歌"歌群演唱

2015年初，崖州民歌爱好者江城、邢孔史、黄垂芳通过微信群聊平台，创建了"唱响乡音-崖州民歌"微信歌群，为广大崖州民歌爱好者搭建了崖州民歌演唱创作的交流平台。至今歌群已发展到150人，群中云集了群众多的民歌高手、烧友，崖州民歌通过微信电波，走出海南、走出国，在社会上获得广泛的好评。近来，一些黎族歌手已开始在"唱响乡音-崖州民歌"歌群中传唱崖州民歌,得到歌友的好评。

三亚市凤岭黎族歌手张亚良在歌群中初试歌喉,就得到大家的大力称赞。张亚良和汉族歌手相比,也可称得上一流高手。他声调高亢,音域辽阔奔放,略沙音而带有磁性,曲调新颖而自然,行如流水。他演唱的和陈桂鸾的《梅山歌》已成为群内演唱的热曲,是很多新手练声的样板。

2017年1月21日,黄流崖州民歌"烧友"陈聪去利国市拜访"烧友"陈冠启,偶遇九所镇抱浅村50岁黎族歌手唐仁宏。唐仁宏平时喜欢唱崖州民歌,能即兴对唱一个小时以上。他在陈冠启和陈聪的盛情邀请下,即兴在微信歌群中唱了几段民歌,赢得歌友的普遍称赞。

黎族歌手唐仁宏和唐文茹能演唱非常流畅的崖州民歌,2017年3月15日,乐东县利国崖州民歌传承学会成立,他们被邀请进行现场崖州民歌演唱。唐文茹和家全对唱,王勇先生和唐文茹对唱,唐文茹和关义周对唱,唐仁宏和黎吉娥对唱。

2017年4月4日,乐东抱浅村歌手唐仁宏(男)韦茹归(女)在利国崖州民歌传承协会通过微信为广大歌迷演唱。

(三)黎族民歌研究的混乱局面及应对策略

1. 黎族民歌搜集出版的混乱

在目前所见的黎族民歌选集中,几乎没有哪一本是纯粹的黎族民歌,张冠李戴、移花接木的现象较为普遍,不仅汉族同志有意见,黎族出身的龙敏、高泽强、文珍、黄育琴等专家学者也不满意。

刘厚宇在《黎族民歌的类型》一文中指出,时下一些大众传媒上,经常出现把一些民歌风、民谣风或民族风格的歌曲一律称为民歌的错误现象。这在《黎族传统民歌三千首》一书中也有较多的反映。另外,《黎族传统民歌三千首》在汉歌和黎歌、传统民歌和现代民歌的界限上也模糊不清,混为一谈。同样,《三亚黎族民歌》把崖州民歌当黎族民歌收集的情况比较严重。这在上文"传入黎族地区的汉歌"一目中已详叙。

此外,黎族的一些劳动生活如打猎、砍柴、砍藤、种山兰等,黎区附近的汉族同志过去也是常从事这些生产劳动的。汉族群众反映这方面生活题材的崖州民歌，也会被拿去当黎族民歌现代民歌。如张跃虎的叔父照贤公曾向张跃虎说及他年轻时候随口创作的一首民歌：

请求天公发雨水
　　脚脚踏来都着刺，多多请求土与天，
　　请求天公发雨水，好得山兰稻今年。

革命战争时代的一些民歌也如此。

造成这种混乱现象的原因主要有三个方面：

第一，不论是在海南本土大众群体对黎族民歌的误读，还是专业文献对黎族民歌的误解，既有专业水平的限制，更有社会乃至政府的纵容，是黎族民间音乐保护工作中急功近利的表现。

第二，黎族现代民歌与崖州民歌的交叉整合是一个复杂的现象，既有传唱的，也有创作的，许多民歌让人难分真伪。也使得黎族民歌的成分更加复杂，既有传统民歌，也有含有崖州民歌的现代民歌，还有用非崖州声调写的其他海南方言民歌。这是目前在研究黎族民歌方面很难解决的问题。

第三，从事黎族民族研究的黎族人才欠缺。"由于历史原因和文化条件的局限，在从事黎族历史文化整理研究的队伍中，汉族同志占据大部分的比例，并居主角地位。"就目前而言，黎族民歌的研究者多为来自汉族的"局外人"，既熟练掌握黎族五大方言，又经过系统的音乐学训练的学者，几乎没有。一些不懂黎话的汉族同志把汉歌（主要是崖州民歌）当黎歌收集，或把搜集的黎族民歌翻译成汉歌（主要是崖州调民歌），如谢文经、苏海鸥、符策超、符震等。只有张跃虎先生是个例外。他长期深入黎族地区、与黎族群众"三同"，精通黎族语言，他收集到的黎族民歌都能按传统黎歌的形式记录下来，保存黎族民歌的原生态。他的《五指山风》就是原生态的黎歌，同时他也从事崖州民歌的整理研究，避免了把崖州民歌当作黎族民歌来收集的失误。此外还有不懂黎族话也不懂海南话的研究黎族民歌的大陆同志，如陈立浩、罗海燕、党永刚等，把海南各族民歌当成黎族民歌的情况实属难免。

2. 黎族民歌评论的失当

目前评论界对黎族民歌的评价偏高，普遍认为黎族现代民歌的艺术性要比传统黎族民歌强。我们从调研人处发现，被认为是艺术较强的黎族现代民歌，几乎全是崖州调民歌，一些水平较高的崖州民歌作品往往被拿出来当作黎族民歌的代表作品。所以，似乎黎族现代民歌已达到崖州民歌的同等水平。我们认为，这是不客观的。我们从上面黎族现代民歌的创作现状看，从数量和质量来看，黎族民歌和崖州民歌相比还有一定的距离。我们还没有发现哪一首传统黎族民歌能够称得上是代表性作品。因而，过高评价黎族现代民歌的艺术水平，既没有历史的依据，也缺乏现实的说服力。由于黎族现代民歌的身世复杂，而传统民歌的可信度较大，所以，考察黎族民歌的艺术水平应当以没有异议的传统民歌作为依据，而不是以现在还不明身世的现代民歌来作为依据。故对黎族民歌的研究评价要以传统民歌为基点，以现代黎族民歌创作现状和水平作为参照。

首先从传统黎族民歌的艺术特色看——

从传统黎族民歌来看，它的艺术特点是"通俗朴素、情深意切"（符策超），主要体现在直抒胸臆，以情动人，手法单一，朴实粗犷。

特点一：通俗简朴

黎族传统民歌通俗简朴与它本民族的语言有关。黎语似要比现代汉语简单些。它往往一音多义，一词多用。这是造成黎族民歌能如此辞简而意繁的主要原因。

比如，有一首情歌直译出来是这样的：

> 你说我不爱，
> 如猿它过林，
> 如猴它过山，
> 如松鼠过藤。

短短的二十言，简洁得很。它包含的意思是：你说我不爱你么？为了去找你，我愿像猴子穿过深山，像黑猿闯过古林，像松鼠窜过藤蔓——什么都阻挡不住！而简略的原文，却是"去肉留骨"，只给个"架子"，让听者自个去领会。当然，在不熟悉黎族语言风格和表达方式的人听来，只觉得歌词像一笔糊涂账，但黎胞是可以听懂其意思的。

黎族民歌语言的质朴，更是令人赞赏。它大都平白如话，自然而不呆板，深情而不造作，在凝重中透露出一片天真。那些精巧玲珑的抒情小品，毫无粉饰，语不惊人，没有多少"文采"，读后却能引起心灵的共鸣，令人历久难忘。如《留客歌》：

　　夜雨下绵绵，

　　住它一整月，

　　客人啊，住它一整年，

　　留下吧！与我长做一村人！

语言多么朴素，又多么叫人感动。这些歌谣，从一个方面反映了黎族人民纯朴真诚的性格。

黎族民歌所采用的艺术方法，一般以写实为主，很少过甚其词，很少用夸张的、浪漫的笔调来抒情写景。他们的歌谣还带着原始的稚气与单纯，充满孩提的天真与直率，并且大都是即兴性、叙述性较强的作品。而浪漫手法的运用较之汉族歌谣为少，又使人想到：黎族虽具备对事物有强烈直观感觉这一优点，但知解力与想象力又似不够丰富和活跃。

特点二：情深意切

黎族人民性格纯朴率直，在创作民歌的歌词中有充分的表露。特别是古老的传统民歌，几乎是见啥说啥、想啥说啥、没有半点粉饰的痕迹，强烈真切，情深意切，生动感人。如：

　　看谁唱赢谁唱输

　　（会格罗调）　　黎族　　通什市

　　女：会，你就来！

笨，你就去！
我打灯笼又点火，
哥唱赢娶阿妹去，
妹欲赢牵哥屋牛。

男：会，你就来！
笨，你就去！
看谁唱赢谁唱输？
妹唱赢牵阿哥回，
哥愿去妹屋犁田园。

虽是白描写实，并不觉得缺味。这是因为黎族歌手善于描写现实生活中能触及人们灵魂的细节，细腻地叙述，"平平淡淡才是真"，事虽细微，却有感人的魔力。

如保亭民歌《悼亡夫》：

丢下了蕉园与蔗地，你就去，
丢下了房中的长梁，像织桶裙断纱缕，
丢下了鸡笼和鸽笼，像种苦瓜断了秧。
丢下了猎狗与粉枪，过路的不知死了人，
留下客人来住的家，还以为打到野鹿山猪才闹嚷，
留下你宽敞的草房，哪知道我们的哀伤？
留下了妻子在后头，我一边做工一边流泪，
你去了，碎了心肝断了肠！
去得这样匆忙！到头我也将变鬼呀。

说的都是实实在在的日常生活细节，却很有感染力，把人们的悲哀痛苦和对死者的深切怀念之情，引发得无限深沉厚重。

和汉族歌谣一样，黎族民歌的艺术手法也无非赋、比、兴三种，但这些

手法也多少带着黎族自己的特色，且以"赋"的手法最为普遍。那些巧妙和构思、曲折的联想应该不是黎族作者所为，传统黎族民歌在文字表达上也较为粗糙。

其次，从现在黎歌的创作现状和水平看——

比起传统黎族民歌，可以说黎族现代民歌的创作还是个弱项。我们从《中国歌谣集成·海南卷》《传统黎族民歌三千首》大型的民歌选本所引的文献看，解放以来还没有出过一本现代人创作的黎族现代民歌集，或者大篇幅收录真实姓名创作的现代民歌的民歌选本。现代见到的现代黎族民歌绝大部分来自收集的只有演唱者、没有作者的作品，这里面的水分是免不了的。这比起崖州民歌的创作，有很大的差距。从各种手抄本和出版著作中可以看出，解放以来，以真名实姓创作的崖州民歌颇具规模，黄流人邢福壮等主编的《崖州民歌》1~12册、三亚崖州民歌协会编印的《崖州民歌集锦》1~4，作品大部分都是有名有姓的现代人的作品。

黎族同胞的民歌创作一般应多为现场口头创作，以对唱形式进行。除非社会活动、政治性任务，自觉性、专门性为创作而进行构思创作的很少。总的来说，黎族群众民歌的创作热情是不高的。

黎族现代民歌的主要来于汉族民歌主要是崖州民歌的移植、传统黎族民歌的翻新、革命民歌（红色民歌）以及新中国成立以来创作的新民歌。后三种民歌其数量也是很有限的，水平也不太高。从现在网上唱的黎族现代民歌的曲调很优美，歌词却是水平平平。

黎族同志也在学写的崖州调民歌，但其艺术水平和汉族同志写的崖州民歌还有一定的差距。崖州民歌已经是一种成熟格律诗歌的表现形式，历史上没有黎族诗人的记载，而现代社会，也没有出现有成就的黎族诗人，尤其是格律诗的诗人，诗人中写民歌的人也是极少数。用本民族语言写诗已很困难，何况要用海南方言写诗，那就困难得多了，在音律上要达到崖州调要求的严谨细微的水准更是难上加难。所谓黎族现代中好的作品都无名无姓，不像现代崖州民歌，写得好的而有名有姓的也不少。真正的"现代黎族民歌"

艺术性如何？我们认为，如下面这首民歌，可以基本上代表黎族同志的风格和水平：

待客歌

（黄开林 黎族）

人客欲来无乜待，猪寮只存只猪崽，
鸡窝存只老鸡母，客人来到我就杀。

人客欲来屋主待，破破屋头有一间，
瘦瘦鸡母有一只，酝酿薯酒有一瓶。

这是流传在黎族地区的一首用崖州曲调创作的现代民歌，从表演手法看，应为黎族同胞的歌手创作。赋，是黎族民歌表现手法的主要特点，白描抒写，朴素自然，情真意切，虽没有刻意修饰，却能起到真实动人的审美效果。

在现代作者里当以黎族诗人卓其德创作水平为最高。下面请欣赏杨兹举的《浅析卓其德的民歌创作》[1]：

《党给咱的好歌喉》深情地唱道：

唱首山歌作热闹，歌声袅袅荡山沟，
欲问歌声去哪要，党给咱的好歌喉。

卓其德用他的作品还告诉我们，那颗歌唱的心是被新的生活感动着、被新的时代激荡着的，是党的领导和关怀使黎族人民的生活发生了翻天覆地的变化，是党温暖的手牵引黎族人走进光辉的新时代。

大家碰杯大家吃，吃醉一点也不怕，
能愿吃多伤身体，不用不吃伤感情。

黎族人的豪饮不仅是性格使然，还有真情使然。在冲天的豪气中，豁达

---

[1] 参见杨兹举．浅析卓其德的民歌创作［J］．琼州大学学报，2002（6）．

性情，坦荡心地，纯朴感情，裸露无余，令人感动。

相比较而言，卓其德的创作爱情民歌艺术性又要高一些。如《槟榔味甜情更甜》：

吃哥槟榔嘴红艳，忆哥人情日夜念，

阿哥槟榔回味好，槟榔味甜情更甜。

槟榔是爱情的见证，槟榔又是爱情的象征。沉浸在爱河中的姑娘，是多么的幸福陶醉。情哥的形象日夜缠绕在心头，情哥的深情在绵长的回味中比什么蜜都甜。又如《与哥有情又有意》：

与哥有情又有意，如星伴月在蓝天，

都如鸳鸯成双对，日日夜夜不分离。

这样的情歌，尽展恋中人多情、羞涩、敏感、焦急的丰富复杂心理和有情人细腻、体贴、牵挂、"一日不见，如三秋兮"难分难舍的浓意深情。又如《石烂土熔不分离》：

与哥交情在路边，折过铜钱誓过天，

任凭山崩与地裂，石烂土熔不分离。

今天像卓其德这样创作民歌的黎族诗人很少见，可谓凤毛麟角。

当然，卓其德的民歌作为黎族现代民歌的代表，我们从中也可以看到，这是经过前人成果的沉淀，以及民族文化交流融合的新成果。

如何正确评价黎族现代民歌，这是一个大难题。现代民歌的成分复杂，评论者又多非黎族论家，有民族感情问题，都是不好解决的问题。

3. 应对策略

综合上述分析，针对当前黎族民歌研究的混乱局面，我们认为以下几个方面的应对策略，有一定的借鉴价值，与名位专家学者交流探讨。

（1）应加强黎族民歌的研究队伍建设，提高其研究水平。一方面要大力培养黎族本民族的民歌搜集、研究工作者，多出几个像王海一样的黎族专家。黎族也有一些文化学者，如亚根、李和弟、高泽强等，但他们主要不是搜集研究黎族民歌,最多当当顾问、向导而已。另一方面要提高汉族黎族民歌研究队伍的学术修养,提高地方方言、唱腔水平。从事黎族民歌研究的汉族同志要学习张跃虎同志的学术精神和成功经验。在海南民歌多元环境下,研究者必须对各民族、汉族各支系的民歌,尤其是黎族民歌、崖州民歌、儋州民歌等有全面深入的了解,这样才能不断提高民歌的甄别能力和鉴赏水平。

(2)对黎族民歌的研究评价要以传统民歌为基点,以现代黎族民歌创作现状和水平作为参照。虽然黎族同胞也创作了一些崖州调民歌,但是从黎族传统民歌的特点和现代黎族民歌创作现状和水平参照来看,我们认为数量不是很多,质量也并不太高。黎族现代民歌中的崖州调民歌,尤其是爱情题材民歌,主要源于崖州民歌的移植,因而黎族现代民歌中较有艺术性的多是移植的崖州调民歌。

(3)黎族民族的研究应把方向调整到传统民歌上来,不能让真正的黎族民歌消亡,而让冒牌的黎族民歌荒长。同时,黎族现代民歌要改变收集多、创作少、演出多,演唱少的局面。不能只停留在搜集演唱的水平上,应加强现代民歌创作队伍建设,组织出版真名实姓的现代民歌作品专集,以对当下黎族现代民歌的水平进行检测,为现代黎族民歌的研究提供可靠的现实依据。

(4)关于崖州民歌和黎族现代民歌相交融的思考,对今后黎族民歌、崖州民歌的界定和甄别都增加了难度,提出更高的要求。

(5)要加强黎汉之间的思想文化交流,消除隔阂,增强认同。既要相互尊重,又要切合实际,客观公正。

三、结语

黎族传统歌谣和崖州民歌,都是祖国优秀民间文学的重要组成部分。由于黎族历史上没有自己的文字,本民族的口头文学作品一直得不到有效的记录和保管,再加上封建统治及解放后极"左"思潮所造成的种种劫难,这些作品横遭摧残的情况是非常严重的。黎族传统民歌得不到应有的保护和传承。而海南汉族的歌谣（主要是崖州民歌）今天已风靡五指山区，普遍为黎族所接受，逐步取代着黎语民歌的地位。汉歌当然容易采录，因为汉字是现成的。一些同志就把它记下来，当作"黎族民歌"拿去发表，而黎语歌谣则因为不好采录更不易翻译，故极少有人问津，至今还没有得到很好的发掘和介绍。于是，冒牌的"黎歌"流传日广，真正的黎歌则日渐埋没，也造成了黎歌研究工作中的某些混乱。

各黎族民歌的交流和融合是历史的必然、社会的发展趋势，有利于民歌健康发展。但是，由此无形中出现的混乱局面却是不良现象，应引起足够的注意和警惕。

目前黎族民歌研究上的混乱主要体现在民歌作品的搜集和评论上，不少传唱在黎族地区的汉歌（主要是崖州民歌）被拿来充当黎族现代民歌，这也无形中造成对黎族现代民歌评价拔高的现象。多数论者都认为黎族现代民歌的艺术性要高于传统民歌，在评析引用得多的好作品也多是现代民歌，而且主要是崖州调民歌。考量当前黎族现代民歌的创作现状，虽然黎族同胞也创作了一些崖州调民歌，但是数量不是很多，质量也并不太高。黎族现代民歌中的崖州调民歌，尤其是爱情题材民歌，主要源于崖州民歌的移植。因而对黎族民歌的研究评价要以传统民歌为基点，以现代黎族民歌创作现状和水平作为参照。当然，我们同时也要肯定广大学者和研究者对于黎族民歌的搜集，对黎族民歌的追根溯源，对黎族民歌的正名，这一切都将有力地推动黎族民歌的传承和发展。

对于黎族民歌的研究，其实质是对民族文化的研究，是对地方文化的研究，是对历史文化的研究，也是对现代文明的弃旧扬新。黎族民族的研究应把方向调整到传统民歌上来，不能让真正的黎族民歌被尘土掩埋了光芒，而让冒牌的黎族民歌呈现替代趋势，这是对黎族民歌的解读误区，也是对历史文化传承的一个抨击，不利于黎族民歌的发展，造成地方民族文化的遗失，这是我们所不愿看见的，也是黎族本土研究者所痛心疾首的。另一方面，应加强现代民歌创作队伍建设,黎族现代民歌的传承和发展仅仅靠人口耳相传前人的名歌作品是难以发扬光大的,要培养现代民歌的创作队伍,组织出版真名实姓的现代民歌作品专集,以对当下黎族现代民歌的水平进行检测,为现代黎族民歌的研究提供可靠的现实依据。加强黎族民歌的研究队伍建设,提高其研究水平。一方面要大力培养黎族本民族的民歌搜集、研究工作者,多出几个像王海一样的黎族专家。另一方面要提高汉族黎族民歌研究队伍的学术修养,提高地方方言、唱腔水平。在海南民歌多元环境下,研究者必须对各民族、汉族各支系的民歌,尤其是黎族民歌、崖州民歌、儋州民歌等有全面深入的了解,这样才能不断提高对民歌的甄别能力和鉴赏水平,区分清楚哪些是真正的黎族民歌,如何在把握黎族民歌的特征上创造与时俱进的现代民歌,如何把所见、所闻、所感入歌,这才是对黎族民歌的真正传承。

参考文献

[1] 解策励,丁彦,茶田山,曹先谟,等.海南民歌[M].武汉:长江文艺出版社,1955.

[2] 广东民歌选(内含海南民歌)[M].广州:广东人民出版社,1958.

[3] 符策超,苏海鸥,吴修利,等.海南民歌选(1—5集)[M].广州:广东人民出版社,1958—1960.

[4] 苏海鸥,符震.黎族情歌选[M].广州:花城出版社,1982.

[5] 黎族歌谣选[M]//黎族民歌·器乐曲选.保亭县文化馆,1982.

[6] 许荣颂.定安情歌选[M].定安文化馆,1983.

[7] 李家润.陵水民歌选(第一集)[M].陵水文化馆,1984.

[8] 海南黎族苗族自治州编.灯花不拨火不亮(海南民歌第二集)[M].广州:广东人民出版社,1958.

[9] 东方民歌(第一集),东方县文体馆编印,1985.

[10] 1987年三亚、陵水、白沙、昌江、定安、乐东、保亭等市县民间

文学三套集成办公室编印的《歌谣资料》。

[11] 孙有康,李和弟. 五指山传[M]. 广州:暨南大学出版社,1990.

[12] 邢德云. 海南民歌选[M]. 海口:海南出版社,1991.

[13] 通什民歌集[M]. 通什市文化局编印,1991.

[14] 琼中县民歌民谣集[M]. 琼中黎族苗族自治县文化馆编印,1991.

[15] 卓其德. 美满的歌[M]. 海口:海南出版社,1993.

[16] 王月圣. 黎族创世歌[M]. 海口:海南出版社,1990.

[17] 龚重谟. 中国歌谣集成·海南卷[M]. 国家文化部等多家单位编纂,1997.

[18] 苏庆兴. 三亚黎族民歌[M]. 上海:上海学林出版社,2011.

[19] 符桂花. 黎族传统民歌三千首[M]. 海口:海南出版社,2010.

[20] 张跃虎. 珠崖田野上的华夏魂[M]. 广州:广东旅游出版社,2009.

[21] 张巂,邢定伦. 崖州志[M]. 广州:广东人民出版社,1983.

[22] 邢福壮. 崖州民歌(1—4册)[M]. 北京:中国文艺出版社,2008.

[23] 邢福壮. 崖州民歌(5—12册)[M]. 海口:海南出版社,2004.

[24] 陈大平. 崖州民歌[M]. 海口:海南出版社,2003.

[25] 杨威胜. 崖州民歌歌词集[M]. 海口:海南出版公司,2014.

[26] 蔡明康. 有了红星心里暖[M]. 海口:海南出版社,1984.

[27] 廖民生. 崖州民歌选集(1—4册)[M]. 内刊资料,2012.

[28] 张跃虎. 黎族民歌的艺术特征[J]. 海南大学学报,1984.

[29] 邢孔辉. 简论崖州民歌的旅游文化价值[J]. 琼州学院学报,2011(2).

刍议海南黎族竹木器乐的生态人文*

海南黎族的传统音乐中，竹木器乐是独具特色的一个类型，无论是日常生活劳动，还是"三月三""七月七"等节庆活动或情爱活动，黎族人都喜欢带上简易自制的竹木乐器，或是在山间田野、房檐屋下独奏来休闲娱乐、排忧解难，或是在各类情爱活动中相互对奏表达爱意，或是在各类节庆活动中为歌舞伴奏。这种古朴自然的竹木器乐，一方面反映了黎族人民崇尚自然、依赖自然的竹木生态文化观，另一方面，又反映了远古乐器的功能及演进过程。黎族竹木器乐是远古音乐的历史遗存，是黎族人崇尚自然的生动体现，是黎族淳朴民风民俗、礼仪信仰、文化生活与社会生活的写照。正因如此，黎族竹木器乐于2008年被列入国家级非物质文化遗产保护名录。

一、黎族竹木乐器及其运用

据统计①，海南黎族地区曾流行的乐器不少于50种，大多都是以当地的竹木材料制作的，有传统的，有改良的，也有后来制作的。

1. 代表性的吹管乐器

哩咧："哩咧"为黎语音译，由于黎族语言差异，又称"遭咧""罗咧"

---

* 本文作者：张巨斌、丁岩。张巨斌（1965.2— ），甘肃白银人，音乐学教授、历史学博士，三亚学院音乐舞蹈学科带头人；丁岩（1976.12— ），甘肃白银人，海南大学艺术学院副院长、副教授。

① 王学萍. 中国黎族 [M]. 北京：民族出版社，2004：438-431；保亭县文体局. 黎族竹木器乐 [M]. 海口：海南出版社，2010：351-367.

"口哨"等。它是黎族最喜爱的一种竹制竖吹的单簧气鸣乐器,多以山竹尾竿为制作原料,管身是由长短粗细不同的短竹管以小管套大管、节节相套的方式连接而成,上端为吹嘴节,留有簧片。民间常用的哩咧多为七节六孔,包括吹嘴在内,全长约20厘米,上细下粗,共六个按音孔,多为单独制作的簧哨,插入管身上端吹奏,簧片多以芦苇片制成,或用竹片削薄后绑在竹管的背面制成。

哩咧的音色透亮、委婉而悦耳,清脆甜美中略带一些嘹亮粗犷,活泼有力,极富欢乐气息,宜于表现欢快、热情的场面或情调。它的高音区明亮而富有特色,非常动听,富于歌唱性,但稍显尖锐单薄;中音清晰柔和;低音丰满圆润。

哩咧既适宜独奏,也常用于合奏。不论是在务农的路上,还是在放牧途中,或者在劳动闲憩或喜庆之时,黎族人喜欢用哩咧来表达劳动的快乐或互吐喜悦情怀。黎族民间还有一个习惯,就是在水稻下种以后要吹奏哩咧,黎家人认为它会使稻子长得茂盛,获得好收成。男人们在上山守护山兰稻或上山打猎寂寞时,也会吹起心爱的哩咧,给生活增添快慰。黎族青年更是对哩咧怀有特殊的感情,青年男女谈情说爱时,总是用哩咧演奏优美动听的曲调作为相约的暗号。哩咧响亮明快的声音更是黎族民众节日欢庆、婚丧嫁娶中不可或缺的乐器。每当器乐合奏或舞蹈伴奏中,如果哩咧的音乐旋律出现,听众总是称赞"黎家姑娘在歌唱"。

筒哨:也是一种竹制竖吹管乐器,也叫"筒芀"。有两种形制和两种吹奏方法。一种是用山藤竹制成的,管身长短不一,有的长达130厘米,管的头尾两端都挖通,首端开有一个吹音孔,上方开有3个按音孔,下方开有一个按音孔(前三后一),由这4个按音孔控制着发音。吹奏时,用露蔸叶套着"勺"头,控制着吹气孔以调节音量的大小。另一种是用一根约1.5厘米粗、33厘米左右长的细管插进吹孔,并用露蔸叶套着,吹奏者口含着细管吹奏。筒哨的中音区音色宽厚、圆润、优美。由于筒哨可大可小可长可短,因而造成吹奏姿势也各异,大而长的筒芀往往因最下端的按音孔管身过长,只好用脚趾按音。一般情况下，大多数吹奏者，喜爱正坐着吹奏，亦有站着吹奏，甚至还有躺着吹奏的。

筒哨的音色柔美，在夜深人静时吹奏，有一种倾吐心声的魅力。因而男女青年谈情说爱时，都喜欢用筒哨来表达爱慕之情。另外，筒哨的中低音区善于表达低沉诉说的情感，因此每当遭受不幸或内心悲痛之时，如村寨里遇上凶灾之年、中年丧妻、丧夫、丧子等，黎民常常吹奏筒哨来表达忧伤之情。

鼻箫：因用鼻孔吹奏而得名，黎语称"虽劳""屯卡""圆哈"等，这些都是黎语的音译。箫管用石竹制作，其长短、粗细规格不一，民间多用一根无节的细竹管，管长 60~70 厘米，管径 1.6 厘米左右，在距两端管口 8 厘米处，各开一个圆形按音孔，按音孔既可开在管身一侧，也可开成前后各一。如果使用两端带竹节的竹管，需在节隔中心开一圆形通孔，多节竹管制作就要打通竹节，吹孔在竹管的细端。在黎族民间，偶尔也能见到管身很长的鼻箫，最长者竟达 160 厘米，需要躺着吹奏，用脚趾来按下面的音孔。鼻箫演奏时，管身竖置，左手拇指按上孔，右手拇指、食指分别按下孔和底孔，将上端吹孔斜放右侧鼻孔，靠着鼻孔呼气振动管内空气柱而发音，有时也可用手堵住左侧鼻孔吹奏。鼻箫吹孔及管底 3 个孔，可吹出 6 个左右的音，音量较小，音色清幽低沉，低音犹如洞箫，但更柔和。

由于吹奏鼻箫气流较难控制，声音时有时无，从而给人一种若有若无、断续飘渺的意境，听来颇有仙乐韵味。在夜深人静时吹起鼻箫，整个村寨隐约可闻。鼻箫更是黎族青年寻情觅爱时常用的乐器，黎家青年男女都会吹奏鼻箫，一般多为即兴吹奏，其曲调也因人而异。黎族姑娘根据乐曲和音色的不同，能够在很多的箫声中辨认出自己恋人那独特的箫声来。黎族民歌唱道"抛个石头探水深，吹曲鼻箫试侬心"，这可看出，鼻箫与黎族青年的情爱生活有着密切关系。

毕达：竹制竖吹管乐器，传统毕达为单管四孔簧管乐器，20 世纪 50 年代原海南黎族苗族自治州歌舞团陈文仲先生将其改良发展为 8 个按音孔（前七后一），把两支长短、大小、音高相同的毕达并排捆绑组成，故又名排箫。管身长22厘米，内径0.3厘米，外径0.5厘米；顶端留节，节下正面或背面削薄2.8厘米，刻一长2厘米、宽0.3厘米的簧片，簧舌朝上；根部与管体相连，或将管身头部剜去0.2厘米，使竹节下露出管道，再嵌以竹质簧片，下端用铜丝捆绑紧；背孔距顶端4.2厘米，第七孔距顶端约5.7厘米，第一孔距尾端2.5厘米。演奏时，右手拇指同时按两管背孔，食指、中指、无名指按两管下四孔，口含簧片，吹气鼓簧片发音。毕达的音色清脆明亮，多用于独奏、合奏。

牛角哒：用牛角制成的吹管乐器，在牛角尖（尾端）锯一小节出现一个吹孔，接着在吹孔插入1～2个竹篓管，用于缠绑树叶为吹片，从吹孔下方开8个按音孔（前6后2，也有前5后3）。牛角哒可以合奏、齐奏，也可以独奏。主要流行于保亭、陵水、五指山等市县。

椰鸟：用椰壳制作，选比较成熟的老椰子，然后在壳上挖开一小孔，把里面的椰水倒掉，取出椰肉洗净，接着在椰壳的首端挖开一个1.2～1.5厘米的当成吹音孔，装上一个吹竹管粘固后，再在椰壳前方开6个按音孔，后方开3个按音孔，能吹七声自然音阶。椰鸟不是黎族传统的乐器，它是海南黎族竹木器乐传承人黄照安制作的，取名为"椰鸟"，曾参加各种文艺活动演出，深受黎族同胞的欢迎和认可。

2. 代表性的拉弦乐器

朗多依：外形与汉族地区流行的二胡相似，但琴筒、琴杆均采用当地生长的竹材料自制，其规格尺寸很不统一，全长60～80厘米，琴筒长10～12厘米，直径8厘米左右。琴筒的前口蒙以用竹笋壳制成的板面或蛇皮，筒后端敞口，琴杆为竹制，由竹杆较粗的一端为琴头，平顶无饰；上端设二轴，弦轴为木制，圆锥形，轴长10厘米；琴杆中部没有系弦，下端插入琴筒并外露系琴弦；琴面中央置竹制的空心琴码，张开两条琴弦，弓杆用细竹制作，弓毛和琴弦均采用海南特有的一种称作"鸡螺丝"的棕色细藤来制作。由于是用细藤弓摩擦细藤弦，发音较粗糙，音色不及二胡圆润、丰满，表现力也较黎族的其他气鸣乐器逊色。

椰壳胡：以大的和老的椰子壳为胡筒的二弦胡琴，音色较二胡沙哑，常出现在民间的乐队中，主要流行于保亭、五指山等地区。

牛角胡：用牛角为胡筒的二弦胡琴，音色接近椰壳胡，常出现在民间乐队中，主要流行于保亭地区。

3. 代表性的弹弦乐器

令东：形似月琴，琴杆、音箱用桐木制作，音箱呈圆形，琴颈设6~7个品位，琴头设4个弦轴，左右各2，弓4根丝弦，每2弦定同音高，五度定弦。演奏时，左手持琴柄，置琴于身前，右手拇指、食指挑拨弹奏。令东音色圆润优美，常用于合奏或独奏。

口簧：小型吹奏乐器，亦称"口弦""口弓"，黎语称"改""太波"。以竹制作，长3.3厘米，宽1厘米左右。吹奏的方法，以手指弹击，可分为：食指弹，拇指弹，拇指食指交替弹，食指、中指交替弹，食指、中指、无名指交替弹等多种。口簧发音微弱，需应用口腔共鸣加大音量，并通过唇、舌动作变化和嘘气、吸气加以调节才能奏出动听的音乐，音域不宽。常用于青年男女的情爱活动。

4. 代表性的打击乐器

椰棹柃：黎语称"椰勺"或"牛柃"，长20~30厘米不等，宽15~20厘米，中间空心，空心口内安装两个小木柚吊绑，摇动起小木柚撞击两边空口发出"咯咯"响声。大的椰棹柃发出的声音低沉，小的发出声音高亢响亮。常用于民间礼俗活动或演出。

独木鼓：黎语称"根龙""大皮鼓"，用一段粗大的圆木挖空为鼓身，两端蒙牛皮或鹿皮，鼓高约100厘米，鼓面直径约35厘米，中间大两头稍小。有的独木鼓的鼓身和鼓面还绘有动物纹和人形纹。独木鼓常用于娱乐、传信、祭祀等活动。

蛙锣：由铜铸成，为圆形，形似盘子，一般直径30厘米左右、厚度为5厘米左右。有两种类型，因在锣体的外面边缘处一侧铸上青蛙（铸蛙2只或

3只，3只较珍贵）而得名。多在举行宗教仪式中使用，平时将蛙锣收藏在家中或埋在地下。蛙锣在黎族传统社会中是身份地位和财富的象征，哪家拥有的蛙锣越多，哪家的财富就越多、身份地位就越高。

叮咚：黎语称"朗贡"，由木杆和木架组成，木杆是发音体，多采用红木或其他质地坚硬的木材制成，杠长200～240厘米、直径10～20厘米，用绳索吊在刻有花纹图案的三脚木架上，有两根木杆、三根木杆、四根木杆、五根木杆等形状。一般每根木杆能发出五度关系的两个音。演奏时，演奏者站立在叮咚架前，两手各执一根圆木棍敲击。叮咚的音色清脆嘹亮、淳朴动听。

二、黎族竹木器乐的生态与人文背景

器乐的概念一般包括乐器、乐器组合、演奏、乐曲等内容。从现有的资料《黎族竹木器乐》①一书和我们田野调查②的情况看，专门为竹木器乐而产生的乐曲较少，所奏乐曲大多都是黎族民歌的曲调改变而来，有关黎族民歌的相关内容在此不再赘述。③作为一种文化现象，黎族竹木器乐具有浓郁的地域生态和人文特征。

1. 竹木文化是竹木器乐生存的生态背景

黎族人民主要居住在海南岛的中南部山区，这里光照充足、雨量充沛，是同纬度世界上降雨量最多、水资源最丰富的地区之一；在全岛独流入海的154条河流中，黎族地区集水面积在500平方公里以上的河流有11条，其中流量较大的是南渡江、昌化江、万泉河、陵水河、藤桥河等。这种山地、丘陵的地形地貌与强光、高温与多雨结合的气候特征使得黎族地区生长着种类

---

① 保亭县文体局. 黎族竹木器乐［M］. 海口：海南出版社，2010：10.
② 2012年笔者三次到保亭县和五指山市的黎族地区田野调查，一次到东方市黎族地区调研。
③ 有关黎族民歌的相关内容请参看张巨斌：《黎族传统民歌的分类特征》与《黎族传统民歌的音乐形态刍议》，载《琼州学院学报》2013年第4期第50－58页；第6期第56－63页。

繁多的竹木类植物。

　　黎族同胞善于利用身边的自然资源，创造了丰富的"竹文化"。竹子属于高大乔木类禾草科植物，全世界有1500多种，海南岛有100多种，占全国的四分之一；竹子可广泛应用于建筑、造纸、制作家具、园林绿化和祛病健身，它比其他植物能多释放35%的氧气。黎族的竹文化现象大多集中于江河、湖泊周边地区，尤以昌化江、陵水河、宁远河三大河流两岸为主，因为这些地方适宜竹子生长，蕴育了丰富的竹资源，为竹文化的产生和发展提供了物质条件。

　　在黎族人的生活中，"宁可食无肉，不可居无竹"，竹子渗透了黎族生活的方方面面，与黎族人的关系非常密切，由此产生了悠久的竹文化。每年"三月三"节庆，到海南岛中部黎族地区旅游或做客的人们，都能吃到香喷喷的竹筒饭；而当你在山区徒步或探险，也常常能够看到腰间挂着竹篓的黎族同胞，竹篓里一般装着砍刀或镰刀等劳动工具；进入黎族村寨，房前屋后，家里家外触目所及的竹凳、竹篮、竹筐和竹屋，总让人感到竹子简直就是黎家生命和生活中不可或缺的一部分。以东方市江边乡的俄查村为例，可以说，竹子与他们的生活是非常密切的。

　　走进俄查村，看到的是清一色的茅草房井然有序，屋子门户多用竹子编扎，能够做到密不透光；走在村道上，竹编的生产工具和生活用品随处可见，有挂在檐下的竹鱼篓和竹摇篮，有闲置门前的竹鸡笼和竹筐，还有横放房顶的竹筛和竹簸箕。在主人的同意下，进入任何一家的屋内，都能看到不少竹制的器具，小至吃饭用的竹筷和坐得油光发亮的竹凳，大至挑米、挑谷用的竹篮和简易固定的竹床，不一而足。最令人叹为观止的是，该村最擅长竹编工艺的老人符亚九家里竟有一个高约1米、口径也有半米之宽的竹缸。据符亚九老人讲，村里多数人都会竹编手艺，他们不仅把竹子用来盖房、编制各种生活用具，还用竹管连接引水灌农田，黎族妇女生育时也往往用竹刀割断脐带，民间也常用竹筒"拔火罐"的方法来治疗风湿、中风等病症等。

　　黎族百姓不但用竹子来制作劳动工具和生活用品，还将竹子应用于艺术和娱乐活动当中。前面提到的鼻箫、长箫、芦笛、直笛、哩咧、口簧等竹木乐器，都是黎族竹文化的具体表现。源于黎族祭祀，后来演化为节庆和迎宾时跳的"竹竿舞"也离不开竹子。正是丰富多彩的竹文化的生态背景产生了黎族独具特色的竹木乐器。

2. 情爱文化是竹木器乐流行的文化土壤

在黎族的情爱习俗里，"三月三"是集体性展现情爱活动的节日，平时则以"隆闺"① 习俗为代表，无论是"三月三"节日活动，还是平时的隆闺活动，黎族青年男女都习惯带上自己喜欢的简易乐器，要么用歌声来表达自己的爱意，要么用乐器声来回应对方。

黎族的情爱活动中最常见的乐器是筒哨、鼻箫、口簧、哩咧等吹奏类的。其中音量特别小而音色又很柔和的筒哨、鼻箫和口簧最为常用。可以说，这三种乐器的物理性能与它们的社会文化功能相辅相成。由于音量特小、音色柔和，这些乐器的声音离远了就听不到；演奏时很适合两个人倚偎在一起，轮流吹奏，有如窃窃私语、密密情话，这就特别适合情爱交流。每当夜幕降临，寂静的黎寨里，不时传来阵阵的纤细而清幽的鼻箫声，这或是黎家小伙子在吹箫召唤女友，或是姑娘以箫声回答男友，或是一对情侣相依偎在槟榔树下轮流吹着鼻箫互诉衷情。而音量稍大的哩咧更常用于男子在女隆闺外吹奏情歌曲调询问可否进入隆闺。这些乐器在这种活动中起了重要的作用，而且也相应地在不同程度上具备了这方面的象征性意义。这种音乐的情爱活动被著名音乐人类学家杨沐教授称为"音乐性民俗"②。在黎族传说中，口簧象征人的舌头，人们通过它来表达口舌不便传达的情爱，因而它也象征情爱。正是情爱活动的需要，促使这类乐器在黎族民间越来越流行，并逐步被用于各种场合，产生了不同的类型。可以说，情爱文化是竹木乐器流

---

① 隆闺是黎族青年男女居住的不设灶的小屋，一般建在父母大屋旁边或村头，有供一个人住的小隆闺，也有集体住的大隆闺。男子的隆闺一般也作为公共座谈娱乐的场所，女子的隆闺大多也是谈情说爱的场所。

② 杨沐. 性爱音乐活动研究—以海南黎族为实例 [J]. 中央音乐学院学报，2006 (3): 71-82; 2006 (4): 83-91.

行的社会土壤。

3. 实用自娱是竹木器乐产生的社会功能

海南黎族和中国南方的许多少数民族一样，能歌善舞，他们随手摘一片林间小溪旁的树叶就能吹奏一段或排忧解闷、或表达自己心绪的曲调来。这类所谓的乐器大多具有实用、自娱的社会功能，大多是自然的竹木略微加工而成，有些也是由生活器皿或宗教法器逐渐变为乐器的。比如，独木鼓就是黎族祖先在打猎时把遭雷击树木起火烧成的大木洞，击打发声，以呼众围猎，后来用鹿皮蒙住木洞口，变为鹿皮鼓，成了一种打击乐器。再如蛙锣，最初是宗教仪式中使用的器皿，平时将蛙锣收藏在家中或埋在地下，蛙锣在黎族社会中是身份地位和财富的象征，哪家拥有的蛙锣越多，哪家的财富就越多、身份地位就越高，后来则逐渐成为一种打击乐器。

再如叮咚，最初就是黎族用来恐吓野兽的木棒，后来逐渐成为人们喜爱的打击乐器。在刀耕火种的年代，人们拿起钩刀，到山上砍除荆棘和莽丛，清出一小片一小片的土地来种植山栏稻和玉米。可是，山里森林密布，野兽成群，人们辛辛苦苦种上的庄稼，经常被野兽破坏，特别是当山栏稻成熟时节，野猪便来偷食，往往一夜功夫能把大片的山栏稻啃个精光。为了保护劳动果实，黎家人便在山中搭起茅棚看守庄稼，还砍下两根近两米的木杆吊在棚前，再用两根短木棍不停地敲打起来，以恐吓野兽。

打叮咚的原始形式是与劳动有着密切的关系的。先将叮咚木杆吊在守山栏园的守棚上，另在离叮咚较远的地方立着两根劈开的竹子，用一根绳子系住竹子，再将绳子的另一端绑在守棚里，人们打叮咚时，中间穿插着拉绳，而绳子便拉动两根竹子发出响声，可将较远处的鸟兽吓跑。叮咚对驱赶猴子最有效，只要叮咚一响，猴子准会立即溜走。

后来，打叮咚成了黎家日常生活中的一种娱乐形式，不论男女老少都爱打叮咚，还编了许多叮咚民歌。每逢过节或集会，就一边演奏，一边歌唱。直到今天，每逢佳节，黎家人用叮咚伴奏歌舞，欢庆丰收。

4. 神话传说使竹木器乐增添了神秘色彩

当我们走进黎族村寨，或是在"三月三"的活动场地，看到身着民族服装的黎族同胞演奏竹木乐器时，深切地感受到这种音乐除了具有原生态的魅力外，还具有某种神秘的色彩，似乎把我们的想象带入一种神秘的、梦幻的、或远古的或未知的境地。这也许和这类乐器本身在黎族有许多神话传说有关。

鼻箫的传说①：黎族地区有许多关于鼻箫的传说，其中一个：在很久很久以前，一对黎族青年相爱了，临结婚前，姑娘到槟榔园采槟榔时被恶霸洞主抓去，小伙子得知后焦急万分，他找了三天三夜，终于发现姑娘被关在密林中的一个山洞里，两人无法相见，小伙子只好唱歌传情。洞主察知，又把小伙子抓起来，割了舌头，发配到一个荒远的山林里。一个月后，小伙子又在山洞边出现，虽不能唱歌了，但他砍了一节白竹，用鼻子吹出了自己的痛苦和思念之情，姑娘心领神会，感泣不已。后来，小伙子被洞主抓去处死。死前，他托人将白竹做的鼻箫转交给姑娘。姑娘接过鼻箫，悲痛欲绝。不久，姑娘在看守的帮助下逃出虎口，跑到小伙子坟前，把小伙子生前吹奏过的鼻箫曲吹奏了一遍又一遍。然后，姑娘怀揣鼻箫，在小伙子坟前平静地死去。从此，鼻箫便一代代传下来，成了青年男女表达情意的乐器了。

哩咧的传说②：关于哩咧的来历也有多种传说，其中一个传说和上面的鼻箫传说类似，主人翁变成了一个小伙子，乐器换成了哩咧。此外，还有一个传说：很久很久以前，五指山上有个会吹哩咧的人，他吹奏的美妙音乐漂到大海，让龙王听到了。龙王请他到龙宫里去教龙子吹哩咧。三年后，在他离开龙宫时，龙王送他两件宝物，一个竹篓和一件竹叶衣。只要他吹起哩咧，竹篓里便会盛满好吃的东西，竹叶衣会把他带到他想去的地方。这两件宝物给受苦的黎族百姓带来了许多福运，可惜他死后龙王把两件宝物收回，

---

① 符桂花. 黎族民间故事大集 [M]. 海口：海南出版社，2009：186.
② 符桂花. 黎族民间故事大集 [M]. 海口：海南出版社，2009：187.

只剩下一把哩咧。后来，人们为了纪念他，每当上山狩猎或砍山栏时，尤其在欢庆传统节日里，都要吹奏哩咧以寄托情思、寄托对幸福生活的向往。

综上，作为音乐艺术的一个品种，黎族竹木器乐虽不是"高、大、上"的主流音乐，但它是黎族人民社会生活与人文生态的反映，流露的是黎族人民的真情实感，它是一种原生态的文化，它是一种纯自然的艺术，它是一种纯民间的音乐。

从"三伯公"说起*

——兼论黎族研究中黎译汉的用词选择

一、黎族"三伯公"的问题

记得前些年做海南少数民族研究全文数字资源库的文献收集工作时,见过一篇文章,写的是对海南本土文化中"三伯公"的探讨和研究,虽然笔者很认真,论证得好像有理有据,但第一遍读罢,便觉得作者是被词汇的本身所误导了,研究起"三伯公"中的这个"三伯"来,为何是这个老三,不是老大,也不是老二或老四、老五?那么所论证的过程和得出的结论也就不是那么回事了。第一次见过就没那么在意,但随着资料收集的深入,逐渐发现"三伯公"这词出现的频率还不少,甚至在政府网站上也有沿用的,其中是不是也有类似的意义解读存在呢?于是,觉得有必要对这个词做个剖析,避免望文生义。

其实,"三伯公"是指在民间祭祀中的祭司,民间法事的施行者,泛指会做民间法事的人。"三伯"意指"师傅","公"意指"民间法事",单"公"音有多种词义,但"做'公'""下'公'"时专指民间法事,如祈求平安、祈求消灾、丧葬、查事、动土、入宅等。这与辈分称谓中的"公"只是同音,以词记音而已,跟汉语"土地公""护国公"等中的"公"不是一

---

* 本文作者:王哲波,任职于海南热带海洋学院南海文化博物馆。

个概念。

从字面说起,"三伯公"这一词的语言环境是属于海南闽语用语,是海南闽语的汉文音译法得出的词汇,在海南闽语环境中,与"三伯公"完全同音且对等的读音有"师傅公""衣伯公""三白公""衣白公""师父公""哒呗公"等,这些都是海南闽语的汉文音译法得出的词汇,同音同指。但不知道当时首先音译这个词的人因何就选了"三伯公"?在转换成汉语词汇时,音译的话,应该是"师傅公"更贴近本意些。"三伯公"("师傅公")在海南闽语的语境中,直译就是"做公的师傅",意译就是"做民间法事的师傅",或者"做法事的师傅"。"三伯公"("师傅公")的构词同时兼具海南闽语典型的倒装句和省略句,类似把台风叫作"风台",把下雨叫作"雨下",把"你先吃"说成"你吃先"等构词法。

"三伯公"中的"三伯"并非辈分中所指的"三伯",只是读音相同而已。因是出自海南闽语的词汇,那就需放在海南闽语的语境中理解,而不是在现代汉语的字面中去理解。若论辈分称呼,在海南闽语的叫法中,辈分中的"大伯""二伯""三伯",应该称呼为"大伯'袋'""二伯'袋'""三伯'袋'",或称呼为"大'袋'""二'袋'""三'袋'"等,略去了"伯"音。如果这个"三伯"是最小的父辈,那么,一般也不称呼为"三'袋'",而是称呼为"'袋'尾",意指收尾的、最小的父辈,"'袋'尾"对应汉语字面即"小叔"。如果"三伯公"为"'三伯'公"成立,那是不是还有"'大伯'公""'二伯'公""'四伯'公"?但除了"三伯公"("师傅公")外,没有其它的叫法了。

在海南民俗文化中,还有"大'三伯'公"或"小'三伯'公"的叫法。那么如果"三伯公"中的"三伯"所指是三伯的话,那生搬硬套过来,就成了"大三伯""小三伯",而现实生活中根本不存在这种称呼。"大'三伯'公"实则应作"大'师傅'公","小'三伯'公"实则应作"小'师傅'公"。理解起来:"大'三伯'公"("大'师傅'公")应该是"做'公'(民间法事)的大师傅";"小'三伯'公"("小'师傅'公")应该是"做'公'（民间法事）中配合大师傅的小师傅"；或者意指在这方面能力上的大与小。

所以，个人觉得"三伯公"这一用词法，容易导致歧义的出现，此处的"三伯"与称谓中的"三伯"根本不是一个意思，不了解海南民俗的人，在字面上容易被误导，造成理解上甚至是研究上的谬误。应用别的同音词来指代，或在其后加注为"（海南话音）"更合理些。

二、黎族"大力神"的问题

"大力神"的全球辨识度较高。提起"大力神"，其所指向的就可能有几处：一为古希腊神话中宙斯与阿尔克墨涅之子赫拉克勒斯，是古希腊神话中最伟大的英雄，这是普遍被西方世界认识的；一为在动漫作品《变形金刚》中登场的虚拟人物，霸天虎合体金刚，这是通过影视作品被世人认识的；一为衍生出来的众多新事物，如足球球迷眼中的世界杯的冠军奖杯（大力神杯）、美军用运输机中的C130（大力神运输机）、导弹中的美国大力神式洲际导弹、金杯大力神皮卡车等。

与他们相比，黎族"大力神"盛传于黎族社会中，虽然汉字字面上都叫"大力神"，但所指均不相同。

黎族"大力神"在众多的关于黎族织锦研究的文献中出现的频率最多，这与黎族元素在图案设计及运用上的传统有直接关系。在字面上的意思表达也完全切合本意。但问题出在哪里呢？从初步的感官上看就有种舶来品的感觉，似乎所指相同，但黎族"大力神"为黎语"袍隆扣"意译为汉语后的结果。"袍隆扣"为黎语音译的汉文写法，直译为"祖先（神）大力"，意译则为"大力神"，所以，书写上，更合理的写法应该是"袍隆扣（大力神）"。在视觉和意义指向上和众多的"大力神"区别开来，同时有表音和表意的写法，读者会更好理解其义。

三、黎族中"海南闽语方言"区的问题

黎族"海南闽语方言"区？其实无论官方或是学术界都没有这种划分之

法,仅是本文为明显和其他五大方言区分开而姑且给出的假定名称。在黎族研究中,往往把黎族分为五大方言区,即哈方言、杞方言、润方言、美孚方言和赛方言。而在这五大方言区之外,还有一个为数不少的黎族人群,即持海南闽语方言的黎族人群。是从什么时候开始丢失黎语而改用海南闽语?是什么原因导致这个状况的出现?持海南闽语为母语的黎族人数有多少?人员分布怎么样?这些问题有待另外探讨。本文仅探讨这部分黎族人群所用之海南闽语,在转译为汉字时应注意的几个问题。将海南闽语的汉字转译规范起来,以免造成理解上的困难。

  黎族使用海南闽语的现象在当今是很普遍的情况,不论哪个方言区,都存在广泛使用海南闽语的现象,尤其在县城,或在其他城市中,由于现代社会各种民族融合和文化交流的深入、教育体制的作用,影响渐渐展现。在黎族人群中,很多人是语言的多面手,既掌握黎语,又懂海南闽语、普通话,靠近农场的还懂得拿粤语来交流。但有些地区和有些黎族村庄,连母语都由黎语变成海南闽语了。如琼中的乌石、黎母山、湾岭一带,万宁、屯昌的黎族乡镇等,表现得较为突出。甚至,很多黎族山歌也是用海南闽语来创作的。可见,海南闽语在黎族社会中的影响力不小。黎族所持海南闽语,具有海南闽语方言的特点,又残留或融合部分黎语的特点。

  那么,在黎族研究中,海南闽语的因素也就避免不了,面临着如何将此方言准确汉译的问题。而将原文的方言译成标准语还是方言,成了摆在译者面前的两难选择。以文学作品中的方言翻译为例:译成标准语,不仅原文的方言特色丧失殆尽,而且原文方言所产生的文学艺术效果也很难在译文中得到充分体现。以方言译方言,虽然译文有助于再现原文方言的艺术魅力,但所呈现的地域特色却与原文方言的地域特色相去较远。因此,文学作品中方言的翻译是译者颇感棘手的难题,翻译理论研究者也是见仁见智,难以达成共识。[1]因此,在转译过程中,应遵循"信""达""雅"的基本原则,也即与原义保持一致,准确表达,用文优雅。为了译得更准确,方言翻译可以从语义、文化和文体这三个原文读者获取的关联性的层面出发,根据原文的认知语境以及读者可以付出的推理，努力采取各种灵活的翻译策略，使得译文读者以最小的推理努力获得与原文读者同样的关联度。[2]从而，在黎译汉时，更好地把握尺度，即忠实于原词、准确表意，又用词文雅。

四、建议选词原则

精准地进行方言翻译确实是个不容易的事情，特别在地方方言与现代汉语语音差别较大的情况下，更是如此，为了更准确地用汉字表示黎族海南闽语用词的真实含义，建议遵循以下选词原则：

1. 语气词，均用带"口"字旁的拟声词。如啊、哎、啰、哩、喂、呀、嘞等。此类表音词纯粹是习惯用语、语气的问题，仅起到辅助着表达意义或增强情感情怀的作用。

2. 缺字补齐。如"挂"——"哥挂妹挂得多"前补"牵"成"（牵）挂"或后补"念"成"挂（念）"；"扬"前补"（赞）"，成"人（赞）扬这村水脉好"。

3. 方言音直译时，纯音加注释"（音）"，并标注释义。如《隔久不来这个村》歌曲中有"竹尾摇摇诱心乱"一句，这里"心乱"用的是在海南闽语语音基础上进行的直译，字面上容易给人一种是在描述"心乱如麻""焦躁""不安"等一些负面的情绪的感觉，而在海南闽语中的它却是"思念""挂念""想念"的意思。所以，光从字面上看，选词无法表达出愿意，表错意选错词了；类似的选词还容易造成平时生活中的笑话，如把"痒"译为"上"，因而有了"越爬越上"（"越挠越痒"）的幽默段子。

参考文献：

［1］王恩科. 文学作品中方言翻译再思考［J］. 外国语文，2015（4）：83-90.

［2］宋丹. 关联理论对方言翻译的解释力［D］. 曲阜：曲阜师范大学，2014.

环北部湾地区服饰文化的历史演变*

环北部湾地区是指围绕北部湾海域的广东雷州半岛、海南省、广西沿海等中国南部沿海地区以及越南的北部沿海地区。其中广东包括湛江、茂名、雷州、徐闻等地，广西是指以钦州、南宁、北海、防城港四个城市为依托，以南宁为中心，分别向东南和西南延伸形成的扇形区域。本文的环北部湾地区不包括越南的北部沿海地区，仅指我国境内。环北部湾地区主要居住着我国壮、京、瑶、黎、汉（包括客家、蛋家）、苗等民族，有着悠久的历史和独特的文化。由于社会历史发展不平衡，加之独具特色的民俗文化和以口承文化为主要样式等特点，环北部湾地区的服饰形式多样，与中原以汉文化为主的正统服饰相区别，同时又体现了与中华民族服饰文化趋同的纵向历史印迹。

一、先秦时期服饰

从文化史的研究和当代原始民族的文化生活来看，远古时候人类主要穴居野外，栖息深山密林，他们还不会缝制衣服，仅以树叶、花草或兽皮等蔽体。在不断地适应与改造自然的过程中，人们发明磨制、钻孔和制造骨器等技术，会用骨针来穿引兽筋，将兽皮拼合成衣服遮体御寒。大约在母系氏族公社的繁荣阶段，出现了原始农业，人类又发明了原始纺针，用石制或陶制

---

* 本文作者：陈丽琴。

的纺针将野生的葛、麻、蕉等纤维搓捻成线，然后织布缝制衣服。柳州白莲洞出土的旧时代晚期的粗制骨针[1]是目前发现最早的靠近环北部湾地区的缝纫工具，表明1万年以前，这一带地区已有人会用缝纫工具制作衣服。新石器中晚期后，骨针不断增多，并逐渐向小型发展。这一时期，环北部湾地区先民学会了纺织。1974年，在平南县石脚山遗址内出土了两件陶纺轮，一件为圆饼形，另一件呈算珠形。纺轮是捻线的工具，织布必先捻线，有了线才能织布。经过纺轮捻制的线比较细匀，因而这时期的骨针也相应细短，针眼也小些。我们在古代文献中还可看到一些关于环北部湾地区先民服饰的零星记载，如《庄子·逍遥游》中说："越人断发文身。"《战国策·赵策》载："被发文身，错臂左衽，瓯越之民也。""左衽"，就是把纽扣打在胸前之左侧。可见战国时期，披发或剪发、文身（包括文面）、穿左衽衣是古越人的服饰。①

先秦时期，文身、凿齿、发式、佩饰等是这一地区古越人的主要人体装饰。古越族及其后裔中流行文身。《庄子·内篇·逍遥游》《墨子·公孟第四十八》《战国策·赵策》《说苑·奉使篇》《淮南子·齐俗训》《史记·赵世家》均有包括今广西地区在内的"瓯越之民"文身的记载。如《史记·赵世家》载："夫剪发文身，错臂左衽，瓯越之民……"《索隐》注曰："错臂亦文身，谓以丹青错画其臂。"[2]文面，史籍中称为"雕题"，是文身的一种。《礼记·王制》载："南方曰蛮，雕题交趾。"《山海经·海内南经》云："伯虑国，离耳国，雕题国，北朐国，在郁水南。"所指即今广东、广西、海南一带。

凿齿也是百越先民的一种体饰。最早相关记载见于《山海经》："羿与凿齿战于寿华之野，羿射杀之。在昆仑虚东，羿持弓矢，凿齿持盾，一曰持矛。"[3]此文献把盛行凿齿习俗的部落加以人格化，认为凿齿是一个人物。拔牙习俗到唐宋时代开始逐渐消失，而代之以饰齿、染齿，故百越后裔在当时

---

① 也有学者认为不能充分肯定左衽衣是此时广西瓯越人的服饰，尚需进一步考证。见陈曼平. 广西历代各族服饰文化概貌（一）[J]. 广西地方志，2004（2）.

被称为"金齿蛮""银齿蛮""黑齿蛮"。

剪发是此时期百越先民不同于汉民族的一种发饰。刘向《说苑·奉使》载"越使诸发执一枝梅遗梁王",梁王之臣曰"韩子""出谓诸发曰:'大王有命,客冠则以礼见,不冠则否。'诸发曰:'彼越亦天子之封也……今大国其命冠则见以礼,不冠则否。假令大国之使时过敝邑,敝邑之君亦有命矣。曰:'客必剪发文身然后见之。于大国何如?意而安之,愿假冠以见。意如不安,愿无变国俗。'梁王闻之,披衣出,以见诸发"。"于越"使者出使梁国时因剪发不冠而受到梁人的歧视和刁难,"于越"对这种歧视和刁难,做出了机智的反驳、正义的抗争,把剪发文身作为"国俗"加以维护。

发式除了断发(剪发)外,还有被发(披发)、编辫(花山壁画人像有发辫拖地者)、椎结等,经文物考察,这几种发式应当是同时存在的,文献记录只不过以断发、披发这两种作为代表罢了。佩饰则有铜铃、贝壳、羽毛、珠玑、玉石、玳瑁、琥珀等。广西武鸣西周或春秋战国时期的墓葬,出土璜、管、玉片、玉扣、钏、坠子、绿松石珠、铜铃等器物,有专家学者认为这些是人体装饰品。[4] 可见这一地区至少在春秋战国时代就使用金属、玉等做人体饰物了。

二、秦汉时期服饰

秦汉时期,环北部湾地区先民的服饰主要是短裈、短袂和贯头衣等。西汉刘安《淮南子·原道训》载:"九嶷之南……短裈不袴,以便涉游,短袂攘卷,以便刺舟。"从中看出,短袖短衣与无裤裆的短套裤是人们常穿的服饰。《后汉书·南蛮传》载,岭南居民"项髻徒跣,以布贯头而著之"。可知当时有"项髻""徒跣"和"贯头之服"。"项髻"按唐李贤注"为髻于顶上也",乃椎髻之一种。椎髻亦为当时较流行的发饰,广西贵港汉墓出土的器物和左江花山崖画上的椎髻画像可为佐证。徒跣,环北部湾地区先民不同于古代汉族妇女裹足的陋习,妇女不裹足,赤足而行,和男人一样劳动。《岭南杂记》曰:"岭南妇女,多不缠足。""贯头之服"按颜师古注:"著时从头而贯之",约为一块中间开洞的四方布,穿时套在洞中即可。贵港汉墓出土的漆绘人物画中,墓主穿无开襟的无领短袖上衣,看来是贯头式短衣。此外,环北部湾地区自然资源丰富,大竹是这一地区的盛产植物,人们用大竹来制作纺织品。《异物志》载:"有闽濮、鸠僚、僄越……有大竹名濮竹……民织以为布……然后服之。"[5]

三、三国至唐宋时期服饰

三国至唐宋时代是环北部湾地区服饰承前启后大发展的时期。这一时期,"被发"(文献称"露发")"文身"之俗被继承下来,"椎髻"更为流行,成为居主导地位的发型,服饰样式、色彩则有了较大变化和发展,体现在以下几方面:

1. 服饰上已有性别、职业、等级差异。三国两晋后,俚、僚人大多仍穿古老的贯头衣,但与前期比有明显的发展,服饰呈现时限性、职业性、地域性和性别、等级差异等多维属性轮廓。如《晋书》册八卷九七载:"男子以横幅,但结束相连,略无缝缀,妇人衣如单被,穿其中央以贯头,而皆被发徒跣。"而在马援铸柱表汉界之处,"女嫁时,著迦盘衣,横幅合缝如井栏。首戴宝花……其王服天冠,被缨络",表明此时的服饰已有常装与盛装之分、男装与女装之别、王服与民衣之等级差异。隋唐时贯头衣发展出新款式,即把贯头短衣变为从头贯下的连衣裙,称"通裙",制作简便,穿着便利,因而通裙长期在环北部湾地区流行。宋代,百越后裔僚族逐渐向单一民族分化,故史籍中有了更为详细的记载。《文献通考·四裔七·交趾传》载:"交人无贵贱,皆椎髻徒跣,酋平居亦然,但珥金簪,衣黄衫紫裙,余皆服盘领四裙,皂衫不系腰,衫下系皂裙。珥银铁簪,曳皮履,执鹳羽扇,带螺笠。皮履以皮为底,施小柱以拇趾夹之而行,扇编鹳羽以辟蛇,螺笠竹丝缕织,状如田螺,最为工致。妇人多晳,与男子绝异,好著绿宽袖直领,皆以皂裙束之……贵僚坐幅布上,挂大竹,两夫舁之。"[6]对此,《岭外代答》又载:"其国人,(交趾人)乌衣,黑齿,椎髻,徒跣,无贵贱皆然。其酋平居亦然,但珥金簪,上黄衫,下紫裙耳。其余平居,上衣则上紧蟠领皇衫,四裾如背子名曰四颠;下衣则皇裙也。或珥铁簪,或曳皮履,手执鹳羽,头带螺笠。"[7]从服饰反映出的贵族与平民之间的区别来看,社会贫富分化已经十分严重。

2. 从注重实用转向注重装饰美。最早的服饰主要是满足某种物质或精神上的实用需求,而非审美需要,审美是在长期的实用过程中产生的。宋代,环北部湾地区各少数民族纷纷由部族向民族过渡,登上政治历史舞台。同时,宋代经济重心南移,中原文化不断浸润岭南,促使这一地区文化发生变迁,表现在服饰文化上即由追求实用逐渐转向追求美观。周去非《岭外代答》卷六云:"钦州村落,土人新妇之饰,以碎杂彩合成细毯,文如大方帕,名衫,左右两个,缝成袖口,披著以为上服。其长止及腰,婆娑然也,谓之婆衫。其裙四围缝制,其长丈余,穿之以足,而系於腰间。以藤束腰,抽其裙令短,聚所抽于腰,则腰特大矣,谓之婆裙。"范成大《桂海虞衡志》载,(南蛮)"椎髻跣足,或著木履,衣青花斑布。"《宋史》卷四九五也记载:"诸蛮族类不一……衣服斑斓。"足见当时服装样式有了发展,形成上衣下裙式,色彩斑斓,体现了人们由实用向装饰美转变的审美追求。

3. 分布在海南岛上的黎人,其文化特征大体与百越后裔各族相同,但也不乏个性特点。如《桂海虞衡志·志蛮》载:"皆椎髻徒跣,插银铜锡钗,腰缭花布,执长靶刀,长鞘刀……妇人绣面高髻,钗上加铜环,耳坠垂肩,衣裙皆无色吉贝,无裤襦,但系裙数重,制四围合缝,以足穿而系之。"[8]这里所说的所讲的"耳坠垂肩",是秦汉文献中的"儋耳"习俗,时过千年亦无变化,由此可见这一文化特质顽强的生命力。

四、元、明、清时期服饰

元、明、清时期,随着我国农业、手工业的发展,纺织业有了相当细致的分工,织纹和印染等工艺也有了技术的革新。少数民族服装逐渐变得更多姿多彩。这时期,环北部湾地区多民族聚居的格局已基本形成,各民族因本民族文化及所处地域的差异,其服饰呈现出多样化的民族特色。

(一) 汉族

明代,汉人男子服饰主要分为官员公服与百姓常服。官员公服大袖长衫,盘领右衽,配革带。百姓常服有交领长衣、右衽长袍、对襟短衣等,袍不开叉,有的在外衣内穿裙。农民劳动时常穿短衣短裤。妇女盘高髻或坠髻,上穿襦、袄、衫,下穿裙,裙内穿裤。

清代,居住城市的汉人还保持较鲜明的汉族服饰特色,而乡村汉人服饰与杂居的少数民族服饰差别不大。清康熙《上林县志》载,上林县大丰、澄泰、白圩及其他平原地区的汉、壮族民众被统称为"土人"。"土人"的服饰与县外各地无异。男子穿小襟衫,妇女穿大襟衫,无扣、绳绑。男女均穿宽脚大头裤,衣袖裤脚一般镶两条各色布条。男子冬天戴黑色圆布帽,妇女戴黑网帽,插簪,戴耳环和手镯,有的妇女头包布巾。[9]

清末,男子普遍穿对襟或偏襟上衣,下穿宽脚长裤,有钱人穿长衫马褂。妇女穿滚边对襟或偏襟上衣,下身穿宽脚裤或长裙。

客家是汉族南迁的一支民系。客家人的服装大多宽松肥大,保持着中原汉族服饰的传统,又因生活在山地环境中,呈现一定的独特性。客家妇女内穿名为"绑身子"的对襟长袖衬衣,外穿或短或长的右衽大襟衫,有彩色滚边和滚袖。下身穿宽松大裆裤,近现代后逐渐改穿裤管稍窄的抽头裤和仿西裤。客家男子服色多为黑、蓝、灰、白色,上身穿无领或浅领的长袖对襟衫,布扣,下装是宽松的大裆裤,款式与妇女的基本一样,扎腰带。

(二) 壮族

明清时期的壮族服饰富于地方特色和时代风格。这个时期壮族的发型以椎髻为主,文身虽还存在,但已不太普遍,而凿齿、饰齿则一直延续到1949年前。随着农业和手工业的发展,岭外先进纺织技术的传入,壮族服饰的样式、色彩等都比过去丰富,出现了不少工艺精美、富有地域特色与民族风格的服饰。

明顾炎武《天下郡国利病书》云:"男子著短衫,名为黎桶,腰前后两幅掩不至膝，两腿俱露，支其臂。缀耳以银环，髻推额前，用牛骨为簪拴之，饰以鸡毛。妇女亦著黎桶，下围花幔，髻垂后，刺涅口腮为纹。"清王锡祺《小方壶斋舆地丛钞》载："土僚。服尚青、蓝。妇女衣花绣短褐，系桶裙。"[10]清谢启昆《广西通志》卷二七九亦载壮族"椎髻贯耳，富者男女皆以银作大圈加颈。男衣短窄，裂布束胫，出入常佩刀。女衣不掩膝，长裙细褶，或蓝或红或花，更有穿夹裙者，厚三、四层，重五、六斤，缀五色绒于襟袂裙幅间"。表明，此时期壮族服饰比过去更为华美富丽。

清代，环北部湾地区壮族服饰已呈现出鲜明的地方特色。如清傅恒《皇清职贡图》卷四云灵山县"壮妇用花帛兜肚，裤仅蔽膝"[11]。思恩府（今武鸣、马山一带）"妇首绾双髻，短衣布裙"[11]。太平府（今大新境内）"土人多以尺布裹头，不留髭须，足著草履，出必以油盖自随。……妇人手带银钏，多者至三四。短衣长裙，行则系于带间"[11]。清康熙《上林县志》载俍人"男妇文身跣足，衣斑斓布褐。"壮人"椎髻徒跣"，"妇人衣短衣长裙，皆青黑无文，（戴）竹笠。"[9]清谢启昆《广西通志》卷二七八云，永淳（今横县一带）"壮妇高髻，上覆大笠，跣行乱石丛苇中若飞。胸著锦兜，花裙，裙边系唐宋铜钱，丁当有声"。这些记载表明，清代壮族妇女多穿短衣长裙，衣裙多绣花，喜戴饰物。男子穿青、蓝衣服，以布缠头。

（三）瑶族

明代时期，环北部湾地区的瑶族渐渐吸收了周边民族先进的纺织经验，制作出样式更丰富、工艺更精美、富有民族特色的服饰。王士性《桂海志续》曰："瑶自谓盘瓠所生，男则长髻插梳，两耳穿孔。富者贯以金银大环，贫者以鸡、鹅毛杂棉絮绳贯之。衣仅齐腰，袖极短……女则用五彩缯帛缀于两袖前襟至腰，后幅垂至膝下，名狗尾衫……亦造金银首饰如火筋，横于髻，谓火筴钗。有裙有裤，裙最短，露膝。"

清代瑶族服饰与明代相比，其色彩、款式更为丰富。瑶族男子多穿青布衣裤，领、袖边饰以花布；妇女则穿对襟衣，百褶裙或长裤，衣服绣有五彩瑶锦，戴银饰。清傅恒《皇清职贡图》卷四记载，合浦莫瑶男子"以青布缠头",妇女"喜以锦帛束胸,短裙跣足"。清谢启琨编《广西通志》云,武缘(今武鸣县)瑶族"男子辫发作髻,服青短衫,胸系花布。妇人加折裙,织花为饰"。

(四)黎族

明代,黎族服饰承袭于前代,变化不大。明万历《琼州府志》卷八载:"服布如单被,穿中央为贯头吉贝为衣,两幅前后为裙,阔不过尺,掩不止膝,椎髻跣足,插银钗,花幔缠头,腰戴藤圈。"明田汝成《炎徼纪闻》卷四云,黎人"男子文身椎结,挟刀控弩。妇人戴蒻笠,斓衣,有裙而无裤"。可见,明代黎人束髻,插以饰物,或缠花头巾,外出常戴斗笠,男子挟带武器;着花衣,赤足。

清代,黎族服饰有了明显的性别差异。男子椎髻在额前,插簪、羽毛、梳,戴藤帽、耳环。上身穿短衣,下身不穿裤子,仅以布掩体。清傅恒《皇清职贡图》卷四云:"男椎髻在前,首缠红布,耳垂铜环。短衣至膝,下体则以布两幅掩其前后而已。"[11]清屈大均《广东新语·人语》记载,黎人"蓬跣短衣及腰。以三角布掩下体……当额作髻。髻有金银钯或牛骨簪,其纵插者生黎也,横插者熟黎"[12]。黎族女子发上插钗,戴头帕、耳环、项链,上着无领上衣,下穿筒裙,多绣花。清屈大均《广东新语·人语》载:"妇女率着黎筒。以布全幅。上与下紧连,自项及胫不连续。四围合缝,以五色绒花刺其上。裙袘作数百细褶,用布至十余丈。长不能行。则结其半于腰间。累累如带重物。椎髻大钗。钗上加铜环。耳坠垂肩。"[12]清明谊、张岳松《广东省琼州府志》卷二十载:"妇人高髻,钗上加铜环,耳环垂肩。衣裙皆五色吉贝,裙曰黎筒,不着裤。"[13]

五、民国至当代各民族服饰

民国以降,环北部湾各民族的服饰演变步调基本是一致的。少数民族与汉族人民长期杂居,交流频繁,同时西方文化的影响逐步加强,因此少数民族日常服饰不断被改良,趋向适应现代化生产和快节奏生活的汉族服饰与时装。除了一些偏远地区的村民仍沿用传统服饰作为日常穿着，繁复的少数民族传统服饰已经很少出现在人们的日常生活中，一般在本民族重大活动场合，人们才会重新穿起传统服饰。但是，少数民族传统服饰的样式还是较为完整地保存了下来，从清末民初一直延续到当代，并没有发生大的变化。

壮族男子传统服饰经变化后基本定制，一般为对襟或右衽衫，下着大裤腰头宽裆宽筒长裤，以蓝黑为主色调，布扣（少数为铜扣），衣裤极少装饰。戴帽，有的地方包扎头巾，发型多是短发，扎布腰带。各地款式略有差异，如同是对襟衣，隆安为长衣，大新、天等为宽身阔袖中长衣，宁明为短衣；从衣领看，天等为圆领，大新圆领、无领兼有之。

壮族女子传统服饰保留着浓厚的民族特色。服色多为青、黑、蓝，上衣为右衽或对襟的无领、矮立领阑干衣，衣长短有别。下身或穿长裤，有的裤脚亦有阑干镶边，或者长、短百褶裙、筒裙，裙也有镶边；有的在长裤外套短裙，呈"三层楼"。妇女穿着还有一个特点就是"出脚衣"，即外套略短，里衣稍长，从外到内，衣脚、衣领、衣袖逐渐加长，穿多少件就见多少件，层次分明。各地服装样式花色略有小异。

瑶族服饰五彩斑斓，款式各异，因所处自然环境、经济生活及相邻民族交往的不同，呈现出各种各样的地域性特征，每一支系的服饰都有自己的独特之处。

十万大山花头瑶妇女上衣的前襟一边短至膝盖另一边和后襟长及踝，交领无扣，领口绣有花卉草木，绣纹外镶白布。胸前两边各坠彩穗，彩穗上端用彩珠串起，下端为红、绿、黄丝线，下垂至腰腹间。因上衣无扣，胸前挂一块胸围。胸围先以三角形白布制作，绣上各色花纹图案，再缝到一块一尺左右的大花布上。胸围有两层，中间是放钱包的袋子，美观且实用。衣服前襟用两寸红布镶边，后襟从开叉以下的内边镶两寸宽红布，开叉处以红黄丝线各绣有两朵像玉米粒大小的花。袖口以红、蓝布相接成四寸宽的花边镶在黑布上。腰带以红、黄、黑、白等几种颜色的绒线织成，中心一路是黑色长方形图案，两端各有五个黑色平行四边形图案，两端有约一尺长红绒线彩穗。腰带围腰两圈打成结。因上衣后襟过长，行走时往往会把后面一幅衣角撩起束在腰带上。妇女下身穿短裤，约一尺五寸长，裤脚用红或蓝丝线镶边。花头瑶妇女在明代时穿长裙，后改穿长裤，在越南山子瑶妇女影响下，20世纪四、五十年代改穿短裤。[14]脚上打绑腿，绑带两端有彩穗和彩珠，在小腿后方打结。

花头瑶妇女的头饰非常独特。头发由前往后梳至脖子处再往头顶收起，盘在头顶，然后用一个银质梅花发罩罩住，发罩顶部有一个八角星形的圆形银片，周围排列插上32块形如汤匙的小银片。接着用红绒线绕头部7、8圈缠紧发罩，最后用一块绣花正方形头巾盖住头顶部，头巾对顶两个角用彩珠和红绒线结成穗，垂于两耳旁。由于这种独特的头部花饰，他们被称为"花头瑶"。

花头瑶男子穿蓝靛染的土布衣，无领，右开襟，有5个铜扣扣到左边。衣长仅及腰，左边有一内袋。裤长及踝，裤腿宽一尺两寸。腿部打脚绑。用一丈余长的黑布缠头。

十万大山大板瑶妇女一身花衣花裤，五彩斑斓。上衣对襟无领无扣，前后襟齐平，两边各开一个5寸长的叉。领口处镶有瑶锦，腰间束两头绣花的白色腰带。下身穿裤，裤脚处用红、黄、黑三色绒线绣边，少则十几圈、多者达四十多圈，直到膝盖。大板瑶妇女头饰很有特色：拔掉四周一圈头发，余下头发辫成辫子置于头顶，用绳子、黄蜡固定，绑上顶板（顶板用红布叠28层扎成），用两端绣有纹饰的白布盖住顶板和耳朵，扎于下巴处。"大板瑶"由此得名。大板瑶妇女还喜欢在胸前挂银牌和彩珠，戴银耳环、银手镯，肩披红布披垫。

大板瑶男子衣裤均为唐装，已与附近壮族、汉族男子无异。小孩的衣服样式与大人一样，只有大小长短之别，通常头戴瓜皮帽，帽子由红黑各3瓣布组成。

细板瑶与大板瑶服饰基本相同。妇女穿黑衣黑裙，梳发盘到头顶，蒙上黑布巾后再扎一条黑色长巾。男子上衣对襟，布扣，下身穿黑长裤。

背篓瑶妇女戴头帕，上衣多为黑色、蓝色的右衽大襟衣，下摆开叉，袖口、衣襟及胸背处绣有两三层花边。着长裤，裤脚绣花边，外套短裙。背篓瑶男子着对襟或右偏襟无领布扣上衣，左右下襟缝有明袋，下身穿大裤头宽裤脚长裤。衣裤多用黑色、蓝色，边缘绣有花纹。头缠两端绣花、缀彩穗的黑布。

聚居在京族三岛上的京族，其传统便装样式较为简洁。男子穿的是无领无扣、袒胸窄袖、长度过膝的上衣，颜色一般采用浅青、淡蓝或浅棕3种；裤子一般为黑色，宽且长；腰间一般束彩色腰带。京族女子上身内挂一件绣上图案的菱形遮胸布，名为"胸掩"；外穿一件长度仅至腰间的对襟短上衣，窄袖修身，上有三颗纽扣，裤子宽而长。未婚女子梳长辫，已婚妇女梳"砧板髻"，均喜戴耳环，在外喜戴尖顶葵笠。无论男女，多着木屐或棕屐。

环北部湾地区的黎族支系主要有哈方言、杞方言和美孚方言，哈方言又分罗活、抱怀、哈应等这几个土语，各支系服饰有明显差别。

罗活妇女服饰平常穿的服装颜色以黑、深蓝为主，上衣长袖无领对襟，一般在衣领以下约3寸处有一对小麻绳系着，下摆前长后短。下身穿短筒裙，裙身织有花纹。常服花纹图案较为简单，一般只有一层花纹，衣背有一道红布或者细花边，衣沿有两至三组对称几何图纹把背部衣幅一分为二。盛装服绣有多层重叠华丽花纹。

抱怀妇女上衣低领有扣，盛装服的上衣在袖口、对襟处、下摆、背后织绣花纹并镶蓝色花边。抱怀妇女的筒裙直至脚踝，绣有绚丽的花纹。

哈应多数与汉族相邻或杂居其中，汉化较早。妇女平时的服饰整体以黑色为主。上身穿长袖低领上衣，款式以包胸旁襟为主，领口与衣襟上有6对布扣或铜扣，领口、衣襟及袖口均镶有花边，下穿长而宽的绣花筒裙。盛装上衣对襟处、后腰绣花纹，长筒裙的裙头、裙腰、裙身和裙尾以五色丝线绣上图案。

哈方言妇女喜戴银或铜打制的手镯、耳环和项圈，头插骨簪或金属簪，缠两端织绣花纹的黑头巾。哈方言男子头缠黑色长布巾，上衣开襟无领无扣，领口镶蓝色花边，缝合处及领口处绣有白色十字纹样，衣摆处垂流苏，下身围腰布。

杞方言妇女上衣对襟上端有一对线扣，袖口处和衣沿以红布包边，前襟有两行青色花纹，背面有两行方块直纹一直连到下幅。下身穿刚到膝盖的短筒裙，裙由3块布料缝合而成，红色、黄色、白色的花纹遍及全裙，纹样主要有叶脉纹、蜂窝纹、蛇纹等。头巾两端绣有方块花纹和彩线流苏作为装饰，盘在头上时，流苏飘在脑后。喜戴耳环、手镯、项圈。杞方言男子穿无领无扣对襟上衣，颜色多为灰色，背面衣摆有约1.5寸长的流苏。下身围腰布，长度仅及膝盖。男子在额前结髻，插上小梳子或发簪，常缠黑、红头巾。

美孚方言妇女多穿深蓝黑对襟衣，衣领用一块方形布制成，由颈后披至胸前一半左右的地方。成人衣领为黑布红边或白边，儿童衣领为红布黑边。上衣衣沿与袖口有白布花纹。衣背两侧有不对称的档背布，再加缝两块方块布在后领和前领两侧。下身穿长至脚踝的三节彩色筒裙，前面有一个摺叠。头巾黑底有白纹相间，佩戴银、铜手镯，耳环，项圈。美孚男子上衣对襟，无扣或只有一颗纽扣，白布镶边。下装为前后开衩的深蓝色粗布短裙，短裙由前后两幅布连接而成，前幅小后幅大，同样以白布镶边。头发挽在脑后，缠有花纹图案的蓝色或白色头巾。

以上是延续至今的环北部湾地区各少数民族传统服饰样式。而随着时代发展发生较大变化的日常服饰，则总体呈现出汉化、时装化的特点。

民国时期，传统服饰与时兴服饰并存，汉族传统的大襟衫、长衫和新潮的中山装、制服都是日常服饰。男子开始剃光头或留西装头，妇女部分结辫子、结髻，部分留短发。民国《隆安县志》载，百姓"衣服普通用土布及爱国布，色尚青，遗近则以银灰为趋时。男服长短尚为合度，惟女服则变本加厉日趋于短，而女士为尤甚，几于坦背露脐，恬不为怪"[15]，瑶族"衣服男人与汉族无异。惟妇女则异甚，衣长仅及腰，袖甚窄，以五色布条旋绕之以为饰。穿裙，裙之四周不下垂而撩起，外以布一幅围之，谓之'围裙'。耳环极大，围径约二寸上下，颈戴银圈。齿染黑。近来服装已渐改变，与汉族妇女同化矣"[15]。"此系壮瑶服饰原式而相承至清康熙年间。由康熙至光绪近两百年间，可能壮瑶原服饰已发生变化而趋于一统。"[9]民国《雷平县志》说："女子装束，短衣围裙，包巾口带，头插银簪，项圈银链，耳坠银环，手套银钏……但此古装惟村陇间尚在盛行，于城市、墟镇，一切与内地无异……至于时髦装束，长袍短袖，露肘露臂者，惟女学生及所谓官太者所相尚耳。"男子服饰变化更大且趋于一致。民国时多是上着短衫，或裂布束胫，或穿长裤，部分官绅穿长袍、马褂、西服、中山装或学生装。民国刘锡蕃《岭表纪蛮》载："短衣长裙之装束，惟桂西乡隅间有之，余则不可见矣。男女现皆汉服，以劳动汗垢，多着蓝黑色，妇女头覆帕，老媪尚黑，少艾尚花、尚白。帕之两端或下垂于肩，天寒花带束腰。交通地方，亦有时髦装束，俨然如之所谓'摩登'者。"[16]民国间，邕宁壮族青壮年男子一般留陆军装、红毛装、花旗装、平头装，老年则多剃光头，留胡须，男上衣多兴对胸素色唐装、马蹄袖、布扣、骨扣、宽脚裤。外出男子多穿机制白布底鞋，或双金钱回力牌胶鞋，最时髦的穿尖头皮鞋。[17]20世纪二、三十年代，十万大山的瑶族男子开始改穿唐装，认为唐装较为宽阔方便。[14]20世纪20年代开始，一些京族妇女穿起了汉族的斜襟唐装衫。

20世纪五六十年代，青壮年男子服饰主要有学生装、中山装、军装、国防装等，颜色多为蓝色、草绿色、灰色、黑色。妇女改穿衬衫或春秋两用装，下身穿西裤或裙。男子留包头、平头、分头等发式。妇女短发或披肩发，流行烫发。鞋子有胶鞋、运动鞋、解放鞋、皮鞋等。老年人穿黑色唐装。许多地区，各式帽子取代缠头的布带，胶鞋、塑料鞋也取代了布鞋、草鞋或木屐。十万大山瑶族男青年盛穿中山装。瑶族青年妇女有机会外出工作的，也要求改装，打两条长辫，扎红绳，穿解放装。[14]只有老年妇女还保留着原来的装束。20世纪50年代以前，龙州农村妇女喜爱阴丹士林、三角绒、四角绒、天鹅绒等布料。20世纪80年代后男女青年已转向用涤纶、腈纶等时髦布料缝衣服。女青年开始进城烫发。[18]20世纪60年代，扶绥中青年男子多穿青年装、国防装、夹克。20世纪80年代后，男子开始穿西装、牛仔裤、喇叭裤。中青年女子穿鲜艳衬衫配西裤或者裙子。不少人穿起了皮鞋。在京族日常生活中，除了一些七八十岁的老人偶尔还穿传统服饰外，京族的青年人都穿上了社会上的流行服饰，京族妇女外出时，多穿有领、宽袖的现代服装。人造纤维的面料已经取代了家织的棉麻料土布，中青年妇女一般都穿商店里买的花布衣裙。有一些偏远的地区仍沿用传统服饰。如大新县宝圩乡部分妇女仍穿短衣褶裙。硕龙、那岭、福隆等边远山区妇女和桃城镇、新振乡、恩城乡等地的妇女仍包头巾，头巾和鞋子上绣花边。[19]

20世纪七八十年代以后，随着社会历史的发展，生活环境的变迁，各民族传统服饰陷入传承危机，穿传统民族服装的人越来越少。例如，京族传统服饰如今一般只在唱哈节迎送海神队伍中、舞台上或是民俗风情展上才能看到，并且是经过改良后的样式。男子是无领或矮领的窄袖对襟衣，配以深色阔脚裤，服装样式明显受到汉族传统服饰的影响。女子是无领或矮领的窄袖对襟紧身高衩长袍，深色阔脚裤。装饰上一改过去男女服装无花饰的传统，如今用来缝制京族传统服装的面料大多绣有精美的纹饰，颜色也更为丰富多彩了。

六、结语

以上对环北部湾地区各民族服饰的历史演变作了梳理与钩沉，我们发现，这一地区各民族服饰的演变过程，呈现几个明显的特征：

1. 各民族服饰的产生、演变与各民族的自然环境、经济条件、生活变迁等有密切关系。环北部湾地区先民断发文身是为了适应南方湿热的气候和方便从事渔猎活动。蓬长的头发不便于穿越山林，文身能遮掩身体可以代替妨碍水上劳作的衣服。① 人们"短裈不袴""短袂攘卷"与炎热的天气及"陆事寡而水事众"的生产方式相适应。因为湿热，人们短衣短裙或短衣长裙，

---

① 文身还有一个目的：文身最早是出于氏族部落的图腾标志，后演变为图腾崇拜，目的是为了求得图腾神的保佑，"以避蛟龙之害"。

跣足。各民族服饰的原料选择经历了从树叶、树皮、竹皮、羽毛、兽皮、人工纺织的棉麻布、丝绸再到化纤产品的发展过程，样式由简单发展到繁丽，显然是受到这一地区生产力发展水平的影响。社会文化环境的变化也是引起环北部湾地区服饰文化变迁的重要原因。这一地区历史上的分合迁徙导致变服从俗之事常有发生，与各民族文化的交融、互动引起的变服改饰也极为常见。社会生活的变迁，人们观念的改变，也影响了服饰文化的演变与发展。

2. 男子服饰的变化最为迅速。究其原因，首先男子服饰本来比女子服饰简便，改装较容易。其次，男子往往是家庭中的政治与经济的代表人，他们往往比妇女更多地参与社会政治、经济、文化等活动，和外界接触比妇女多，容易接受现代化的商品观念和审美观念的影响，因而在服饰演变过程中，他们的步伐会迈得大一些，速度也相对快些。

3. 居住在城镇或与汉族相邻、杂居的少数民族服饰比居住在边远山区的少数民族服饰变化要快。原因是城镇或与汉族相邻、杂居的少数民族常与汉族交往，受汉族先进文化和城镇现代化生活文化的影响程度要比山区的居民深，其服饰文化上的现代化和多样化比山区的少数民族出现早。

4. 各民族传统服饰已严重衰落，传统服饰逐渐礼服化、舞台化。如今人们一般只在本民族传统节日或重大活动时才穿传统服装，传统服饰已有许多改良，更趋于美观、时尚、新潮，更适于舞台表演，传统服饰制作工艺面临严重的传承危机。

如今，环北部湾地区各民族传统服饰文化不断衰微，亟待保护与传承。如何留住我们的缤纷衣饰，留住我们的传统手艺，需要整个社会共同关注和努力。

参考文献：

[1] 贾兰坡，等. 广西来宾麒麟山人类头骨化石 [J]. 古脊椎动物与人类, 1959 (1).

[2] 司马迁. 史记·赵世家 [M]. 北京：中华书局, 1982.

[3] 袁珂. 山海经校注 [M]. 上海：上海古籍出版社, 1985.

[4] 郑超雄. 壮族审美意识探源 [M]. 南宁：广西人民出版社，1991.

[5] 覃兆福，陈慕贞. 壮族历代史料荟萃 [M]. 南宁：广西民族出版社，1986.

[6] 马端临. 文献通考·四裔七·交趾传 [M]. 北京：中华书局，1986.

[7] 杨武泉. 岭外代答校注 [M]. 北京：中华书局，1999.

[8] 齐治平. 桂海虞衡志校补 [M]. 南宁：广西民族出版社，1984.

[9] 上林县志编纂委员会. 上林县志 [M]. 南宁：广西人民出版社，1989.

[10] （清）王锡祺辑. 小方壶斋舆地丛钞 [M]. 再补编六，杭州古籍出版社影印本，1985.

[11] （清）傅恒. 皇清职贡图 [M]. 扬州：广陵书社，2008.

[12] （清）屈大均. 广东新语上册 [M]. 北京：中华书局，1985.

[13] （清）明谊修，张岳松纂. 广东省琼州府志 [M]. 成文出版社印行，1967年影印本。

[14] 中国科学院民族研究所，广西少数民族社会历史调查组. 广西上思县十万大山南桂乡瑶族社会历史调查报告 [R]. 1963.

[15] 阳寿棋修，刘振西、潘受莹重修. 隆安县志 [M]. 民国23年影印本。

[16] 刘锡蕃. 岭表纪蛮 [M]. 北京：商务印书馆，民国23年（1934年）版。

[17] 邕宁县志编纂委员会. 邕宁县志 [M]. 北京：中国城市出版社，1995.

[18] 龙州县地方志编纂委员会. 龙州县志 [M]. 南宁：广西人民出版社，1993.

[19] 大新县志编纂委员会. 大新县志 [M]. 上海：上海古籍出版社，1989.

基于海南与东南亚民族文化互动的
黎锦旅游纪念品设计研究*

近年来,随着"一带一路"倡议略逐步贯彻落实,区域一体化建立,中国与东盟国家的战略合作越来越紧密。为巩固这个合作关系,广西、云南等地纷纷加强对东南亚文化的研究,试图找出与东南亚国家在文化层面的合作突破口。相较于此,海南这个"21世纪海上丝绸之路"的重要支点对东南亚文化的研究意识明显偏弱。最突出的表现是,尽管海南频频强调要将自身建立成"一带一路"战略实施的"旅游特区"载体,但却未全面着眼旅游业,通过旅游手段来加强与东南亚民族文化的合作交流,富含民族文化底蕴的旅游纪念品更是少之又少。这也要求海南要进一步加强与东南亚文化的合作交流意识,充分发挥自身的独特地缘优势和以黎族为主的民族资源优势,全面统筹文化交流与文化传播,促进海南与东南亚民族文化互动往来,进而巩固"一带一路"倡议的实施基础,使"一带一路"倡议取得更理想的文化合作成果。而作为中国纺织史上的"活化石",海南黎族的织锦无疑是推动海南民族文化与东南亚民族文化沟通交流的关键载体。特别是经过3000多年的发展,黎锦早已转变成黎族文化传承与发展的重要符号系统。若能将黎锦设计成特殊意义的旅游纪念品,并销往东南亚,将大大促进海南黎族民族文化与东南亚民族文化的对接、交融,长此以往,这种文化交流便能反哺"一带一

---

* 本文作者:曲明鑫,任职于海南热带海洋学院人文社会科学学院。

路"倡议甚至是中国与东盟关系,推动两地和谐发展。

一、海南黎锦承载的民族文化

(一)海南黎锦承载着中国的祖先崇拜

黎族织锦图案中,存在一种神秘诡异的"人形纹"。据资料记载,黎族祖先是从浙江河姆渡一带长途跋涉迁移到海南的。彼时,海南生活环境非常恶劣,人们的劳作方式主要是刀耕火种。为了避寒保暖,黎族祖先渐渐学会了制作树皮衣,并种植农作物来果腹。后来,黎族后代为纪念和尊崇这些开荒拓土的祖先,特地在织锦上绣了"人形纹"。因此,黎锦"人形纹"图案的寓意是高尚、有道德[1]。

黎族有多个分支,不同分支绣"人形纹"的方式不同,其中,润黎编织的黎锦就将"祖宗柱"绣在了上衣后背的中心位置,将"祖先纹"绣在了上衣正面的中间位置。而且,"祖先纹"的设计很有特色,犹如金字塔型茅屋,人形纹位于茅屋中央。更有意思的是,主体人形纹的腿部、手臂处、腹部又纹着小型的人形,小人形纹上又纹着更小型的人形,层层叠加,环环相扣,逐渐形成了复合又饱满的人形纹。对此,黎族人的阐释是,房子里住着父亲,父亲死后将房子传给儿子,儿子死后将房子传给孙子,代代相传,这反映黎族人民的祖先崇拜与世代相传意识。

(二)海南黎锦承载着中国的自然崇拜

除了祖先崇拜,黎锦还有许多寓意自然崇拜的图案,如日月图案、烽火图案、江河图案、山川图案等。从古至今,这种自然崇拜一直深深地影响着海南黎族人民及其编制的织锦[2]。近几年,博鳌亚洲论坛上赠送给参会贵宾的海南黎锦,或绣有青蛙图腾,或绣有牛头图腾,或绣有龙纹等自然图腾,从而使黎族的自然崇拜渐渐传递到了其他国家。其中,编织绣有龙纹的织锦的黎族人民主要生活于白沙地区、琼中地区。对于这些黎族人民而言,龙是寓意吉祥和高贵的最佳代表,是幸福和美好的象征。据悉,在黎族语言中,龙被称作是"党",它长期潜伏于水中,静静地守护黎族人民,不会被人们轻易看见。除非黎族出现旱灾，龙才会出动，给人们送来大水，缓解旱灾，使庄稼有好收成。故而黎族人民非常崇拜龙，黎锦图案中，样式最多、使用率最高的图案也是龙纹。[3]

黎锦图案，包括龙纹图案并非是随意织绣的，其有特定的组合讲究。形的不同组合，是织锦图案发展变化的关键环节。如黎族筒裙上织绣的牛纹图案，便完美地实现了不同物象的相互融合。许多在海南黎族地区旅游并购买黎族织锦的东南亚游客，都曾赞叹黎锦中不同图案井然有序排布的织绣工艺。尤其是人骑牛图案，牛的图案首尾相互连接，既满足了传统黎族织锦的工艺要求，又创新了二方连续带状纹样。而且，三角形牛身占用的面积较大，使得坐在牛身上的人显得小巧可爱，主次关系分明。更重要的是，这种图案不仅反映了黎族人民的自然崇拜，还展现了黎族织锦图案的稳定感。当然，除牛图案外，蝙蝠图案也是黎锦中颇具代表性的自然崇拜图案。"蝠"与"福"谐音，暗喻幸福、好运。一直到今天，讲美孚方言的黎族妇女都喜欢在黎锦上绣蝙蝠图案，希望穿戴织锦的人能获得幸福，过得吉祥。

（三）海南黎锦承载着中国的民风民俗

海南黎锦中，还存在一种反映黎族民风民俗的图案，如文化习俗图案、黎族人民生活风貌图案、宗教信仰图案等。现有资料显示，黎锦中的植物、动物、几何、生产工具、汉字符号图案等，都是黎族民风民俗的艺术化表现。特别是生产图、牛耕图和婚礼图。其中，牛耕图是应用写意手法和夸张抽象手法构思而得的图案，非常耐人寻味。通过翻阅王海昌整理的黎锦牛耕图，我们能非常容易感受到黎锦牛耕的力量：人用绳子圈住了牛的脖子，并驾驭犁督促牛勤劳地耕地，牛经过的地方形成了一排排田垄。可见，海南黎锦是承载和反映海南牛耕文化的重要载体。

二、黎锦纪念品设计原则

黎族作为海南历史悠久的土著居民，其民族文化是海南文化非常重要的构成。虽然黎锦只是黎族文化的一部分，但它却充分发挥了点、线、几何线等抽象事物的作用，强化了黎族独具特色的民族文化魅力，展现了海南文化的民族性、艺术性、审美性和独特性。特别是其蕴含的祖先崇拜、自然崇拜、民风风俗，历来深受国内外游客喜爱。基于此，将黎锦打造成促进海南民族文化与东南亚文化交流的旅游纪念品时，应充分考虑东南亚旅游消费者的需求，在东南亚旅游者审美理念、价值取向、心理需求之上进一步传承、创新黎锦及其内含的丰富黎族文化，而不能单纯地对以往的黎锦旅游纪念品进行机械化复制，用形取代文化传播意义。这也要求黎锦旅游纪念品设计者要充分把握黎锦图案蕴藏的黎族文化、东南亚旅游者的精神需求与物质需求，在强化黎锦文化传播意义的同时增强东南亚旅游者对黎族文化、海南文化的体验，刺激其积极购买黎锦，并通过黎锦将海南文化、黎族文化带回东南亚，带动海南旅游业蓬勃发展，黎锦产业不断壮大，进而反哺黎族文化保护，提高海南民众、黎族居民保护、传播、再创黎锦与黎族文化的意识，实现黎族文化"原生态"系统的保护。

三、基于海南与东南亚民族文化互动的黎锦旅游纪念品设计

（一）融入地域文化进行设计

基于海南与东南亚民族文化互动需求设计黎锦旅游纪念品，本质上是对黎族文化进行一种再设计。即取黎族文化之精华，去黎族文化之糟粕，把优秀的黎族文化、传统民风民俗、特色艺术呈现在黎锦上，以具象化的实体黎锦来向东南亚旅游者、交流使者等展示海南民族文化，以加强海南与东南亚民族文化的交流。特别是东南亚民族文化也存在图腾文化，若能通过抽取黎锦优秀的形式、图案和色彩之美重新再设计黎锦旅游纪念品，使之实现与东南亚图腾文化直接对话，将大大增强东南亚旅游者对黎锦、黎族文化和海南文化的好感，直接带动黎锦产业与海南旅游业的发展，间接促进我国与东南亚文化交流。由此，在设计时要注意：

首先，注意图案选择。[4]根据历史资料和相关研究资料，可知在原始母系氏族社会时期，黎族的纹样是蛙形纹。究其原因，主要是此时的黎族居民

都有一种生殖崇拜与卜雨崇拜。随后，由于宗教大肆宣扬，宗教理念在黎族居民中快速渗透，黎族渐渐兴起了宗教崇拜，并替代了传统的蛙崇拜。此时，黎锦上的蛙形纹也逐渐转变成了祖先纹或者人形纹。其中，最典型的是人形纹，其不仅适用于传递黎族人民的勤劳作风、祖先崇拜与自然崇拜，还适用于表达黎族人民对幸福美好生活的追求与渴望。因此，在设计黎锦旅游纪念品时，要注重将这些历史图案或元素展现出来，以便使东南亚旅游者感受到黎族传统历史文化的魅力，进而促进海南民族文化传播，实现海南民族文化与东南亚民族文化的互动。

其次，注意色彩的抽取。海南黎锦的色彩主要是黑色、红色、黄色、绿色和白色。最普遍的是黑色，其次是红色，黄、绿、白则呈现规律性排列，以呈现色彩的强烈对比。这种抢眼的色彩对比，恰巧也是东南亚旅游者非常喜爱的，有利于提高东南亚旅游者的购买欲望，对两地文化互动有益无害。

最后，注意材料工艺设计。基于海南与东南亚民族文化互动需求再设计黎锦时，不仅要"物尽其用"，还要注意"尽其所长"。如在材料方面，可选用海南盛产的椰棕资源；在工艺方面，选用黎族传统的、已经过改良的"纺织绣染"工艺，适当降低成本，提高量产。设计过程中，注重在呈现人形纹与色彩的基础上应用交错织绣工艺突显纹样的凹凸肌理，充分呈现海南旅游纪念品与众不同的艺术性和纪念性，使黎锦纪念品展现出富有海南民族文化韵味，进而吸引东南亚旅游者进行研究，增强其对黎锦的好感，提高其购买积极性，并使之在回国后能想起这些"文化"，甚至向其他东南亚居民传播这些"文化"，切实实现海南民族文化与东南亚民族文化的互动往来。

（二）融入人性化情感进行设计

海南黎锦旅游纪念品在具备艺术性和纪念性的同时，还要具备一定的实用性和人性化情感。[5]其中，人性化情感是感动东南亚旅游者，间接与东南亚民族文化对话的内在要素。实在性是东南亚旅游者在回家后久久不忘海南之旅的显在要素。当前，普遍海南旅游产品，包括黎锦在内，都不曾同时彻底地贯彻实用性和人性化情感，因而旅游者到海南旅游后，只能获得一段较短时间的生活情趣体验,而无法长期保持海南之旅时的情感。鉴于此,在再设计黎锦时,设计者要注重对黎锦进行轻便设计,使之便于拆解和携带,同时,将黎族的情感语义赋予黎锦,使之具有民族感、历史感、现代感与趣味性,得到更多游客特别是东南亚旅游者的青睐,从而实现东南亚人民与黎族文化的互动,间接促进东南亚民族文化与海南黎族文化、其他文化的互动。

（三）融入市场需求进行设计

将黎锦设计成旅游纪念品以做海南民族文化与东南亚民族文化互动的载体时,必须要先对东南亚旅游消费者的需求进行全面了解,掌握不同层次旅游者的喜好。对此,可将黎锦纪念品细分成高端与低端两种。其中高端黎锦纪念品主要针对收入较高的东南亚旅游者设计,如在某个瓶子的表面镶嵌贝壳珍珠层和椰棕,再用传统工艺制作的黎锦覆盖表面,提高瓶子的收藏价值;低端黎锦纪念品主要针对低收入的东南亚旅游者设计,主要是应用电子刻写仪器雕刻黎锦图案,这有利于扩大旅游者的黎锦选择空间。其次,设计系列性的黎锦旅游纪念品来强化黎族文化内涵。黎族有多个不同的分支,每个分支的黎锦相互结合便形成了系列性的完整的体系。因此,在再设计黎锦旅游纪念品时,可将"哈黎""杞黎""润黎""赛黎""美孚黎"形成一个系列,强化旅游者对黎锦和黎族文化的印象。

（四）融入品牌意识进行设计

随着海南旅游纪念品市场竞争日益加大,纪念品同质化现象也越来越严重。这也要求设计者在创新设计海南黎锦时,要注重同质化,避免对同类生搬硬套,最好能结合互动对象——东南亚民族文化元素进行设计,形成融海南、东南亚民族文化元素于一体的独特黎锦品牌,以便东南亚旅游者能从黎锦中找到共鸣,并为自身民族文化进入海南黎锦品牌行列感到光荣。这也有利于海南民族文化通过黎锦品牌向东南亚,向世界各国传播,进而提升黎锦在文化交流中的地位,提高海南旅游纪念品的品牌性。

结语

综合上述可知,基于海南与东南亚民族文化互动进行黎锦旅游纪念品设计时,要特别注重梳理和研究蕴藏于黎锦中的黎族文化内涵,如祖先崇拜、自然崇拜和民风民俗等,再由此出发明确设计黎锦旅游纪念品时应遵守的原则,如要在保持黎族文化的同时充分考虑东南亚旅游消费者的需求等,进而从地域文化、实用性和人性化情感、市场需求与品牌意识视角出发,全面探讨如何通过创新性设计黎锦旅游纪念品,加强东南亚旅游者对黎锦、黎族文化、海南民族文化的好感,间接促进两地文化互动,为"一带一路"倡议的贯彻铺设优质的文化通道。

参考文献:

[1] 倪尧. 浅析海南黎锦图案中展现的民族文化传承 [J]. 西部皮革, 2017, 39 (4): 49-49.

[2] 梁玉美. 试论海南黎锦工艺及其传承 [J]. 大舞台, 2012 (6): 268-269.

[3] 王金广, 禄璟. 基于海南文化的旅游纪念品设计研究 [J]. 包装工程, 2013 (20): 99-102.

[4] 周建宏, 刘丹丹. 海南黎锦图案元素符号解读 [J]. 大舞台, 2012 (11): 267-267.

[5] 郭莉莉. 海南黎锦艺术特色及其旅游产品设计创新探析 [J]. 美与时代, 2017 (6): 90-92.

促进民族文化与地域经济发展的良性互动*
——黎族传统文化在海南国际旅游岛建设中的物化

一、民族文化与地域经济互动促进海南旅游业的发展

民族文化与地域经济之间有着十分密切的关系,一方面,社会经济的发展,可以为文化的发展提供物质基础;另一方面,优秀的民族文化资源具有强大的原创力和推动力,能对社会经济发展产生巨大的促进作用。因此,在一个地区的发展中,不仅要兴民族经济,还要兴民族文化,两者不可分割,互相促进。在民族地区,两者关系处理得好,能形成两者的良性互动。

以海南黎族传统文化与海南的经济发展为例,黎族作为海南岛最早的居民,黎族文化便是海南独具特色的文化。近年来,随着海南国际旅游岛建设的升温,黎族文化游取得了可喜的成果,带动了目的地许多相关产业的发展,为海南的财政收入作出了很大的贡献。

1. 2008年6月,三亚市政府和槟榔河旅业公司合作开发槟榔河5A级黎族乡村旅游度假区,预计六年完成。其中,黎族文化博览区、梦里黎乡游览区,已实现景区运营。近几年,槟榔河旅游区承办三亚黎族苗族传统节日"三月三"庆典活动,吸引了数十万群众前来参与盛会,它已然成为黎族文化传承利用的中坚力量和海南省最大、资料最详实的黎族文化博物馆。几年

---

* 本文作者:范秀玲,琼州学院人文社科学院副教授;蒋昌丽,吉林省教育学院中文系教授。

来，槟榔河共接待来自全国各地的各级领导 7000 余人次。

2. 海南省民族博物馆坐落于五指山市牙蓄岭，依山面城，占地面积 56 亩，1986 年 10 月 1 日正式开馆。其中，黎族展厅展出了黎族刀耕火种的农耕工具，狩猎、捕捞的竹木工具，露天烧陶、钻木取火、结绳计数、漂渡的独木舟和藤竹草、葫芦瓜类的各种织器物，具有该民族特色的骨簪雕刻，丰富多彩的口头文学，多姿多彩的舞蹈，极富东方神秘文化的色彩纺织图案和宗教道具等大批具有研究价值的民族展品。其中，录像厅播放民族服饰，照相室及商店等附属设施，满足游客对黎族民族文化的了解和旅游纪念之需。

3. "三月三"节是黎族青年男女追求爱情和幸福的传统佳节，它的主要特色与价值是黎族生产、生活、娱乐等整体民俗风貌的集中体现，也是黎族文化最具体最典型的表现。2006 年 5 月，该民俗经国务院批准列入第一批国家级非物质文化遗产名录。如今，每年三月三传播黎族文化的盛会，吸引着数万国内外游客，促进了黎族地区经济发展。

海南黎族文化旅游事业今天的发展，比以往更为兴盛，它对拉动海南地方经济起到了十分重要的作用。

二、海南黎族文化游发展中某些令人担忧的状况

民族旅游是一种较为新型的旅游方式，它是以民族人文环境为旅游资源，把古雅的土著习俗以及土著居民包装成旅游商品以满足旅游者的消费需求，是以少数民族文化为特色的观赏、娱乐、商品及服务。[1]它以民族文化的互异性为诱因，以文化的碰撞与互动为过程，以文化的相互融合为结果，具有民族性、艺术性、神秘性、多样性、互动性等特征。

在以民族文化为基础的旅游业促进地域经济增长的同时，也必须加强对传统文化的保护力度，以保证传统文化与地域经济发展的良性互动。如果忽略了这一点，必将影响民族文化游的可持续发展。

黎族传统文化以其原始、神秘的特性，蕴含着丰富的旅游元素。海南建

设国际旅游岛需要充分挖掘黎族传统文化,因为只有民族的,才是世界的。不过在挖掘黎族文化,发展海南民族文化游的过程中,存在的某些问题令人担忧。

1. 十里不同俗,民族地区的古朴习俗是民族旅游的主要资源之一,它具有不可替代性。怎样在出售少数民族的传统习俗礼仪时保存其内在的固有价值,这对旅游业及开发商来讲是一个重要的课题。[2]如果毫无选择地把少数民族的习俗礼仪都包装成旅游商品,出售给旅游者,有可能使得这些特定含义的习俗礼仪商品化。例如,在贵阳市郊天河潭旅游区的民族村,游客体验苗族婚礼的节目中,一群漂亮的苗族姑娘站在门口等游客,并且把手中的香袋——苗族姑娘的定情物,挂在选中的男性游客脖子上,然后邀请游客与之经历一次苗族的"婚礼"仪式。其间,女孩子不断地告诉游客,你如果加一点钱,可以进入下一个项目,再加一点钱,又可以满足什么要求等,在海南民族文化游中也存在与之类似的情况。这种把少数民族淳朴的婚俗包装成旅游产品,势必会使其婚俗失去原有的意义,并可能给当地民族社区带来一些负面影响。

2. 海南的大多数黎族文化游景点不是本地人开发的,而是由政府牵头、开发商投资的,其根本的受益者不是当地百姓,这也造成当地人保护本民族文化习俗积极性的缺失,长此以往,势必影响黎族文化游的基础,从而影响黎族文化游的可持续性。

3. 海南黎族文化游的开发给当地少数民族群众提供了一个比较广阔的旅游商品市场,很多群众在商品经济大潮的冲击下,纷纷进入景区从事个体经营。随着旅游业的日益繁荣和发展,经营人数的规模就越来越大,经营的内容也越来越多。商品经济初期,资本原始积累阶段所固有的那种尔虞我诈、唯利是图的本质也不可避免地出现在这些原本淳朴的社区人们中,导致部分少数民族个体失去其固有的传统美德,个人价值观发生恶性变化。

4. 发展民族文化旅游本该是对民族村寨的一种有效的保护方式,旅游景点对外开放的历史文化村寨，应该把旅游的发展与生态环境和自然环境的保护相统一，充分考虑资源、环境的承载能力，做到保护和开发并重，避免无序开发导致的生态环境和民族文化遭到破坏。这方面，海南黎族文化游中存在着需要注意的问题。如在某个"梦里黎乡"景点，我们没有感受到"黎家"滋味，因为从衣食住行这些最基本的生活层面上，改造后的黎乡没有体现出黎家的传统文化习俗的特色。

三、有效促进民族传统文化与地域经济良性互动的设想

如何在保护开发民族文化游中有效地推动地域经济的发展，又能在经济发展中保育好民族文化，是当前许多地方面临的一个重要问题，就此，我们以海南为例作如下分析，提出几点设想，希望能对有效促进民族传统文化与地域经济的良性互动有所裨益。

1. 在发展黎族文化游中，黎族文化的核心内涵不能商业化。黎族有青年对唱山歌谈恋爱的习俗，每当夕阳西下，男女青年们通过对歌、吹口弓、鼻箫来寻找情人。表面看上去是双方情感表达上浪漫的外露方式，实际上并不那么浪漫。相反，对歌双方的表情都十分严肃，歌词比较含蓄，男子选择女孩的标准也比较实际，一般不选择条件明显高于自己的女子；对唱时十分认真、专心。本质上，这个民族在婚恋问题上并不如外人所想象的那么随便。为了不使这种原汁原味的习俗所包含的对婚姻爱情的态度和观念发生变化，破坏黎族淳朴的民族品德，黎族的婚俗不能商品化。婚俗的开发问题上，可以考虑让旅游者在自己的同伴中寻找一个伴侣去体验少数民族的婚礼，而不是单向地为男性旅游者提供漂亮的少数民族姑娘。

黎族有许多宗教仪礼仪式，每一种仪礼仪式都是庄严神圣的，它巩固着这个民族的内聚力，这种活动的参加成员只属黎族内部，关键时外人不能参加。对待宗教仪式，非洲某些民族在旅游开发过程中，采取的是以现场表演的方式来展现，这种展示是纯粹商业性的演出活动。但为了不使自己的民族文化失传，为了保护原来意义的宗教仪式，不使自己的后代们离心，他们保

留了祭祀场地,按规定的时间在他们的祭祀场地祭祖,此时,外人是绝对禁止参与的。国外这些有关的经验或方法虽与我国国情有一定的距离,但相信也会有一定的借鉴意义。

2. 要处理好黎族文化游的可持续发展与商业利益的关系,政府的正确服务、开发商正确的管理、经营理念十分重要。首先,如果旅游带来的成本主要是由当地人承担,当地人就应当是旅游带来的效益的主要接收人。如果受益者没有完全支付成本,这样的旅游就不是持续的。[3] 其次,假如民族旅游一旦开发到哪里,哪里的传统面貌就会急剧改变,从衣着,建筑到生活方式都迅速地与外来者趋同,那么该社区将不会再对观光者有吸引力。[4] 现实中,这种情况已经在部分民族地区出现。海南黎族文化游发展的主力军不是政府,而是企业、开发商,要使黎族文化游健康发展,政府必须正确地规范、引导开发商的商业行为,明确在开发黎族文化游中,哪些事情必须做,哪些事情不能做,防止其纯粹为了商业利益而损害黎族文化的健康发展。如建设黎族文化村,要充分利用黎族的人力、人才资源,凡是黎族的文化展示节目,如歌舞表演等,要最大限度地吸纳黎族人员参加,把解决黎族就业问题作为一个硬性指标进行规范。政府还应把投资人和黎族村寨民众的利益并举。使当地社区分配到的旅游收入足以提高当地社区的少数民族教育资源,提高参与和管理旅游业的能力,从而使民族旅游的正效益可以持续获得,因为只有当地人的切身利益是与民族文化的保护最有关的。

3. 加强黎族地区的教育——保持正确的社会价值观和良好的道德风尚。黎族自古有着朴实善良,恪守信誉,不偷,不欺的传统美德,在同别人进行贸易、借贷或其他往来时,要诡计、欺骗人的行为,为黎族社会所不容。黎族文化游的发展,给这里的黎族民众带来了经济观念上的变化,同时也带来了某些人个人价值观的扭曲。其中极个别缺乏勤劳和耐心的人,为了达到迅速过上"现代化生活"的目的,常以不正当手段掠取财富。如某些民族风情园里,数千年淳朴的山野中,以假充真、以高价出售假的黎族织锦的现象时有发生。

要解决这样的问题,首先政府要以行政手段规范和引导,使黎族文化游的市场有序发展。景点里面可以出售黎族文化商品,但行政部门要加强检查、监督,防止个别人的类似行为造成市场的混乱。其次,要教育黎族从业人员发扬本民族的优良传统,克服拜金主义思想影响。同时提高黎族民众对自身文化重要性的认识,增强自己传承本民族文化的责任心。

4. 把旅游的发展与生态环境和自然环境的保护相统一。良好的生态环境是黎族文化游能够吸引大量旅游者的重要原因,也是可持续发展的根本保证。[5] 要达到这一目的,一要加强管理,明确其管理机构,根据实际情况成立管理办公室,制订统一的发展规划、旅游设施、服务质量标准,规范收费价格,加强日常的指导和管理,避免出现无序发展和管理混乱的情况;二要把黎族文化游的发展与生态环境的保护相统一,充分考虑资源、环境的承载能力,强化生态环境的保护,做到保护和开发并重,实现合理开发和有效利用;三要加强自然村、农居、房前屋后的绿化和美化工作,加强卫生和保洁工作,加大对已经遭到损坏的自然环境的恢复和治理力度,努力营造优美的自然景色和田园风光;四要有效地保护村寨环境和民居建筑,有效保存和发展独具特色的民族服饰、民族歌舞、民族节日等传统优秀文化。同时也要防止过度的旅游开发侵蚀当地的传统文化。掌握好开发的方向和力度,是规划者应当着重考虑的问题。五要处理好与当地村民的友好关系,让他们意识到我们并非来破坏他们的生活,而是帮他们发掘身边的经济价值,改善生活环境,使之受益。同时必须加强当地居民的自然保护意识,培养其旅游发展意识,建立一支高素质的乡土旅游实用队伍,为黎族文化游建设的可持续发展做出应有的贡献。

参考文献:

[1] 谢彦君. 旅游文化学 [M]. 北京:中国旅游出版社,2008.

[2] 马晓京. 民族生态旅游:保护性开发民族旅游的有效模式 [J]. 人文地理,2003,18(3).

［3］武魏巍.民族旅游发展与民族文化保护的研究［D］.南宁：广西大学，2004.

［4］张河清.区域民族旅游开发导论［M］.北京：中国旅游出版社，2005（8）.

［5］邓敏.民族旅游目的地社会文化影响因素研究［D］.西安：西北大学，2007（8）.

黎族审美文化的简单主义倾向*

——从线条及其颜色谈起

《海余录》中谈到黎族时说:"黎俗:男女周岁,即文其身;不然,则上世祖宗不认其为子孙也。"目前,很多研究者都注意到纹身审美意识的发展线索:避害——图腾(血缘认同)——民族习俗。仔细观察,很容易发现,纹身都是由一条条线组成的,也就是说,恰恰是这些线及颜色,令纹身得以识别,赋予纹身可见性。然而学界对组成纹身各种图案的线条及其色彩,却少有研究。提到组成纹身的线,便让人想到作为真正物质实体的线,即勤劳的黎族女子以植物汁液染就而成的彩线,她们用这些彩线织就了巧夺天工的黎锦。据清代乾隆时绘《皇清职贡图》原注称,黎族主要居住地区为海南岛五指山及广东钦廉各地区。清初衣着"男椎髻在前,首缠红布,耳垂青帕。嫁时以针刺面为虫蛾花卉状,服绣吉贝(棉布绣花),系花结桶,桶似裙而四围合缝,长仅过膝"。纹面中的线条与织就黎锦的彩线成为互相对应的一对,实体与象征、实物与符号,它们共同保存了黎族文化,使黎族文化对当代人们具有可见性,得以继续传承。更让人饶有兴味的是,黎族文化中的这些线总是色彩斑斓,单单织锦的线就有红、黄、黑、蓝、青等色,连纹面中的线黎族人民也添加了植物的汁液上色,于是线便不再是简单的线,这些彩线及其象征、符号的构架具有一种黎族特色的线条美,以令黎族审美

---

* 本文作者:蒋秀云,琼州学院人文社会科学院教师;孙少佩,琼州学院人文社会科学院副教授。

文化更加绚烂。

一、黎族审美文化中的线条

点线艺术是中国艺术的重要方面，尤其是绘画领域中，更是颇为重要。如有种人物线描的审美价值便颇高，顾恺之"紧劲联绵，循环超复，格调逸易，风驱电疾"，吴道子"吴带当风"，敦煌壁画继承了线描的优秀传统，从魏晋到宋元一千余年，一直以线描作为塑造形象的手段。瓦西里·康定斯基在《点·线·面》中指出："在几何学上，线是一个看不见的实体，它是点在移动中留下的轨迹。因而它是运动产生的。"线既有形，又有面积，是形的外形轮廓，也是左右形的性格特征；线同时也是形和形的分解。由于其粗细、曲直、光滑、粗糙程度的不同，会给人们带来不同的心理感受，粗线会给人带来强有力的感觉，而细线则给人一种纤弱之感。粗糙的线条会给我们粗犷、古朴的感觉，而光滑的线条给我们细腻温柔的感觉。

李泽厚形容中国美学的其中一个特征即线条美。在他看来，线的艺术是以乐为中心特征的延伸。"因为音乐史在时间中流行的，是表情的。线实际上是对音乐的一种造型，使它表现为一种可观的东西。"在他看来，线条对色彩、块面"更加带有精神性的东西，它既积淀着社会的因素，又能使人得到感官的愉快，既是感性的，形式的，又是精神的。它所表现的人与自然的艺术是更加深刻的"①。黎族人民以极富韵律的细腻笔触，在抑扬顿挫、行云流水般的线条运转中，投入强烈的情感色彩，创作出一系列具有审美价值的民族瑰宝。

线条是活跃在黎族审美文化中的基本元素，从黎族织锦中实体的线到纹身中曲折的纹理，因此在黎族审美文化中占有重要地位。不同的线条具有不同的性格，也具有不同的旋律。一般认为直线具有单纯、理性的特征，水平线使人感到宽阔、宁静、平稳、敬慕、舒展、横向延伸等。斜线给人以运

---

① 李泽厚. 关于中国美学史的几个问题［M］//上海市美学研究会, 上海社会科学院哲学研究所美学研究室. 美学与艺术讲演录. 上海：上海人民出版社, 1983：78.

动、轻盈、兴奋、骚乱、不稳定的感觉。较长的直线给人以快速流动的感觉、短而碎的直线能产生力量、阻挡和停顿的感觉。如在黎锦《狩猎图》中，以沿着各个不同方向倾斜的直线组成各种类似几何图形的花纹，组合成猎人、各种动物的图形，让人们在想象中勾勒出一幅狩猎图景，时而运动、轻盈，时而流动，具有不同的旋律。据不完全统计，织锦图案有160多种，大体分为人形纹、动物纹、植物纹、几何纹以及反映日常生活生产用具、自然界现象和汉字符号等纹样。其中人形纹、动物纹和植物纹是最常用的织锦图案。黎族因居住地区不同，在纺织品上所用的图案也不同。一般说来，五指山地区的黎族多用方块纹和人纹，琼中一带多用鸟纹，高山地区多用几何花纹。总体说来，黎族文化中以直线为多。线条的旋律流动让这些织锦花纹图案在黎族文化中灵动活跃起来，线条的旋律成为一种寓意深刻的文化符号，将某种特定的内涵，隐藏于艺术造型的形式和形象之中。

无论是黎锦还是纹身，都有丰富的色彩，供今人思考。

二、黎族审美文化中线条的颜色

由色彩唤起情感体验这个普遍功能在民间艺术中被大量运用，更凸显出艺术的文化本性。色彩语言是指以色彩为标志，即用各种颜色或颜色符号来象征某一事物，或寄托某种愿望以统一人们意志的行为。黎族的祖先不仅用树根、树皮、树叶、藤等植物配置各种颜色，还用不同的颜色来寄托神秘的心理意境，渐渐形成了一种属于自己的色彩语言。

黎锦中常见的颜色有黑、红、黄、绿、白等几种。多以黑色或深蓝色为基本色调，以红、黄、绿、白相间，紫、棕、粉红、咖啡为辅助色，有深色也有浅色，有对比色彩也有调和色彩。黎族的色彩语言虽然夹杂着神秘主义的成分，却闪烁着民族文化的璀璨光芒，显示着它旺盛的生命力。黑色表示吉祥、永久、庄重与驱邪逐妖。黎族妇女头巾，有些是两端黑白相间，中间纯黑无图案；有些是两头留长约30厘米的黑色垂缨。用黑色来表示妇女的庄重，并挡邪魔。黑色垂缨遮住脸庞的一侧，意思为不轻易出头露面。红色表示人的尊严、权贵,是仙人之色。黎族旧时崇拜红色,用红色祈求神灵的保佑。黎族男性的红头巾是别尊卑、示权贵的一种标志,表示德高望重或掌握权力。黄色象征男性的健美、活泼和刚强。黎族认为最美的是龙,而龙是金黄色的。古代男性从军打仗时,穿黄色战衣。另外,黄色也是妇女筒裙、花被、腰带的主色,用来象征人们富有生机活力、平安长寿。绿色象征生命,是天地赋予的生命之色。不少妇女爱着绿色衣裳或用绿色纺织线绣织图案,以此表示妇女容貌美丽,能开花结果,传宗接代,也表示大地哺育万物。黎族人民正是以多彩的颜色,突出了其对视觉对世界的感知,表明了其存在状态。她们全然不像今天的染色技术偷工减料,而是选用野生植物制成染料,这种染料自然、无污染。

黑格尔在其《美学》中"颜色所用哪一种物理的因素,回答就是光,一般事物变成可见物,都要靠光"①,因此,要谈及黎族审美文化中的颜色问题,首先便要从光开始。光一直是西方文化中一个颇为重要的话题。柏拉图在其洞喻中便把"太阳光"作为理念开启洞中人的智慧。而上帝每次出场头上都顶着灿烂的光环,但丁进入天堂后,也以绚烂的光为特征。波那文都拉说:"光是物质事物中最美、最令人愉悦和最好的。"②"光"逐渐成为西方文化传统的象征,成为统治西方文化几千年的逻各斯。而黎族女子选用多种野生和培植的植物制成染料,分别将棉纱线染成红、黄、黑、蓝、青等色彩,因此黎锦绚丽多彩,形色多样。各种颜色之所以成为颜色,还离不开暗,"暗的侵入使光变暗,而暗也受到光的渗透和照明,颜色这个元素就是这样产生的,颜色就是绘画所特有的材料,单纯的光是无色的,处在它和自身同一的那种纯然不确定的状态。占空间的现象所有的一切空间关系和差异在绘画里都只有通过颜色才能表现出来;颜色的观念性较强,所以宜于表现观念性较强的内容;通过较深刻的反衬,通过无限多样化的过渡和转变以及极细微的浓淡之差,颜色在表现所选对象的全部个别特殊细节方面,有着最

---

① 黑格尔. 美学:第三卷(上)[M]. 朱光潜,译. 北京:商务印书馆,2011:234.
② 黑格尔. 美学:第三卷(上)[M]. 朱光潜,译. 北京:商务印书馆,2011:234.

为广阔的发挥作用的场所"①。颜色使黎族审美文化中的线条描绘出来,呈现出不同线条的不同面貌,使线条在广阔的距离和空间以及其中包含的万象都纳在同一件作品中。

但是,美学家们常常对曲线情有独钟。古希腊人的服装通过柔软的自由褶裥曲线产生优雅秀美的分割。中国敦煌的飞天,衣褶的曲线若行云流水,传达出美的神奇力量。英国画家荷尔迦兹认为波浪状的蛇形线是最美的,德国艺术史家温克尔曼则认为椭圆曲线是最美的,很多造型艺术家认为人体线条中曲线是最美的。上述线条论述相似的是,仍有评论者一边肯定黎族审美文化中调色的精湛技术,一边在为黎族色彩比较单调感到惋惜。如果以上述美学家的标准来评价黎族审美文化的线条美的话,或许会得出黎族审美文化仍是文化发展的初级阶段的结论。笔者倒更乐意认为黎族审美文化是一种简单主义的美学。

三、黎族审美文化中的简单主义倾向

20世纪60年代,形式主义发展出另一个倾向:极简主义(Minimalism):它主张艺术作品不是作者自我表现的方式,不再像西方传统自然主义绘画一样主张形似,而是采用简单平凡的形状消隐具体形象传达意识的可能性,使用重复或均等分布的手法,物料方面则尽量减少加工,用以描述将表现减少至几乎完全取消的程度的作品。极简主义是以一种客观的、冷静的和非叙事的眼光和形式从事艺术表达的艺术倾向,提倡"纯粹的虚无",追求最简洁的艺术效果:无空间、无质感、无感情、无气氛,只有最简单的色与形。他们努力排除具象的图像与虚幻的画面空间,偏好单一的图像,试图以最简单的几何图形和不具有个人情绪的艺术语言,被视为是对抽象表现主义高度表达情感的反叛。②艺术批评家哈罗德·罗森博格抱怨说:"运用的规则是,越没有看的,就越有说的。钉在墙上的三块木板,能够提供几乎无穷无尽

---

① 黑格尔. 美学:第三卷(上)[M]. 朱光潜,译. 北京:商务印书馆,2011:236.
② 李力. 极简主义艺术道路之无止境[D]. 上海:华东师范大学,2007.

的、在最简单主义杰作中发现的艺术细节。"20世纪50、60年代，美国绘画、雕塑风潮掀起极简主义，试图摆脱复杂的装饰，不企图表达个人的情感，人们认为他们是对现代艺术的一种革新。后来简单主义渐渐扩展到音乐、文学，甚至日常生活层面。如一种新的极简主义生活方式风行全球，他们主张不看电视、不大规模购物、不上网、不驾车等以避免不必要的经济压力，甚至到没人的山野，除了吃饭、睡觉、享受自然风光外什么都不做。其实，如果深入思考黎族审美文化，就可以发现，很多地方已经具有这种简单主义的倾向。

黎族织锦以线条组成的人形纹、动物纹、植物纹、几何纹等，都十分简单，有时仅仅为一个轮廓，不带任何感情色彩。可是，恰恰如此，却具有很强的意象性，消除了织者对观看者的压迫性，极少化符号形式出现在观者面前，使黎族审美文化具有开放性，观者可以自主参与到对图案的建构中。黎族审美文化的这种简单主义倾向，使观者可以根据自身的想象来构建图案的含义、甚至故事，赋予黎族文化各种不同的意义，将黎族文化阐释置于开放性的语境中，让它活生生地动了起来。古希腊哲学家赫拉克利特说，人们不可能两次踏入同一河流。黎族审美文化的简单主义倾向则对观者说，人们不可能两次观看同一黎族织锦作品。黎族只有语言没有文字，与其简单主义倾向结合起来，表面看来似乎不利于黎族文化的保存，但其实从另一个角度来看便是，黎族审美文化已经不仅仅充当物质性载体，它本身便作为一个信息。其审美文化只是对生存状态的考虑，世界只是一个消息，人人都可以是黎族历史的书写者。每个人看到任何一幅织锦时的感觉或想象，都是黎族文化传承的组成部分。

黎族纹身图案的简单主义倾向更加明显，润方言、美孚方言、哈方言、杞方言、赛方言等因语言和文化特征的差异而有所不同，但均以点线结构成形，圆角、方角、直线、斜线、曲线，一并采用。圆形则以两颧为中心，颈部则直绕唇之曲线三条，有虫蛾、鸟兽、花卉等图形，构成不同纹素，其图案包含着各种对生命的祈求，对幸福的盼望，对灾难的回避。刘军在《肌肤上的文化符号》一书中则认为,"黎族的文身图式中确实有不少规则和不规则的几何形图案,目前还很难以辨别其渊源及象征意义,但不可辨不等于其发展历史及象征意义不存在。从人类文化发展历史来看,这种情况相当普遍。而且某些既抽象又不完整的图形,却能代表某些动物或天体物象,这点在原始文化中同样是极为常见的现象"①。但造成黎族纹身图案不可辨识的原因除了黎族只有语言没有文字外,笔者认为另一个更重要的原因即其图案的简单主义的倾向了。其纹身图案以点线结合的方式构成各种几何图形,并形成不同的纹路,其本身的简单造成了其不可见,但恰恰是其不可见才给今人留下更大的阐释空间。

参考文献:

[1] 李泽厚. 关于中国美学史的几个问题 [M] //上海市美学研究会,上海社会科学院哲学研究所美学研究室. 美学与艺术讲演录. 上海:上海人民出版社,1983.

[2] 黑格尔. 美学:第三卷(上)[M]. 朱光潜,译. 北京:商务印书馆.

[3] 李力. 极简主义艺术道路之无止境 [D]. 上海:华东师范大学,2007.

[4] 刘军. 肌肤上的文化符号 [M]. 北京:民族出版社,2007.

---

① 刘军. 肌肤上的文化符号 [M]. 北京:民族出版社,2007:23.

旅游语境下黎母信仰的唤醒与重构[*]

现代旅游业发展对传统文化和民族文化具有一种唤醒功能，一些早已消失或沉寂的传统文化会被重新唤醒，但这种唤醒并不是简单的再现，而是在旅游语境下进行知识再生产，在现代旅游语境下民族传统文化得到重构，形成了一种新型的特殊的旅游文化。这种文化现象具有自身的特征，一方面使传统文化焕发生机，另一方面也造成原有文化符号意义的丧失、商业化等问题，因此，如何看待这一文化现象目前仍是一个具有学术分歧的问题。[1] "黎母信仰"是一个正在被现代旅游唤醒的具有代表性的民族传统文化符号之一，兹以黎母信仰为例说明这一现象。

一、现代旅游对黎族传统文化的唤醒

黎族是海南岛上的原住民，有3000年的悠久历史，目前黎族分布在海南中南部的琼中、陵水、保亭、五指山、昌江、白沙、乐东、东方、三亚等市县，聚集区面积为1.79万平方公里，人口117.22万人（据2000年全国第五次人口普查数据），这里多为山区丘陵地带，山高谷深，热带雨林密布，传统产业为农业和狩猎。在历史发展过程中，黎族在相对封闭的自然环境中创造出了黎锦、船型屋、竹竿舞等独特的文化，自汉代以来，随着汉黎民族之间的交流，黎族社会开始了汉化过程，尤其是近现代以来，随着社会经济发

---

[*] 本文作者：赵全鹏，任职于海南大学旅游学院。

展与文化交流的频繁,黎族汉化程度加快,大量传统文化消失。近年笔者多次深入黎族地区调查过程中发现,黎族船型屋仅剩下昌江王下乡洪水村、东方白查村等少数村落,且还是在当前旅游开发和文化保护背景下留下的。黎族已基本无人穿戴筒裙,黎族的传统技艺比如织锦、扎染濒临消失,婚丧嫁娶也改变了传统的习俗。总体上,今天在海南大部分地区黎族风俗习惯已经与汉族的相差无几。

(一) 黎族传统文化被唤醒的背景

1988年海南建省办特区以后,现代旅游业得到快速发展。据统计,海南建省前的1987年,全年接待游客人次75.08万,到2017年全年接待旅游总人次为6745.01万人次,旅游收入增长到2017年的811.99亿元,尤其是在海南建设国际旅游岛之后,旅游业上升为海南龙头产业,发展趋势更加迅猛。在海南发展旅游语境下,黎族传统文化开始被重新唤醒。具体来说,一方面是国内外旅游市场的需求。民族旅游是旅游市场上的流行产品,无论在国内还是国际旅游市场上,民族旅游均以其所禀赋的"民族风情""奇风异俗"等特质深受游客喜爱。黎族是仅仅存在于海南岛上的少数民族,民族文化资源具有独特性和特色性,早在1988年建省初,海南省旅游部门制订的《海南省旅游发展战略及风景区域规划》、1993年制订的《海南省旅游发展规划大纲》和2002年制订的《海南旅游发展总体规划》中都把"民族文化资源"作为一类重要的旅游资源予以开发。另一方面是黎族地区发展民族经济的需求。旅游业的快速发展和增长开始解构海南传统产业结构,同时也打破了传统区域经济平衡。黎族地区与环岛市县的经济差距日渐拉大,黎族社会逐渐意识到,除了发展旅游业没有别的出路,因此对唤醒自身民族文化、发展旅游业的愿望也日渐强烈。

(二) 唤醒黎族文化主体的转换

最初是海南地方政府和外来旅游企业发挥着主导作用。政府通过制订黎族区域旅游规划、招商引资、旅游基础设施建设、宣传营销等方式积极推进黎族文化旅游。而外来旅游企业具有资本、技术、管理和市场开发等方面的优势，他们把具有旅游观赏价值的文化符号，通过主题公园的形式予以展示，如早期在黎族地区建立的"中华民族文化村""黎苗风情园"等，满足游客对黎族文化的旅游需求。由于地方政府和外来旅游企业仅考虑依赖黎族传统文化发展经济，没有考虑黎族文化对黎族社会心理的影响，在唤醒过程中对民族文化的选择方式、内容上完全从游客猎奇心理和市场需求出发，甚至引进国内外其他民族旅游景区流行性项目，如背新娘、抢新娘等。在旅游发展初期，黎族社会对此现象比较茫然，多抱着观望态度，并逐渐对旅游企业开发和向游客展示敏感文化符号产生抵触心理，也唤醒了黎族自身的认同意识，在涉及黎族祖先传说的图腾柱、婚俗表演等内容时，发出了集体抗议的声音，甚至发生了社会冲突。黎族社会在对待外来"文化掮客"歪曲民族文化问题上产生了共同的守护心理，并采取多种渠道、方式进行干预。

随着海南旅游业的快速发展，海南在发展旅游产业政策定位上已经明确，加上一部分黎族文化旅游景区如槟榔谷、黎族风情园等在带动黎族社会经济上的成功，黎族社会逐渐在利用民族文化资源、发展民族经济问题上取得共识。五指山、琼中、保亭等黎族自治县政府和黎族人士开始承担起开发民族文化旅游的责任。黎族社会也开始自觉地、积极地寻求更有价值的民族文化符号，以吸引游客、发展民族经济，从后台走到了前台，从被动变为主动。从单纯的文化守护转变为在旅游开发中维护，把唤醒民族传统文化的主动权掌握在自己手里。

（三）唤醒黎族传统文化的方式

唤醒黎族传统文化的方式有一个从简单到复杂的深化过程，也存在一个从真实到商业化的过程。一是主题公园到自然村寨的转变，最初主要通过主题公园，在交通比较便利的海榆中线两侧建设了多处景区，如番茅黎寨、毛岸苗村、黎族风情园、海南中华民族文化村、鹿回头黎族文化旅游区、槟榔谷等，后来逐渐向自然村寨转变，如水满村、槟榔村、文门村等多个自然村寨。二是从景观方式逐渐向旅游手工艺品和纪念品、民族节日、民族演艺等方式深化。生产和销售旅游商品方面目前有海南锦绣织贝实业有限公司、琼中番道锦绣织贝有限公司、保亭黎锦工艺品销售公司、海南吉贝人家旅游商品有限公司等多家公司，这些公司采取公司加农户的方式，组织黎锦的生产和销售，促进了黎族传统织染技术的保护和黎族经济发展。三是从真实性到商业化，比如"三月三"是黎族的传统节日，为了宣传和发展旅游，通什、乐东、东方、昌江、白沙、琼中、保亭、三亚等黎族自治市县政府积极举办"三月三"黎苗民俗文化节，通过文化搭台，为旅游业招商引资。在"三月三"黎苗文化节上，举办黎苗婚礼、歌舞、祭祖民俗和体育比赛等活动，吸引不少游客。黎族传统节日逐渐官方化和商业化。

（四）旅游唤醒民族传统文化的内容

民族传统文化涉及饮食、服饰、居住、婚庆、节日、娱乐、舞蹈、信仰以及生产方式等许多方面。当然，外来企业在唤醒传统文化内容上主要考虑游客的需求和喜好，民族传统文化只是被作为一个背景和舞台[2]；而黎族自身在唤醒民族传统文化内容上，更侧重唤醒和展示优秀的民族传统文化。

"黎母"信仰是在黎族对自身传统文化的唤醒意识增强背景下被重新唤醒的文化符号之一。唤醒"黎母"信仰的直接动机是发展黎母山旅游，并进而带动所在县域——琼中县、五指山市等黎族自治市县旅游业的发展。黎母山目前是一所国家森林公园，位于海南中部琼中黎族苗族自治县境内，面积12,889公顷，主峰海拔1411米，另有雨林、瀑布、山泉、奇石、幽洞、云雾等自然景观。琼中县已经请有关部门制订了旅游规划，规划为锦绣谷休闲度假区、黎母石宗教文化旅游区、黎母岭热带丛林探险区、吊灯岭生态观光探险旅游区等。黎母山虽然景观优美，但是旅游业一直止步不前，所以，琼中县政府希望借助黎母信仰的唤醒，促进黎母山旅游，并由此带动琼中县旅游发展。

二、传统社会语境中的黎母信仰

黎母信仰是传统社会中的一种信仰，约形成于唐、宋之间，盛行于元、明时期，明末时逐渐弱化。在传统社会中，黎母信仰已经形成了相对完整和固定的叙事结构。

黎母信仰生成的民族语境。"黎母"是生成于古代汉族社会语境中的一种信仰。"黎母"信仰之所以产生于汉族社会，是由我国特定历史文化环境决定的。"黎母"的称谓是从"婺女"星宿讹传而来，"婺女"（也叫"须女、女"等）星宿是中国古代天文二十八宿之一，而二十八宿是古代天文学家把黄道（太阳和月亮所经天区）恒星分成二十八个星座，约形成于我国的战国时期，这在《左传》《周礼·月令》等历史文献中均有记载。[3]古代占星家还把天上的星宿与地上的州郡对应起来，目的是"以星土辨九州之地，所封封域，皆有分星，以观妖祥"[4]。称为"分野"。到隋唐时期才把"婺女"星宿和海南岛地名相对应，据宋代赵汝适《诸蕃志》，黎婺山是"按《晋书》分野属婺女分，谓黎牛婺女星降现，故名黎婺，讹音为黎母"[5]。可见"黎婺山"是对应"黎牛""婺女"二星宿才得名，时间应是在编撰《晋书》的唐初。随后汉人又把"黎婺山"讹为"黎母山"，因"婺"与"母"在发音上相似。讹误时间应在唐宋之间，其后的历史文献均作相似记载，清代《读史方舆纪要》记载："或云婺女星尝降此，本名黎婺山，后讹为黎母云。"[6]可见，汉人将"黎婺"讹为"黎母"问题确凿无疑。之后，黎母的神异事件、神化过程、庙宇场所、阐述方式，以及黎母被记载在汉族地方志的"杂事""杂志""纪异"之内，均发生在汉人语境中。

黎母信仰生成的社会语境。从"黎母山"生成"黎母"信仰是在传统农业社会语境中发生的。首先，在中国传统社会"天下观"中，所有的土地和民众均属"王""君主"所有，在封建中央王朝领土认知系统中，黎婺山（黎母山）虽地处黎族居住区，但仍属于中央辖制范围内的领土。其次，古代中央王朝很早就把日月山川、风雨雷电等自然物列为国家祭祀系统。《礼记·王制》曰："天子祭天下名山大川，五岳视三公，四渎视诸侯。诸侯祭名山大川之在其地者。"[7]古代中央王朝之所以祭祀天下名山大川，是企图借助鬼神信仰对民众予以统治和约束，达到维持社会秩序的目的。从隋唐开始，随着封建中央王朝对海南统治的加强，海南各州县也完善了神灵祭祀场所。海南府州县建置有社稷坛、风云雷雨山川神坛、城隍庙、郡厉坛（在县曰邑厉坛或厉坛）、旗纛庙、先农坛等坛庙，其中风云雷雨祭祀天神，山川为地祇神，城隍为城市保护神，厉主国殇，文昌主科名，关圣保佑家国，天后、龙王保佑民众。这些神庙原是内地神坛，为官府所建，以时祭祀。除了建置内地信仰的神灵外，封建王朝还对海南本土神灵进行敕封，使这些神灵官方化，如五代十国时期南汉乾亨元年敕封海南峻灵山神为镇海广德王，宋元丰五年（1082）诏封峻灵山神为峻灵王，元丰中诏封汉伏波将军为忠显王，元代至正间封临高毗耶神为显应侯等。黎母也是地方官府建置的信仰之一。

　　黎母神应传说的叙事结构。海南地方志记录了黎母山从自然物蜕变为"山神"的灵异故事，并以传统的方式叙述和演绎：一是南宋人胡铨（今江西省吉安市人）梦见黎母。明《正德琼台志》记载："胡铨初在新州，梦谒赵相鼎，久之不出。仰视屋宇皆尘埃，取帚欲扫而觉。及至吉阳军裴氏之庐，乃赵公故所寓也。又尝梦见黎母，后十年乃迁崖州。李参政光以诗送公云：'梦里分明见黎母，生前定合到朱耶。'取朱耶狼狈、赤子仇雠之语。朱耶，即朱崖也。"[8]这是康熙年间吴启爵遇黎母的灵异事件。据《光绪定安县志》卷十《杂志》记载："康熙初年，总镇吴启爵，潮州海阳人也。当为儿时，过村塾从师课读，朝夕还家即饭，必渡沟。每遇雨，必有一老妪早伺于沟侧，负之而过，若是为常。至岁暮，学馆将散，启爵与老妪诀别，曰：'婆婆每遇雨必来负我济险，愧无以报婆也。'老妪伸掌示之而不言，启爵曰：'伸掌何说也？'老妪徐应曰：'婆婆不望孩儿别报。孩儿前程远大，异日若行兵至我地，见我手掌遮尔马首，孩儿宜止兵勿杀，留这巴掌土与我子孙，即孩儿报婆地也。'启爵以一手掌土为地无几耳，因许之。老妪谢之而去。行不数步，忽不见。启爵以为异，因志之。至康熙二十五年，启爵以总兵官镇琼州，因平黎乱，至定安水满峒。见前面五峰插天，如手掌形。问土人，黎人告曰：'此五指山也。'启爵只见山蔽人面，云生马头，因悟老妪手掌遮马首之语。急令止兵戒杀。又问：'次于五指山之下一大山，何山也？'

黎人对曰：'黎母山。'问：'何名黎母？'土人曰：'此山地旷土腴，诞生黎类，故名黎母山，山上有神，亦名黎母神。'启爵方悟昔日老妪是此山之神，已预知吾日后有平黎之举，惧吾戕伤黎民，故现身相告。神亦灵异矣哉！令具牲仪，望而祭之。黎人望风纳款，因奏凯班师。定安自康熙至今二百余年永无黎忧者，启爵剿抚之力，亦黎母神呵护之灵也欤！"[9]胡铨与吴启爵均是大陆人，故事的主角均是汉人，发生的场所也在汉人居住区域，或是在来到海南之前，或是到海南后感应到黎母的神异，均反映出到海南汉族人希望得到地方神灵的庇佑。

黎母祭祀场所的本土民众化。从元代开始，海南地方官府建庙祭祀黎母，历史上黎母的祭祀场所有两处：一处在琼州府城，始建于元代。明代天顺五年（1461）《大明一统志》记载："黎母庙，在府城西，元建。本朝永乐四年重建。"[10]城在今海口市琼山区，是古代汉人在海南岛的政治经济文化中心，早在唐宋时期就无黎族人，可见黎母庙为汉人所立，也为汉人所信仰。《正德琼台志》对此记载更为详细："黎母庙，在小西门内大街，其神详见《纪异》。先元时立，在城西一里。国朝洪武己未，指挥蔡玉展城移此。永乐丙戌，寓士杨岱宗、杨升募财重建，范铜为像。"[8]因此在传统社会中，黎母山属于国家祭祀范畴，也是汉族语境中的山川信仰范畴。另一处在儋州黎晓山，当地民众以山上巨石为祭祀对象。《正德琼台志》载："黎晓山，在（儋）州西四十里高麻都。顶有巨石若岩，乡人以事黎母神。"[8]《万历琼州府志》："黎母庙，在州西黎晓山顶，有巨石若岩，乡人以祀黎母。岁时祈祷有应。"[11]《康熙儋州志》也有类似记载。高麻都在今儋州三都镇，汉武帝元封元年在此设儋耳郡，因此也是汉人聚集之地，为本地民众所信奉。另外，在明清文献中也有记载，《正德琼台志·纪异》："刘谊《平黎记》云：'故老相传，雷摄一蛇卵在山中，生一女，号为黎母。食山果为粮，巢林木为居。岁久，致交趾之蛮过海采香，因与结配，子孙众多，开山种粮。'"[8]清代文献中多是对明人记载的复述，如清代《古今图书集成·职方典·琼州府》记载："定安县故老相传，雷摄蛇卵在黎山中，生一女，号为黎母，食山果为粮,巢林为居。岁久,交趾蛮过海采香,因与结配,子孙众多,开山种粮。"[12]说明黎母信仰的本土化。

到明代后期,随着海南其他神灵信仰的兴盛,黎母信仰在汉人社会中已开始弱化。琼州府城的黎母庙在明代后期已经不存在,修纂于明万历四十五年(1617)的《万历琼州府志》中已缺"黎母庙"条文,黎母庙旧址被用来修建"文昌阁":"文昌阁,在小西门原黎婆庙基。乡官廖士衡、王铖同众改建范贤义学,祀朱、吕二公。万历乙巳地震倾圮。四十五年乡官盛尚志、王一造合众捐建文昌阁,重修中厅,奉文昌并朱、吕,立石,有记。"[13]《咸丰琼山县志》也记载:"黎母庙——庙已久废,其基址后人更番改建,详小西门内文昌阁下。"又载:"文昌祠,在小西门原黎婆庙基。"[14]琼州府城的黎母庙是黎母信仰的一个重要标识,它的消失标志着其在汉人信仰中的弱化。

三、旅游语境下对黎母信仰的重构

在现代旅游语境下,民族传统文化被重新唤醒,但是已经脱离原来的社会、自然和文化环境,并根据旅游业发展需求被重新阐述和知识再生产,被开发为现代游客消费所需要的景观文化符号和旅游产品,在此过程中民族传统文化被重新结构。黎母信仰在旅游语境中被唤醒,也是在游客、旅游企业、旅游政府和黎族社会等相关利益群体方参与下进行的知识再生产,运用旅游的叙事方式阐述,在旅游语境中黎母信仰得到了重新结构,并赋予黎母信仰以旅游的特征和意义。

(一)唤醒主体与信仰主体的转换

在传统社会语境中,汉人是黎母信仰的主体,祭祀场所也位于汉人居住区。而在现代旅游语境下,唤醒和信仰主体发生了转换。最初是地方政府和外来旅游企业,随着旅游开发的深入,黎族自身从观望逐渐转为参与,开始有意识地去唤醒自身民族的传统文化。黎族自身尤其是黎族官员和文化人士主导了对黎母信仰的唤醒,在调查中发现,黎族自治县市政府正通过正式和非正式的场所、途径积极挖掘、宣传黎母信仰，重新在社会中建构黎母信仰。唤醒的目的是为了吸引国内外广大游客，发展黎族地区旅游，促进黎族社会经济发展。

（二）黎母祭祀地点的景观化

在现代旅游语境下，黎母祭祀地点被景观化。黎族自治县政府之所以唤醒黎母信仰，其目的是为了借助黎母信仰文化符号，吸引国内外游客，促进黎母山、五指山等风景区旅游发展。琼中县政府把祭祀地点确定在黎母山上，另外一处重要祭祀地点是五指山。两处均是国家森林公园，五指山脚下正在筹备"黎峒大观园"，安置黎母神像。随着黎族其他文化景观的旅游开发，可以预见黎母将成为黎族地区旅游景观中通用的文化符号。

（三）黎母信仰阐释的旅游化

传统社会时期的黎母信仰是在农业文明下被汉人所阐述的。明《大明一统志》记载："旧传雷摄一蛇卵在山中，生一女，岁久，有交趾蛮过海采香，因结婚，子孙众多，是为黎母，乃黎人之祖，故郡建庙祀之。"[10]沉香是古代中原在佛教影响下的一种消费物产，这一传说反映了传统社会的时代内容。在现代旅游业语境下，黎母信仰被旅游重新阐述。政府网站宣传黎母山：相传天上七仙女曾来此山游玩，其中桃花仙女迷恋此山美丽富饶，认为可以传播人类，便化为金南蛇产下一卵，后经雷公划破，跃出以为少女，号称黎母，从此诞生黎族人。另据地方政府部门介绍，现今的黎母庙是黎母托梦给一位在三亚经商的陈姓台商，1995年才捐资在黎母山上建立，曾有台湾23名佛学会员和13名夏威夷大学生专程来拜会与敬香。黎母信仰被旅游所消费，现代游客或者说国际游客已经或正成为黎母信仰的叙事者。[15]

（四）黎母信仰的旅游符号化

表现在景观形象、黎母文化园、黎母广场、黎母文化节等方面，均是从游客需求角度进行符号生产。在传统的黎母信仰中是没有具体形象的，但是旅游业是一种以观光为前提的消费行为，游客需要看到具体的形象，因此地方政府有关部门正在积极征求、协调黎母塑像的形象问题。当地人在山上发现黎母石像，黎母石像形态逼真，是一长 20 米、高 3 米、宽 1 米的巨型石头，正面如仙女像。另在黎母山地区开发建设黎母文化园，修建黎母像、黎母庙和约 10 万平方米的文化广场，并创办黎母文化节。[16]

黎母信仰在旅游语境下的重构，具有自身的特征。一是一种历史性与现代性的结合。在传统社会中，黎母信仰主要是汉人社会的山川信仰，而在现代社会，黎族把它作为旅游资源用来吸引外来游客，并用现代旅游来阐述。二是真实性与商业性之间的结合，黎母信仰产生于传统社会，是古人心灵的信仰，今天在旅游语境下，黎母信仰完全转换了社会空间、自然空间、信仰主体和信仰内涵，变成了附着在旅游景观上的景观符号，开发者利用其来收取游客的门票、香火钱以及其他费用。三是旅游功能与社会功能的协调，黎母信仰的唤醒与重构是为了发展旅游业，同时也唤醒黎族社会民众对黎母的信仰，但是黎母信仰景观化在一定程度上阻碍他们的信仰诉求，会滋生不满情绪，需要采取一些措施满足当地民众的需求。

结 语

总体上来说，旅游语境下对黎母信仰进行的重构是一种新的文化现象。在现代旅游语境下唤醒和重构的目的是为了满足现代旅游市场上游客的消费需求，并由此促进黎族地区社会经济发展，因此被唤醒的民族传统文化必须适应现代旅游产业的发展要求，才能具有时代和社会意义。离开现代旅游语境，民族传统文化将不会被唤醒，也将失去其在旅游社会中的功能和价值，民族传统文化的真实性和保护便无从谈起。因此，应当首先尊重旅游语境下对民族传统文化阐述的方式和知识再生产，把它视为在现代社会中一种新型文化形式。但是应该把握好其特征和原则，处理好相互之间的关系，否则将损害游客、黎族社会等相关群体的利益，最终将失去其旅游价值。

参考文献：

[1] 张瑾. 民族旅游语境中的地方性知识与红瑶妇女生计变迁——以广

西龙胜县黄洛瑶寨为例［J］. 旅游学刊, 2011, 26（8）: 72–79.

［2］吴芙蓉. 民俗旅游语境中的民族节日表演艺术——以大理白族节日表演艺术为例［J］. 云南社会科学, 2011,（6）: 81–83.

［3］赵永恒, 李勇. 二十八宿的形成与演变［J］. 中国科技史杂志, 2009（1）: 110–119.

［4］周礼: 春官［M］. 北京: 北京大学出版社, 1999: 704.

［5］赵汝适. 诸蕃志［M］. 北京: 中华书局, 1996: 219.

［6］顾祖禹. 读史方舆纪要［M］. 北京: 中华书局, 2005: 4771.

［7］阮元. 十三经注疏［M］. 北京: 中华书局, 1980: 1321.

［8］唐胄. 正德琼台志［M］. 海口: 海南出版社, 2006.

［9］王映斗, 吴应廉. 光绪定安县志［M］. 海口: 海南出版社, 2004: 832–833.

［10］李贤, 彭时. 大明一统志［M］. 西安: 三秦出版社, 1990.

［11］戴熺. 万历琼州府志［M］. 海口: 海南出版社, 2003: 165.

［12］陈梦雷. 古今图书集成: 卷1389［M］. 北京: 中华书局, 1985: 20397.

［13］戴熺. 万历琼州府志［M］. 海口: 海南出版社, 2003: 165.

［14］郑文彩, 李文烜. 咸丰琼山县志［M］. 海口: 海南出版社, 2003: 244, 238.

［15］戴敬东. 中国黎族传统体育项目名称与数量考［J］. 海南热带海洋学院学报, 2016, 23（6）: 116–121.

［16］文丽敏, 公衍峰. 黎族的生态智慧及其当代启示［J］. 海南热带海洋学院学报, 2017, 24（3）: 27–31.

（责任编辑: 王旭东）

浅析原始宗教文化对黎语的影响*

宗教既是一种特定的思想信仰，同时又是人类一种普遍的文化现象，是人类文化的重要渊源和组成部分，包含丰富的文化内涵。不同的宗教是不同文化的表现形式，反映出不同的文化特色和不同的文化背景，体现了不同的文化传统。语言作为文化的载体和组成部分，必然与宗教这一特殊文化形式之间有着非常密切的关系：语言创造了宗教，宗教发展了语言。语言是构成宗教观念十分重要的各种主要因素之一。语言是意识形成的因素，是思维不可或缺的工具，语言在观念上充当物质。语言把人的意识成果以物质的形式固定下来，从而在人的头脑中形成明晰的概念，使思想得以形成，这为宗教观念的产生提供了可能。而宗教也对语言及其发展有着特殊的贡献，不仅最早的语言研究发端于宗教，而且宗教对语言的传播与发展及规范等方面都起到了一定的积极作用。

原始宗教是人类最早的宗教形态，是人类在生产力和思维能力较低的情况下，受到自然界的沉重压迫，把自然力和自然物神化的结果。由于历史的原因，黎族地区都还保留着自己的原始宗教信仰。原始宗教一般包括鬼魂崇拜、祖先崇拜、灵物崇拜、大自然崇拜、动植物崇拜、偶像崇拜和图腾崇拜等主要形式，这些原始宗教对黎族的语言都有不同程度的影响。本文即以黎语志强话为例，从文化语言学的角度，探讨其所承载的宗教文化对黎语发展

---

* 本文作者：张雷。

产生的影响，并剖析黎语的宗教文化内涵。

　　黎族人存在"万物有灵"的思想，认为天上的风雨雷电、日月星云、地上的花草树木、山川河流、飞禽走兽等自然万物皆有"灵魂"。凡是能作祟的精灵都称为 diːŋ^{11}（鬼）。祖先崇拜是以祖先灵魂为崇拜对象，是黎族人民意识形态中占主导地位的一种宗教信仰形式。认为祖先鬼是最大的鬼，它比其他鬼更可怕。人们平日不能随便提到祖先的名字，认为提及祖先的名字会触怒祖先而招致家人生病。除祖先鬼外，还有山鬼、地鬼、水鬼、雷公鬼、火鬼、灶鬼、天狗鬼、恶鬼等。这些"鬼"支配着世间的一切。黎族同胞普遍相信自然界和人之间存在着某种神秘的联系和影响。相信自己的命运受着 van^{53}fa^{11}（天地）的主宰和祖先鬼的控制。这些原始的宗教观念都不同程度地反映在语言中。人们在鬼灵观念的支配下，对那些谁也没有见过、没经历过的、根本不存在的超自然力量十分敬畏，惧怕鬼神祖灵降灾给自己，惧怕恶魔瘟神来困扰自己。因此，往往对某些他们认为与鬼有联系的事物小心翼翼，甚至连说话都要自我回避。为了避免直接提到与鬼有关的物名，便产生了许许多多带有宗教迷信色彩的独特的语言使用现象。例如，过去，村里的黎族同胞普遍认为山林中的飞禽走兽、水里的各种鱼类均分别受着"tiŋ^{11} ʔgaŋ^{31}（野林鬼）""tiŋ^{11} hwau^{11}（山鬼）"和"tiŋ^{11} nom^{11}（水鬼）"的管控。人们捕鱼打猎时，最忌提到"ʔgip^{55} ɬat^{55}（狩猎）"和"keːk^{55} ɬa^{31}（捕鱼）"这两个词。看到有人上山打猎，不能问"kuːi^{11} hei^{31} ʔgip^{55} ɬat^{55} ʔha^{11}（要去打猎呀）"，而只能采用委婉的语言来表达。例如：

　　（1）hau^{55} kuːi^{11} khaːn^{31} hwau^{11} mo^{11}？　　你这是要上山呀？

　　意即"你要上山打猎呀？"

　　（2）hau^{55} kuːi^{11} hei^{31} fei^{31} hwau^{11} ʔha^{11}？　　你这是要行山呀？

　　意即"你要去打猎呀？"

　　（3）na^{31} ɯ^{11} fan^{31} hei^{31} fei^{31} ʔgaŋ^{31} mo^{11}？　　他昨晚去巡山林呀？

　　意即"他昨晚去打猎呀？"

　　同样，看到有人去捕鱼时，也不能直接问"kuːi^{11} hei^{31} keːk^{55} ɬa^{31} mo^{11}（要

去捕鱼呀)"。要打招呼时，只能用迂回的方法说出。例如：

(4) kuːi¹¹ luːi³¹ nom¹¹ mo¹¹？　　要下水呀？

意即"要去捕鱼呀？"

(5) haɯ⁵⁵ uːŋ⁵⁵ thoːŋ¹¹ khuːi¹¹ hei³¹ keːk⁵⁵ ʔbau⁵⁵？　　大家要去讨螃蟹呀？

"keːk⁵⁵ ʔbau⁵⁵（讨螃蟹）"实际上就是"keːk⁵⁵ ɬa³¹（捕鱼）"，这是会话双方都很明确的。

在去打猎或捕鱼的路上，如果有人有意说"məɯ³¹ ʔgwan³¹ ʔnei⁵⁵ gip⁵⁵ lat⁵⁵ ŋe⁵⁵ ta³¹ ʔia³¹（你今天打猎肯定打不到）"，或"məɯ³¹ ʔgwan³¹ nei⁵⁵ keːk⁵⁵ ɬa³¹ ŋe⁵⁵ pəɯ³¹ vei⁵⁵（你今天捕鱼肯定空着手回家）"等一类的话，打猎或捕鱼者多半会折返回家。特别是晚上打猎，半路上有人这么一说，打猎的人是不会再上山打猎的。这种把打猎说成是"上山""巡林"，把捕鱼说成是"下水""讨螃蟹"等"偷梁换柱"的做法，缘于人们的万物有灵与鬼神观念。志强黎族认为，捕猎之前，若提到捕鱼打猎，会让捕捉对象"听到"而藏匿起来，或使统管兽类鱼类的山鬼水鬼知道而将人们要捕猎的对象隐藏起来，加以保护，使渔猎者捕不到鱼猎不到物。这种回避性的替代表达习俗，反映了黎族普遍存在的原始宗教观念，即万事万物皆有灵性，都受某种"鬼"的统治。过去，黎族的生产生活条件十分落后，捕猎工具简陋，无法捕捉到更多的猎物。他们把自己渔猎所获得的成果，归结于神灵的恩赐，把自己捕捉不到猎物的原因归罪于神灵的不合作、不赐予。终日担心自己得罪鬼神，时刻存在着恐惧心理，惧怕自己或别人说话冒犯了鬼神，使自己捕捉不到猎物。这样，他们对那些他们认为可能触怒神灵的言行加以自我回避和禁止。此类语言使用习俗是人们的万物有灵及鬼神观念的产物。

客观世界中本来没有鬼神，但人类发展到一定阶段时，由于对自然界及人自身生理结构及生理现象不能正确认识，因此形成了灵魂不灭和鬼神观念。直到现在，这种观念还在不同民族的思想中不同程度地存在着，黎族也不例外。黎族相信自然界中生活着许许多多的鬼，认为人的疾病和死亡是由于冒犯了鬼神而遭致鬼神惩罚的结果。笃信人死了仍然有亡灵存在。这些亡灵与人们的生产生活有着千丝万缕的关系，而祖先鬼最为重要，祖先的亡灵能决定子孙后代的生存与祸福。人们惧怕鬼神，产生了逃避鬼灵的思想。于是在语言上也有了"回避"表达的现象。

tiŋ^{11}（鬼）能决定人的生死，人们忌惮它，甚至 tiŋ^{11} 这个名称都不愿意提及，唯恐哪里冒犯了鬼神而给自己带来厄运。在许多场合里，tiŋ^{11} 往往要使用替换的方法表达。例如：

(1) ɬeːk^{55}thom^{31}① ʔgwan^{31}nei^{55}hau^{11}zeːŋ^{31}ʔdɯ^{31} <u>phut^{55}phau^{11}</u> la^{55}.
ɬeːk^{55}thom^{31} 今天杀羊祭祖先。

句中的 phut^{55}phau^{11}（祖先）就是 tiŋ^{11} 的替换词。整句原话是"ɬeːk^{55}thom^{31}ʔgwan^{31}nei^{55}hau^{11}zeːŋ^{31}ʔdɯ^{31}<u>tiŋ^{11}</u>la^{55}（ɬeːk^{55}thom^{31} 今天杀羊祭鬼）"。

(2) kun^{31}aːu^{31}ɯ^{11}fan^{31}vuːk^{55}<u>mau^{11}</u>. 他们昨晚祭鹰。

句中的 mau^{11}（鹰）替换了 tiŋ^{11}。原话是"kun^{31}aːu^{31}ɯ^{11}fan^{31}vuːk^{55}<u>tiŋ^{11}</u>（他们昨晚祭鬼）"。

(3) na^{31}hei^{31}ta^{55}<u>mau^{11}</u>. 他去鹰田村。

"ta^{55}mau^{11}（鹰田）"是村名，实际上是"ta^{55}tiŋ^{11}（鬼田）"。

(4) phut^{55}kwən^{31}②mɯ^{31}ʔbaːi^{11}ʔia^{31}<u>miːu^{55}</u>kwaːŋ^{31}hei^{31}ʔhe^{31}. 你的叔/伯祖 kwən^{31} 已经被猫拖走了。

这是对少年儿童说的委婉语。句中的"miːu^{55}（猫）"替换了原话里的"tiŋ^{11}（鬼）"。

(5) ʔbaːi^{11}ʔgwaːn^{55}ʔia^{31}pheːŋ^{31}kɯ^{11}zɯn^{55}<u>vuːk^{55}thaːn^{31}</u>. 查询出姓名了就早点做祭祀。

句中"pheːŋ^{31}"和"vuːk^{55}thaːn^{31}"分别代替了"pheːŋ^{31}tiŋ^{11}（鬼名）"和"vuːk^{55}thaːn^{31}tiŋ^{11}（祭鬼）"，是以省略的方式加以回避。

---

① "ɬeːk^{55}thom^{31}"，男性称谓词。志强黎族叫"pheːŋ^{31}hɯ^{55}（死名）"。父亲死亡之后，孩子都要取"pheːŋ^{31}hɯ^{55}"，男孩"死名"为"ɬeːk^{55} + 排行次序 + 原名"。

② kwən^{31}，男性名。志强黎族人名为单音节词，无实意。名与姓若不是为了区别同名者一般不同时使用。姓位于名之后。

在许多黎族人的思想意识里，死亡与鬼存在着必然的联系，人死一定是被鬼勾走了灵魂，相信人死了之后灵魂还会作祟于人。因此，他们对死人的灵魂有着不同程度的恐惧与敬畏心理。由于对死亡及鬼神的畏惧，人们对于人的死亡，会话中往往不直接使用"hɯt^{55}（死）"这个词。认为直说 hɯt^{55} 是不吉利、不愉快的事情。如果有人对某个死者毫不避讳地使用 hɯt^{55} 一词，则充分说明了这个说话人对死者是不友好甚至是仇恨的。这里的 hɯt^{55} 不仅有词汇上的一般词义，而且还包含着复杂的个人情感因素。对 hɯt^{55} 及其替代词语的不同使用，反映了人们对待死者的不同态度。黎语中，hɯt^{55} 有许多不同的表达法，交流时使用哪一种，要视具体情况而定，往往要受场合、地点、交流对象的年龄、性别以及交流双方与死者的关系等因素的影响和制约。在公共场合里，人们通常不用 hɯt^{55} 来指人的死亡。hɯt^{55} 常用的替代表达词语有 uːn^{11} laːi^{11}（没有）、ɬuːn^{55}（倒，用于成年死者）、pheːŋ^{11}（扔，用于未成年死者）、ʔbaːi^{31} ʔga^{31}（离开咱们）、hei^{31} ʔhe^{31}（去了）、za^{31} ʔhe^{31}（老了）、ai^{11} la^{55} khau^{55} ɬɯːk^{55}（不愿再让孩子为自己出力了）等。在家里一般也不直说 hɯt^{55}，特别是有客人来访的时候，更是忌讳。在死者家里办理丧事时，多数用 uːn^{11} laːi^{11}、ʔbaːi^{31} ʔga^{31} 和 hei^{31}。死者家人到亲朋好友家报丧时，也多用这些词。例如：

(1) taɯ^{11} ʔbaːi^{11} <u>ʔuːn^{11} laːi^{11}</u> ʔhe^{31}.　舅舅<u>没有</u>了。

"没有了"，即"已死了"。

(2) phut^{55} za^{31} riːm^{11}①<u>ʔbaːi^{11} ʔbaːi^{31} lai^{31} ʔga^{31}</u> ʔhe^{31}.　riːm^{11} 老叔/伯祖已经<u>离开咱们</u>了。

(3) ŋoːŋ^{11} leːi^{55}②<u>ʔbaːi^{11} ai^{11} la^{55} khau^{55} ɬɯːk^{55}</u> ʔhe^{31}.　leːi^{55} 哥已经<u>不愿再让孩子为自己出力</u>了。

(4) phiːn^{11} moːi^{31} fau^{31} fa^{31} <u>ʔbaːi^{11} ʔdua^{11}</u> ʔhe^{31}.　我们的美孚黎朋友已经<u>过</u>了。

---

① riːm^{11}，男性名。
② leːi^{55}，男性名。

(5) fo:i⁵⁵ zat⁵⁵① ʔba:i¹¹ za³¹ ʔhe³¹.　zat⁵⁵叔叔已经老了。

从死者方面来看，死者是未成年的，除了使用其他的替代词语外，还有专用词"phe:ŋ¹¹（扔）"。例如：

na³¹ ʔba:i¹¹ phe:ŋ¹¹ lau¹¹ laŋ³¹ ɬɯ:k⁵⁵ lo³¹.　她已经扔了两个孩子了。

"扔了两个孩子"即"死了两个孩子"。

死者是老年人的，可用专用词"ɬu:n⁵⁵（倒下）"。例如：

ça¹¹ khun³¹ a:u³¹ haɯ⁵⁵ ʔia³¹ faɯ¹¹ fu:t⁵⁵ ba³¹ pau⁵⁵, ɬu:n⁵⁵ za³¹ vi⁵⁵ ʔbe¹¹.

他们的外祖父享年九十五岁，老了才倒下的。

"ɬu:n⁵⁵za³¹（老了倒下）"即"寿终正寝"。

年轻人和少年儿童不能用"ɬu:n⁵⁵"这个词。死者若是夫妻中的一个，则用专用替代词"po:i¹¹（丈夫死去妻子或妻子死去丈夫）"。例如：

na³¹ na:u¹¹ ʔgwau¹¹ pau⁵⁵ nu¹¹ po:i ʔ ʔ vi⁵⁵.　他/她刚于年初失去了妻子/丈夫。

"po:i¹¹"相当于"hɯt⁵⁵/ɬa:u⁵⁵ liu³¹（死去妻子）"或"hɯt⁵⁵/ɬa:u⁵⁵ ɬəɯ³¹（死去丈夫）"，是一种委婉的替代说法，只用于夫妻双方。"pha¹¹ po:i¹¹"是"死了妻子的男人"，约相当于汉语里的"鳏夫"；"pai¹¹ po:i¹¹"是"死了丈夫的女人"，约相当于汉语里的"寡妇"。人们在自己配偶死亡时，会在哭丧词中用"ai¹¹ zo:ŋ¹¹ hou³¹（不愿等我）""ʔba:i³¹ lai³¹ hou³¹（离开我）"等来表达"死"这个概念。

在黎族人看来，人的生死祸福都被控制在鬼神的手里。人的死亡，原因多种多样，而每一个死因都与鬼神有着密切的关系。这些造成死亡的各种原因和死亡一样，令人恐怖。人们不仅觉得死亡十分可怖、神秘，而且觉得与死亡有关的各种现象也非常可怕，令人畏惧，提都不愿提到，给如çok⁵⁵（病）、hau¹¹（杀）、thok⁵⁵ kha³¹ çai³¹（从树上掉下）、ɬom³¹ nom¹¹（溺水）、za⁵⁵ ka:n¹¹（蛇咬）等造成死亡的各种因素披上了神秘的迷信色彩，把它们和

---

① zat⁵⁵，男性名。

鬼神联系在一起，平日不轻易说出口，不得不提到它们时，往往只能间接、委婉地表达。有人患病时，忌讳提到 çok⁵⁵。据说，çok⁵⁵ 是鬼神有求于人或人得罪了鬼神时，鬼神对人施加魔力所引起的。人在生病期间，鬼灵始终飘荡在病人的周围，直说出 çok⁵⁵，会被鬼灵听到，从而对病人施以更大的压力，使病人病情加重。老年人中，迷信思想较为严重。有的老年人甚至病得奄奄一息了，还不愿意到医院就诊，认为自己的病痛是鬼神作祟所致，去不去医院就诊都是一个样。çok⁵⁵ 一般用 khaːi⁵⁵（冷）、fau¹¹（热）、reːk⁵⁵oːp⁵⁵（难受）、reːk⁵⁵fat⁵⁵（不愉快）来表达。例如：

(1) ran¹¹①khaːi⁵⁵, tha⁵⁵ʔdɯ¹¹ai¹¹la⁵⁵tsɯ¹¹ʔbəɯ⁵⁵. ran¹¹ 冷，连饭都不愿吃。

"khaːi⁵⁵（冷）"即"çok⁵⁵（病）"。

(2) uːŋ⁵⁵thoːŋ¹¹roːk⁵⁵raːk⁵⁵, uːn¹¹khaːi⁵⁵uːn¹¹fau¹¹pa¹¹? 大家都平安，没冷没热吧？

"uːn¹¹khaːi⁵⁵uːn¹¹fau¹¹（没冷没热）"即"uːn¹¹çok⁵⁵（没病痛）"。

(3) na³¹reːk⁵⁵oːp⁵⁵fu¹¹çau¹¹ʔgwan³¹lo³¹. 他难受三四天了。

这里的"reːk⁵⁵oːp⁵⁵（难受）"就是"çok⁵⁵"。

(4) na³¹çia¹¹ke¹¹, han¹¹reːk⁵⁵fat⁵⁵ço¹¹. 他请假了，说是不愉快。

"reːk⁵⁵fat⁵⁵（不愉快）"即"çok⁵⁵（生病）"。

"thok⁵⁵kha³¹çai³¹（从树上掉下）"往往会造成残疾或死亡。黎族同胞把有些人不小心从树上摔下来导致死亡或残疾这种偶然发生的现象，当作是一种鬼神的行为，认为是鬼神有意降祸于人所致。据传，树上树下都有山鬼（"山仙姑娘"）。这些山鬼在男人爬树劈砍树枝时，都要来看热闹，会迷住男人的魂灵，使男人们从树上摔下来。因此，人在爬树的时候是不能提到"thok⁵⁵kha³¹"一词的。有时候还要高声唱"砍树歌"，以此来劝走山鬼，省得它们作祟，让人摔下树来。若要表达"thok⁵⁵kha³¹çai³¹"这个意思时，则

---

① ran¹¹，男孩名。志强本族名有小名、大名和"pheːŋ³¹hɯt⁵⁵（死名）"。小名一般都从一套惯用名中选取。

多用如"kha¹¹lat³¹ɕai³¹（从树上滑下）""ʔbɯ⁵⁵luːt¹¹ziːŋ⁵⁵（脱手）"等词语来代替。

黎族人认为，top⁵⁵ŋoːŋ⁵⁵（发神经、发疯）是一种与死亡一样可怕的病症。人们看到神经病发作的人常常不敢接近，甚至看都不敢看，担心"ɬuːi¹¹pan³¹ka¹¹（绊马缰）"——一种迷信的说法，即认为人在神经病发作时，是有恶鬼在主宰病人的一切的，这时如果有人接近或搀扶发病的人，而接近病人的人又"thaɯ¹¹va⁵⁵（肩膀低于）①"病人，那他将会跟患者一样发病。遇见禁母 top⁵⁵ŋoːŋ⁵⁵是很可怕的事情，如果遇见的人"thaɯ¹¹va⁵⁵"，那么他就会大病一场，甚至死亡。由于这个缘故，人们平时都比较忌讳提到"某某人 top⁵⁵ŋoːŋ⁵⁵"之类的话，一般会用"uːn¹¹hwoːk⁵⁵（没了思想）""ɕok⁵⁵uːk⁵⁵reːk⁵⁵laːi¹¹reːk⁵⁵tan³¹（头疼得让人看不下去）"等来代替。例如：

（1）na³¹ʔia³¹aːu³¹tan¹¹loŋ¹¹uːk¹¹ploŋ¹¹, han¹¹haɯ⁵⁵ma³¹<u>uːn</u>¹¹<u>laːi</u>¹¹<u>hwoːk</u>⁵⁵<u>ʔbe</u>¹¹. 他被圈绑在屋里了，因为他已没有思想了。

"没有思想"即"发疯、患精神病"。

（2）koŋ³¹haɯ⁵⁵tsəɯ¹¹ʔgwai³¹ʔbe¹¹, <u>ɕok</u>⁵⁵<u>uːk</u>⁵⁵<u>reːk</u>⁵⁵<u>laːi</u>¹¹<u>reːk</u>⁵⁵<u>tan</u>³¹. 他呀挺可怜的，头疼得让人不忍心看。

"头疼得让人不忍心看"即"发疯、患精神病"。

hau¹¹（杀）不论是对人还是对某些动物都是残忍的，特别是黎族人往往认为，那些死于被杀的人的灵魂都将成为"tiŋ¹¹reːk⁵⁵（恶鬼）"，而且被杀者的家族将代代有族中成员被杀，认为被杀是具有遗传性的，是"恶鬼"从中作祟。那些非正常死亡的人，如被火烧死、被杀、从高处摔下死亡、交通事故死亡、被雷电击死、溺水死亡等，尸体不能直接抬进本寨本家，须经过杀狗做法事之后才能抬进村里。亲属也不能大声哭丧，否则据说死者的鬼魂要回来作祟，招致家人得病。这是对恶鬼的恐惧而产生的禁忌。由此产生了关于"hau¹¹"的不同表达形式。黎族人但凡生病或遇凶兆，都要请"aːu³¹za³¹

---

① 黎族人认为人的灵魂有高低、强弱之分，灵魂高、强的人在遇到鬼神时往往平安无事，而灵魂低的人会遭致病痛。

zo^{55}（道公）"查鬼，之后杀生祭鬼以避邪救人。杀生祭鬼时都会说"hau^{11}……"，如"hau^{11} khai^{31} riu^{11} pai^{11} kim^{11}（杀鸡给禁母）""hau^{11} fa^{11} ze:ŋ^{31}（杀羊祭鬼）""hau^{11} ʔbu:n^{11} pom^{11}（杀鸡祭嘴）""hau^{11} pau^{31} vu:k^{55} thɯn^{55}（杀猪做法）"等。而在其他时间和场合时则不宜提到"hau^{11}……"，因为这是人们祭鬼时常用词语，说了不吉利。因此，除了祭鬼宰杀牲口和家禽时用"hau^{11}"外，一般情况下都会用其他词语来表示。"hau^{11}"一般用以下词语来表达："tha:i^{55} ʔgwau^{11}（打头）""la^{55} mi:ŋ^{55}（吃命）""la^{55} ʔgwau^{11}（吃头）""kho:k^{11} ʔgwau^{11}（敲头）""phan^{11}（捏）""mi:k^{11}（宰）"等。其中，前四个常用来替代"杀人"中的"杀"；"phan^{11}"只用于家禽；"kho:k^{11} ʔgwau^{11}""tha:i^{55} ʔgwau^{11}"也常用于牲畜；"mi:k^{11}"用于家禽，也用于牲畜。例如：

（1）phau^{11} məɯ^{11} ta^{31} ʔia^{31} mo:i^{31} ze:ŋ^{31} <u>tha:i^{55} ʔgwau^{11}</u>, ta^{31} om^{11} phɯ:n^{31} nei^{55} ɬou^{31} tsu^{55} ʔbe^{11}. 你们祖父被国民党<u>打头</u>了，不然现在一定还活着。

"tha:i^{55} ʔgwau^{11}（打头）"即"hau^{11} ɬa:u^{55}（杀死）"。

（2）phut^{55} thɯi^{55}① məɯ^{31} ta^{31} ɬen^{31} ça^{31} ʔha^{31}, tha:i^{55} he^{11} lo:m^{11} he^{11} ve^{55}, thu^{11} loŋ^{31} ʔda:m^{55} ʔdua^{11} a:u^{31} ʔba:i^{11} ʔba:i^{11}, çom^{55} çut^{55} fan^{31} ʔia^{31} tsɯ^{11} ʔgo:ŋ^{31}② <u>la^{55} mi:ŋ^{55}</u> ʔdau^{31} phaŋ^{55} nom^{11} ho:i^{31} vi^{55} re^{31}. 你们叔/伯祖 thɯi^{55} 眼力很好，打什么都能打中，但胆子太大，最后被 tsɯ^{11} ʔgo:ŋ^{31} <u>吃命</u>于志仲河边。

"la^{55} mi:ŋ^{55}（吃命）"即"杀死、打死"。

（3）koŋ^{31} haɯ^{55} ki:u^{11} zok^{55} a:u^{31}, çom^{55} çut^{55} ʔia^{31} tsɯ^{11} ren^{31}③ <u>la^{55} ʔgwau^{11}</u>. 他偷盗成性，最后被 tsɯ^{11} ren^{31} <u>吃命</u>了。

"la^{55} ʔgwau^{11}（吃头）"即"打死、杀死"。

---

① thɯi^{55}，男性名。
② tsɯ^{11} ʔgo:ŋ^{31}，黎族支系名称。这一支系的黎族主要分布在乐东黎族自治县的大安镇。
③ tsɯ^{11} ren^{31}，黎族支系名称。这一支系的黎族主要分布在三亚市育才生态区的雅林村委会。

（4）na³¹ ka⁵⁵ tat³¹ fei³¹ ʔdaːn¹¹ tiːŋ³¹ fan³¹ ʔia³¹ ʔbiːŋ¹¹ hwan¹¹ khoːk¹¹ ʔgwau¹¹ vi⁵⁵ re³¹. 他还没走到城里就被日本人敲头了。

"khoːk¹¹ ʔgwau¹¹（敲头）"即"杀害、杀死"。

（5）ʔgwan³¹ nei⁵⁵ uːn¹¹ laːi¹¹ ʔbəɯ³¹ ɕai³¹ ʔhe³¹, phan¹¹ ʔga³¹ la⁵⁵ tsɤ¹¹ laŋ³¹ ɬɯːk⁵⁵ khai³¹ haɯ⁵⁵ ʔbe¹¹. 今天没有菜了，给咱们捏一只小鸡吧。

这里的"phan¹¹（捏、掐）"即"宰杀"。

（6）khun³¹ aːu³¹ miːk¹¹ khai³¹ ɕa¹¹ nu¹¹ miːk¹¹ pau³¹? 他们宰鸡还是宰猪？

"miːk¹¹（宰）"即"hau¹¹（杀）"。

从语言上自我回避"蛇"的观念的形成，是与当时人们的居住环境与物质活动分不开的。黎族聚居的海南岛地处北回归线以南的热带和亚热带地区，过去毒蛇非常之多。黎族是与自然生态相处得十分融洽的民族。生产生活总是离不开大自然，不论是上山狩猎、采集，还是下田耕种、下水捕捉，人们常常会遇到毒蛇并遭受它们的威胁和侵害。在多次受到毒蛇的侵害后，人们谈 za⁵⁵（蛇）色变，对蛇总有某种恐惧心理，总希望毒蛇离自己远远的，连蛇的名称都不要提及。如果有小孩大声喊出毒蛇的名称，大人们都会立即加以制止。这样，就产生了对毒蛇的禁忌，有了关于蛇的禁忌语及其替代语。黎族人还认为毒蛇是一种有灵性的动物。这可能也是人们惧怕提到毒蛇的一个原因。据说，如果哪一个人触怒了毒蛇，他就会被毒蛇跟踪报复，且不论走到哪里，毒蛇都能找到他。人们常用"ʔgweːŋ¹¹（藤）"来指代"za⁵⁵"。

"ʔgweːŋ¹¹ reːk⁵⁵（恶藤）"指代"za⁵⁵ reːk⁵⁵（毒蛇）"，有时用"koŋ³¹ reːk⁵⁵（恶毒的东西）""tɯ⁵⁵ reːk⁵⁵（恶毒的东西）"等来替代"za⁵⁵ reːk⁵⁵（毒蛇）"。例如：

（1）ʔde¹¹ ɯ¹¹ fan³¹ ɕui³¹ riːt⁵⁵ laːi¹¹ tsɤ¹¹ laŋ³¹ ʔgweːŋ¹¹ he¹¹ haɯ⁵⁵ loŋ³¹ ʔbe¹¹. 我昨晚照青蛙时看见一条什么藤好大啊。

此处"ʔgweːŋ¹¹（藤）"即是"za⁵⁵（蛇）"。

（2）məɯ³¹ ta³¹ ʔjou³¹ ɬuːt⁵⁵ ʔdaːu¹¹ hja³¹ haɯ⁵⁵ a¹¹, tsau⁵⁵ tsɤ¹¹ laŋ³¹ ʔgweːŋ¹¹ re:k⁵⁵ loŋ³¹ vu:k⁵⁵ zɯ:ŋ³¹ u:k¹¹ haɯ⁵⁵. 你们不要进入那块茅草地,有一条大恶藤在里面做窝。

"ʔgwe:ŋ¹¹ re:k⁵⁵(恶藤)"即"za⁵⁵ re:k⁵⁵(毒蛇)"。

(3) la:i¹¹ koŋ³¹/tɯ⁵⁵ re:k⁵⁵ ɬu:t⁵⁵ ploŋ¹¹ ta³¹ ɬen³¹, kɯ¹¹ la⁵⁵ vu:k⁵⁵ tha:n³¹ ʔgwa:i³¹ ploŋ¹¹. 看见坏东西进屋是凶兆,得做法驱走邪气。

生肖里的"za⁵⁵"以"çaɯ¹¹"代替,"ʔgwan³¹ za⁵⁵(蛇日)"说成"ʔgwan³¹ çaɯ¹¹"。"za⁵⁵ ka:n¹¹(蛇咬)"有几种替代说法,如"ʔgwe:ŋ¹¹ ka:n¹¹(藤咬)""hjan⁵⁵ ka:n¹¹(虫咬)""tɯ:m¹¹ ʔgwe:ŋ¹¹(踩藤)""ʔbo:m⁵⁵ koŋ¹¹ re:k⁵⁵(撞到坏东西)""ʔbo:m⁵⁵ ʔgwe:ŋ¹¹(撞到藤)""tho¹¹ lo:i¹¹ ʔgwe:ŋ¹¹(绊藤)""çu:ŋ⁵⁵ tɯ⁵⁵ re:k⁵⁵(偶遇坏东西)"等,均可表达"被蛇咬"之意。例如:

(1) pai¹¹ çop⁵⁵ u:n¹¹ la:i¹¹ çiu¹¹ ʔdeŋ³¹ ʔjou¹¹ thɯ:n³¹ ku:n³¹, man¹¹ ʔia³¹ ʔgwe:ŋ¹¹ ka:n¹¹. 晚上没有手电不要出门,免得被藤咬。

(2) ɬau¹¹ laŋ³¹ pha¹¹ khai³¹ ɯ¹¹ fan³¹ ɬa:u¹¹, ʔia³¹ hjan⁵⁵ ka:n¹¹ pɯ¹¹ ro¹¹. 两只公鸡昨晚死了,可能是被虫咬的。

(3) na³¹ ʔia³¹ koŋ³¹/tɯ⁵⁵ re:k⁵⁵ ka:n¹¹, un³¹ ha³¹ ʔba:i³¹ ʔba:i¹¹. 他被坏东西咬了,腿全都肿了。

(4) koŋ³¹ tɯ:m³¹/ʔbo:m⁵⁵ ʔgwe:ŋ¹¹ re:k⁵⁵ pɯ¹¹ ro¹¹, pok⁵⁵ ren¹¹ thok⁵⁵ lo:k⁵⁵ ta³¹ tai¹¹. 他可能是踩/撞到藤了,小腿发黑得厉害。

(5) fo:i⁵⁵ na³¹ ʔbo:m⁵⁵/çu:ŋ⁵⁵ koŋ³¹ re:k⁵⁵, la:i¹¹ tha:n¹¹ fan³¹ ʔga:k⁵⁵ ʔga:k⁵⁵. 他叔叔遇到坏东西,齿痕很清晰。

(6) kha:u³¹① ɯ¹¹ fan³¹ tho¹¹ lo:i¹¹ ʔgwe:ŋ¹¹ re:k⁵⁵, han¹¹ nei⁵⁵ hat⁵⁵ kaŋ³¹ ma⁵⁵ re³¹.

kha:u³¹ 昨晚绊到恶藤,现在正在那呻吟呢。

有些场合,如某人被毒蛇咬伤了,在伤者家里提到"被蛇咬"时,即

---

① kha:u³¹,男孩名。

便使用替代词语,也要放低嗓音说话,声音越小越好,尽可能做到会话不被会话者以外的人听到。煮蟒蛇肉时,禁忌说出"ɬou³¹tsu⁵⁵re³¹(还活着呢)""ʔaːk⁵⁵hit³¹hit³¹tso⁵⁵(肉还在蠕动呢)"之类的话,否则不吉利,蛇肉会因此久煮不熟,甚至事随口出,蟒蛇肉会死而复生,在锅里蠕动。要表达"还不熟"这个意思时,只能用其他的话,如"lom¹¹roːŋ⁵⁵tsəɯ¹¹fan⁵⁵, zoːŋ³¹na³¹kɯ¹¹haːi³¹uːŋ³¹haːi³¹et⁵⁵(再煮一会儿,让它更香味更浓)""lom¹¹çaŋ³¹fei³¹ʔhə⁵⁵, roːŋ⁵⁵na³¹uːk³¹tsəɯ¹¹kit⁵⁵(再添柴火,煮它烂一些)"等来表达。

志强黎族往往用"miːu⁵⁵ʔgaŋ³¹(山猫)""miːu⁵⁵hwau¹¹(山猫)""reːk⁵⁵haːi³¹(难闻)""pɯːm¹¹(胡子)"等词语来代替zeːŋ³¹(羊)。例如:

(1) məɯ³¹ta³¹tsau⁵⁵ <u>miːu⁵⁵ʔgaŋ³¹</u>/hwau¹¹zuːŋ¹¹ça¹¹ta³¹? fa³¹çop⁵⁵nei⁵⁵khuːi¹¹vuːk⁵⁵kuːn³¹. 你们有<u>山猫</u>吗?我们今晚要做法事。

(2) ɬuːn¹¹la⁵⁵məɯ³¹ <u>reːk⁵⁵haːi³¹</u>nei⁵⁵lom¹¹pɯːn³¹ɬuːt⁵⁵viːn⁵⁵çiːŋ⁵⁵kiːu³¹ʔbe¹¹.hui⁵⁵! <u>这些</u>可恶的<u>臭味</u>又到橡胶园来了。喂!

(3) məɯ³¹ta³¹kɯ¹¹la⁵⁵vuːk⁵⁵koːp⁵⁵kəŋ³¹a¹¹, <u>pɯːm¹¹</u>nei⁵⁵oːp⁵⁵la⁵⁵ʔbəɯ³¹taːi¹¹meːk⁵⁵ʔha³¹. 你们要把篱笆围牢固啊,<u>胡子</u>是很喜欢吃萝卜的。

由于羊常被用来祭"恶鬼",人们赋予了它某种神秘的宗教迷信特质。zeːŋ³¹在祭鬼时可以直呼其名,而很多场合需要用其他词语来代替。特别是在成年异性之间及主人和客人之间,一般都使用替代语。据说,用羊祭祀的鬼是极恶的鬼,能让人瞎眼、跛脚,也能让人病死。在用羊祭鬼时,村里除了参加祭祀活动的人和祭鬼的那家主人外,其他的人都不敢出门走动,有的干脆事先离开村庄到别的地方避开。这天村里每家每户都要在房子四周或插或吊上用以"挡"鬼的树枝树叶。人们忌讳提到羊,可能是与人们常以羊作为祭贡品有关。

猪和鸡也是黎族常用来祭鬼的动物。这些被用于祭鬼的猪、鸡,人们往往也要避免直接提到。祭祀活动的主人在为祭祀活动做准备时,要购买或借入祭祀用的猪和鸡。这时,询问别人是否有小猪、公鸡出卖或出借(过去都在村里找人买或借，极少有人到街市上买）时，只能委婉地用别的名称来替代。一般以"mau⁵⁵mun¹¹（猪的替代用语）"代替"pau³¹（猪）"，"ɬɯːk⁵⁵tat⁵⁵（小鸟儿）"代替 khai³¹（鸡），有些场合，khai³¹ 以"fan¹¹phiːk⁵⁵（翅膀）"或"khiːu³¹phiːk⁵⁵（绿翅膀）"代替。例如：

(1) ta³¹phaːi¹¹khɯk³¹①ʔha¹¹, məɯ³¹ta³¹tsau⁵⁵ɬɯːk⁵⁵mau⁵⁵mun¹¹ɕa¹¹uːn¹¹laːi¹¹ʔha³¹?

亲家 khɯk³¹ 呀，你们有没有小 mau⁵⁵mun¹¹ 呀？

(2) ʔbaːi¹¹ʔgai¹¹aːu³¹za³¹ʔgwaːn⁵⁵ta³¹tsu⁵⁵? laːi¹¹uːn¹¹laːi¹¹ɬɯːk⁵⁵tat⁵⁵om¹¹ʔdəɯ³¹uːŋ⁵⁵fa³¹nei⁵⁵.

让老人（即道公）查问了没有？如果没有小鸟就从我们这里拿。

(3) eːi³¹? khiːu³¹phiːk⁵⁵（或 fan¹¹phiːk⁵⁵）nei⁵⁵la⁵⁵ʔbəɯ³¹taːi¹¹nei⁵⁵ʔbaːi¹¹ʔbe¹¹. 唉！绿翅膀（翅膀）都把白菜吃完了。

这里使用委婉语，主要是遵循着一套古老习惯，即所谓的入乡随俗，到什么山唱什么歌，作战战兢兢状，以体现自己祈求神灵的诚意，担心若不如此，恐求神不灵，令灾难难以驱除。另外，祭祀活动在没有举行之前是不让外人知道的，使用隐晦的方法表达可以起到"保密"作用。然而语言是约定俗成的，大家都这么使用了，也就不存在保密不保密的问题了。再有，采用替代表达的方法是为了不让鬼神知道。据说鬼有多种多样，祭祀哪一类鬼神，首先要请 aːu³¹za³¹（老人，即道公）占卜查询是哪些鬼在作祟，查明鬼的身份，然后有针对性地祭贡。如果大声喧嚷，直呼猪、鸡的名称，则可能让更多的其他鬼神知道，它们会纷纷前来"keːk⁵⁵la⁵⁵（讨吃）"，会向受难者的家庭提出各种要求，导致更多的灾祸。

但是，在做法祭鬼神时，这种禁忌要求可以得到解除。人们非但不需小心翼翼地使用替代词语，而且还要大声说出鬼神听到了高兴的话。例如：

(1) ʔgwan³¹nei⁵⁵hau¹¹məɯ³¹ta³¹la⁵⁵tsəɯ¹¹laŋ³¹pha¹¹khai³¹ɬaːt⁵⁵. 今天给

---

① khɯk³¹，男性名。

你们（指鬼神）杀一只大公鸡。

（2）hau¹¹ pha¹¹ pau³¹ ʔdɯːn³¹ loŋ³¹ nei⁵⁵ çan³¹ ʔdəɯ³¹ ʔga³¹ puːt⁵⁵ roːk⁵⁵ ʔdoːk⁵⁵ ʔgan³¹ ʔbe¹¹.

杀这头大阉公猪让咱们健康平安。

这些话是说给受祭的鬼灵听的，而实际上，宰杀的往往只是象征性的一只小鸡或小猪。

在另外的一些场合里，如山栏园、番薯地、甘蔗地或其他作物园地里，发现有山猪、猴子、老鼠等动物毁坏作物时，也禁忌直接说出这些动物的名称。常以"aːu³¹ ʔgaŋ³¹（林中的人）"指代"lat⁵⁵（山猪）"，"kɯ⁵⁵ lo⁵⁵（猴子的替代词）"或"thoːŋ¹¹ mau⁵⁵（同类）"指代"nok⁵⁵（猴子）"，"kho³¹（牙齿不齐状）""kho³¹ fan³¹（牙齿不齐）"或"taːu¹¹ çut⁵⁵（长尾）"指代 tiu³¹（老鼠）。例如：

（1）aːu³¹ ʔgaŋ³¹ nei⁵⁵ ɯ¹¹ fan³¹ lom¹¹ pɯːn³¹ ʔbi¹¹ nei⁵⁵ re³¹, hwaːi¹¹ muːn¹¹ nei⁵⁵ ʔbe¹¹. 你瞧，昨晚林中的人又来了，稻子被毁，可惜了。

（2）kaːu¹¹ n̥oŋ¹¹ ʔgwau¹¹ ma⁵⁵ ɬoːi³¹ kɯ⁵⁵ lo⁵⁵ ʔha³¹, han¹¹ nei¹¹ ʔgaŋ³¹ ʔbaːi¹¹ kut⁵⁵ ʔbaːi¹¹ faŋ³¹ kɯ¹¹ lom¹¹ laːi¹¹ ʔhe³¹. 过去有很多 kɯ⁵⁵ lo⁵⁵ 啊，现在山林被毁很少再看到了。

（3）ʔbaːi¹¹ kho³¹/kho³¹ fan³¹/taːu¹¹ çut⁵⁵ nei⁵⁵ kaːn³¹ ɬoːi³¹ ʔbi¹¹ ʔjo¹¹, tau¹¹ ka¹¹ nei⁵⁵ tsəɯ¹¹ ʔdan⁵⁵ ʔdɯ¹¹ i⁵⁵ laːi¹¹ ʔbi¹¹ nei⁵⁵ re³¹.

这些牙齿不齐/长尾实在太多了，豆角被吃得连一根都没有了。

另外，"kaŋ¹¹ kaːu⁵⁵（指可能损害人的利益的一类动物，一种形象的叫法）"可以指代任何一种破坏作物和伤害人的动物。例如：

（1）tsəɯ¹¹ luːk³¹ nei⁵⁵ lom¹¹ ʔia³¹ kaŋ¹¹ kaːu⁵⁵ la⁵⁵ ʔbi¹¹ ʔho³¹. 这玉米又被 kaŋ¹¹ kaːu⁵⁵ 吃了。

此处，"kaŋ¹¹ kaːu⁵⁵"有可能指代老鼠或山猪，也可能是指代鸡或其他鸟类，要看具体情形。如果是老鼠吃的，那就是指代老鼠；如果是山猪吃的，那就是指代山猪。不论是指代哪种动物，被指代的动物在会话者心里都是明确的，大家都知道是指哪种动物。

（2）uːk¹¹ ʔdaːu¹¹ hja³¹ haɯ⁵⁵ tsau⁵⁵ kaŋ¹¹ kaːu⁵⁵ reːk⁵⁵，məɯ³¹ ta³¹ ʔjou¹¹ lɯːŋ¹¹ məɯ¹¹ ɬuːt⁵⁵ a¹¹.

茅草地里有坏东西，你们不要随便进去啊。

人们认为，在那种具体场合下，直接叫唤出这些动物的名称，无异于呼唤这些动物来破坏作物，农作物会因此而被破坏得更加严重。志强黎族管这种现象叫"la⁵⁵ ʔbun¹¹ pom¹¹（大意是'事随话来'）"，认为人吃盐，嘴是咸的，从咸的嘴里说出了"不吉利"的话，就会带来不吉利的后果。

还有不少动物，如 naːn¹¹（蟒蛇）riːp⁵⁵（蜈蚣）taːu¹¹（大河鳗）phoŋ⁵⁵ pheːŋ⁵⁵（大蝴蝶）koːi³¹（蜜蜂）ɬa³¹（鱼）kai¹¹（巨蜥）vei³¹（长臂猿）huːi¹¹（豹）等，在特定的场合里也都是忌讳直接提到它们的名称的。这与古代黎族的生活环境和生产生活活动密切相关。在人类认识能力幼稚低下的原始阶段，自然界的一切都使原始人感到神秘不解，这样就产生了一种自然崇拜的意识。自然崇拜的结果，导致了某些禁忌的产生，禁忌又导致了语言上的回避，产生了委婉隐晦的表达方式。从某些动物名称的替换叫法来看，黎族应该曾经经历过图腾崇拜的阶段。对原始人来说，图腾不仅是一种名称和标记，而且对他们有保护和警告的作用，是神圣不可触犯的物体。如果触犯了，将受到严重疾病或死亡的惩罚。因此，产生许多对图腾物体的禁忌，并在一定时间内不许说出它们的名称。

浅谈清代海南社会历史与文化的特殊性[①]

清代海南社会历史的特殊性，主要体现在经济得到一定的发展，封建统治深入到腹地山区，黎民起义斗争连绵不断，渔民开发南海从不间断，移民移居海南与日俱增。文化上，则是政治文化的高度认同，人才以廉政闻名于世，黎族文化出现新的发展，海洋文化更加博大精深。

引 言

清朝的统治势力是在顺治四年（1647年）四月进入海南，至康熙十九年（1680年）海南的反清势力才被彻底清剿，此后，清朝在海南的统治才进入稳固时期。清代海南的社会历史是清代中国社会历史不可分割的一部分，但由于海南地域的特殊性和海南本身历史发展的特殊性，所以社会历史与文化的发展呈现出一定的特殊性。

一、清代海南社会历史的特殊性

清代海南社会历史的特殊性是与前代相比较而言的。具体表现在六个

[①] 本文作者：王启芬，海南热带海洋学院人文社会科学学院副教授，研究方向为海南黎苗族史；林日举，海南东方人，海南热带海洋学院民族研究基地常务副主任，教授，研究方向为中国古代史、海南史、海南民族文化。

方面。

第一，社会经济有了一定的发展，而且超越明代以及任何一个朝代。

在康、雍、乾三朝，清政府相继继承顺治年间的农业政策，在海南实行蠲免赋税、奖励垦荒、兴修水利、组织军队屯田等恢复发展农业经济的政策，促进了经济的发展。据道光《琼州府志》统计，自康熙元年（1662年）至嘉庆十一年（1806年），全琼新垦升科田地达3,112顷48亩。[1]水利事业取得了显著成绩，其中，复修前代陂塘13处，疏浚前代沟渠20条，新筑陂13处，堤坝圩岸3处，闸门4个，新凿沟渠5条。粮食生产普遍采用一年两熟制，粮食品种有粳稻54种、糯稻23种，还普遍种植旱稻（坡稻）和番薯、黍、菽、麦、粱等，经济作物以种植甘蔗、椰子、槟榔为主。在手工业方面，出现了诸多加工农产品的手工业门类，如制糖、酿酒、榨油、制麻等。其中，制糖业已成为海南发展较广泛的行业，道光《崖州志》卷五记云，"琼之糖，其行至远，白糖则货至苏州、天津等处"[2]。酿酒业也较为发达，粮酒有7个品种，果酒有10个品种，药酒有4个品种。纺织业、藤器业、皮革业、椰壳加工业等也较为发达。清代放宽采矿业，于是海南儋州出现锡矿业，昌化县出现铜矿业。在清朝开放海禁后，海南的商业得到恢复和发展。据统计，全琼共有墟市达301个，许多新的墟市出现在汉黎交界和汉黎杂居地。这时的海口"商贾络绎，烟火稠密"，成为广东省内中等规模的商业城市；随着墟市商业的发展，嘉积市（今琼海市）发展为商业城镇。

从中国历史演进的历程来说，清朝是中国封建统治的衰亡阶段，但这一时期海南的经济发展，却超过明代以及以前任何一个封建王朝。

第二，封建统治势力深入五指山腹地黎族地区。

从康熙年间起，清政府即借用黎族社会原有的传统，将氏族组织"峒"变为政治组织，设峒长、总管、哨官等，实行峒首管理制度，建立起了严密的封建专制主义统治网络，而且封建统治势力深入到五指山腹地黎族地区，这是历史上任何一个封建王朝都无法比拟的。随着清王朝统治的逐渐深入，生黎地区逐渐被纳入封建统治网络，成为熟黎地区。"雍正八年正月，崖州峒三十九村生黎王那诚、向荣等，合琼山、定安、陵水等黎，输诚向化，愿入版图"。[3]据道光《琼州府志》卷十三《户口》统计，自雍正八年至十年（1730—1732年），归附并纳入版图的黎人共4,410丁口。在道光年间，附籍黎人丁口约有20万，岛上几乎所有黎族地区都划入清朝统治范围了。[4]

第三，清王朝在军事布防上，更加加强了对黎族地区的控制，但黎族地区的民族矛盾、阶级矛盾始终处于尖锐的状态，有清一代，黎族人民的反抗斗争连绵不断。

清王朝在军事布防上更加强了对黎族地区的控制。随着黎族地区封建化不断加深，民族矛盾、阶级矛盾进一步尖锐化，黎族人民反抗斗争连绵不断。道光《琼州府志》卷二十二《海黎志·防黎》中记："岁饥……黎人苦之，出掠乡村。"[5]崖州、儋州的黎民暴动更是经常发生。至晚清时期，黎族人民的反帝反封建斗争更是汇集成波澜壮阔的历史画卷。其中，1885年冬以黄趋保为首发动的汉黎农民起义，声势浩大，清政府震惊，忙派冯子材带兵前来镇压。

第四，清王朝对海南的海疆海防管理十分严密。据载，顺治十三年（1656年）七月清廷颁布"禁海令"，十八年（1661年）又发布"迁界令"，琼州所属州县虽不迁界，但勒令环岛各州县沿海立界2700里，禁止人民外出，并实行"渔船连伍"的办法，规定"渔船例不许随带器械"[6]。虽然如此，但在海南世代以"耕海"为生的渔民，一直坚持开发南海这片"祖宗海"。据记载，有清一代，海南岛的渔民前往南海诸岛的人数日益增多，他们在那里进行渔业生产和种植椰子、香蕉、木瓜、番薯等农作物。部分人还在那里建筑房屋长期居住，死后就埋葬在那里。[7]

第五，清代又有大批闽广人移居海南，特别是自清朝廷于乾隆十八年（1753年）发布《敕开垦琼州荒地》诏令后，闽广人移居海南更与日俱增。

明末清初，随着明朝残余势力的失败和退却，又一次引起大陆人口向海南迁移。清代是大陆移民移居海南的一个重要时期。特别是自乾隆十八年（1753年）清朝廷发布开垦琼州荒地诏令后，闽广人移居海南与日俱增。至嘉、道两朝，"雷、廉、潮、嘉诸郡州民潜入（黎）峒中，借垦其地"。[8]据道光十五年的统计，从顺治九年至道光十五年（1652—1835年）之间，各州县的丁口普遍增至46倍，东南部的陵水县增至19倍，西部的昌化县、感恩县分别增至28倍和37倍。[9]汉人移居海南的不断增多，扩大了黎族封建化区域，促使民族融合的加强。

第六，海南岛由于处于海上丝绸之路的必经之地，是西方通往中国的重要门户，于是成为帝国主义列强强迫清政府开辟通商口岸的地区之一。

海南岛连同南海，处于海上丝绸之路的必经之地，是西方通往中国的重要门户，因此就成为外国资本主义和帝国主义列强侵略的重要对象。于是，海南岛成为中国最先沦为半殖民地半封建社会的地带之一。

清代海南社会历史的特殊性归纳起来说，就是在政治经济上极为显著的地域性。

二、清代海南文化的特殊性

一定的文化是一定社会政治经济的反映，清代海南的文化发展仍然沿袭着中国封建文化发展的路径，而且封建的主流文化是其主要方面。海南社会历史特殊性的影响，使得海南文化具有显著的地域特性，这主要表现在如下五个方面。

第一，政治文化的高度认同。

据道光《万州志》卷七《前事略》记载，顺治四年（1647年）"夏四月，琼州降"。然而，海南各地抗清斗争仍在延续，一直到了康熙二十年，清王朝在海南的统治才开始稳定下来。在清朝统治进入海南初期，有人写下反清的诗文，崖州的秀才王熿就是其中之一，他的诗歌中就有反清思想的诗篇。光绪《崖州志》作者评论道："王副戎（熿）虽不以诗名，而其不忘胜朝之意，时见于吟咏间。"[10]然而，当清王朝统治稳固之后，海南的知识分子都认同了清王朝的政治文化，都想通过科举考试走上仕途，始终没有出现一个有反抗封建统治思想的思想家。

第二，在人才培养上远比不上明代，但均以廉政闻名于世。

在清代，海南在人才培养上远远比不上明代。明代海南科举中进士61人、举人594人，而在清代前期中进士的仅有32人，中举人的200多人，却未曾出现过任何一个有影响力的文化名人。清代海南没有一个是贪官，这可谓是海南在旧时代特有的一个文化现象。

第三，有清一代，一些新的文化门类得到长足的发展。

清代的海南虽然理学、文学的发展远远比不上明代，但在清代一些新的文化门类得到长足的发展，有一些就是移民文化在海南落地后与海南本土文化融合后形成的文化门类，如琼剧就是其中一个。此外，各地的民间文学都有了新的发展，最突出的是崖州地区的民歌。在清末，崖州地区就出现长篇叙事民歌，代表作有《梁生歌》等，这是由广东的木鱼书《花笺记》改编而成的。

第四，黎族文化出现新的发展。

黎族文化的新发展首先表现在文化教育上。进入清朝后，除了沿办明代原有的水会社学之外，至雍正年间，清政府下令"听黎族子弟之俊者入学读书，训以官音，教以礼仪，学为文字"；至乾隆年间，清政府命令各地兴办社学，要求"择师教诲"，"能通文义者许应试"[11]。至光绪时"崖州黎村每有学堂，有塾师课孩子读书"[12]。"清光绪十九年癸卯，时岑春煊督粤，曾为黎人特设学额两名，取入黎族生员两人，一名王义，一名黄云珍"[13]。其次，清代黎族传统宗教信仰文化也因外来宗教的渗透，体现多元化的特点，出现了巫、道、佛相互揉杂的现象。再次，从汉族地区传入的乐器"八音"，在黎族的哈方言地区得到普及，以致后来成为黎族地区主要的乐器，"八音"音乐也得到较大的发展。

第五，海洋文化更加博大精深。

海南岛四周环海，沿海一带生活着世代以"耕海"为生的渔民，因此，在这一地带积淀着异于东南沿海地区的海洋文化，其中包括具有特色的海神崇拜、渔歌、民俗和种类众多的生产生活技艺。到了清代，海南的海洋文化愈发博大精深,最具代表性的是《更路簿》。《更路簿》是海南渔家民间代代相传的南海航行的百科全书,它记录着南海诸岛海域的航行线路、航程距离、水文资料,以及各岛、沙、礁、滩的名称及其地理位置,它是海南渔民祖祖辈辈在南海"耕作"的经验总结,是海南渔家开发南海最真实的记录,对于研究南海的历史有着十分重要的历史价值。如今在海南,《更路簿》已成为一门学问——《更路簿》学。

参考文献:

[1](清)明谊修.道光琼州府志·卷十三[M].海口:海南出版社,2003:599.

[2](清)明谊修.道光琼州府志·卷五[M].海口:海南出版社,2003:280.

[3](清)张嶲.光绪崖州志·卷十四[M].北京:中国文史出版社,2010:273.

[4](清)明谊修.道光琼州府志·卷十三[M].海口:海南出版社,2003:587.

[5](清)明谊修.道光琼州府志·卷二十二[M].海口:海南出版社,2003:916.

[6](清)明谊修.道光琼州府志·卷十九[M].海口:海南出版社,2003:827.

[7]林日举.海南史[M].长春:吉林人民出版社,2002:301.

[8](清)明谊修.道光琼州府志·卷十三[M].海口:海南出版社,2003:901.

[9]司徒尚纪.海南岛历史上土地开发研究[M].海口:海南出版社,1987:106.

[10](清)张嶲.光绪崖州志·卷二十二[M].北京:中国文史出版社,2010:514.

[11] 赵尔巽. 清史稿·卷三百零八·潘思榘传 [M]. 上海：上海古籍出版社，1986.

[12] 詹慈. 黎族研究参考资料选辑：胡传. 游历琼州黎峒行程日记 [M]. 广州：广东省民族研究所，1983：283.

[13] 刘耀荃. 黎族历史纪年辑要 [M]. 广州：广东省民族研究所，1982：105.

三亚疍家咸水歌研究*

伴随着我国城镇化建设进程不断推进,非物质文化遗产的保护和传承进入到一个关键时期。疍家人虽然没有自己的文字,却创造了丰富多彩的民间文学,主要包括传说、故事、咸水歌(也称为"疍歌""水上民歌""渔歌")、谚语与歇后语等,其题材、内容丰富多样,形式活泼自由,世代口耳相传。咸水歌是疍家人演唱的民歌,演唱语言为粤语疍家话(白话)。它起源的年代难于界定,产生于古代三亚西南沿海港口疍民聚居地,经过历代民间艺人加工改造并传唱至今。清屈大均的《广东新语·诗语》中记载:"疍人亦喜唱歌,婚夕两舟相合,男歌胜则牵女衣过舟也。"① 可见咸水歌早在明末清初就已经很流行。

一、问题的提出

自20世纪30年代以来,疍家渐成中外学者研究的热门话题。"咸水歌"是疍家文化重要的标志之一,很早就有"疍家文化全在歌"这一种说法。最

---

* 本文作者:杨景霞,海南热带海洋学院人文社会科学学院副教授;范秀玲,海南热带海洋学院人文社会科学学院副教授。
基金项目:2016年三亚市院地科技合作项目"新城镇化进程中三亚疍家'文化空间'的利用与保护研究"(编号:2016YD22)成果之一;2017年海南省哲学社会科学规划课题"三亚疍家'文化空间'的利用与保护研究"(编号:HNSK(YB)17 - 25)成果之一。

① (清)屈大均. 广东新语·卷十二 [M]. 北京:中华书局,1985:361.

早对疍歌进行搜集、研究的是我国民俗学之父钟敬文先生,他的《中国疍民文学一脔》(《小说月报》第17卷号外,1927年)从民俗学角度探讨疍歌,是中国近代第一篇研究论文。同年,出版民歌集《疍歌》,钟敬文先生已经肯定疍歌的文学价值。对于疍歌的研究,学者多着眼于广西北海、平乐与广东沙田、汕尾等地,对于海南三亚、陵水等地的咸水歌关注比较少。研究者多从民俗学、音乐学角度研究,很少从咸水歌的文学角度去研究。本文以海南三亚咸水歌为研究对象,选取歌词《水上民歌》43首①(三亚港)、新编疍歌13首(《疍家岁月》里搜集整理)、咸水歌比赛参赛作品20首以及本文作者田野调查搜集来的作品,从文学角度对三亚咸水歌的题材内容、艺术特征以及社会功能等方面进行研究,并对咸水歌的保护与传承进行可行性探索。

二、咸水歌的题材类型

"不同的民族生息在不同的自然、人文环境中,有着不同的发展历史和生产方式,不同的社会条件、宗教信仰、艺术传统、语言、习俗反映在民歌的歌词中,从而形成了独特的题材特色。"② 咸水歌是疍家人日常生产、生活情景的真实记录,是疍家人精神、情感世界的确切反映,被称为疍家人的"诗经"。他们从摇篮唱到生命的尽头,在出海打鱼、织网绞缆、卖鱼时唱;在谈情说爱、洞房花烛时唱;在闲暇时唱;在生离死别时唱。疍家男女都爱唱歌,"春宵喜欢叹家姐,夏日常吟水仙花;秋天唱支姑来妹,冬夜最爱咸水歌"(新篇咸水歌《渔村男女爱唱歌》),一年四季都在唱歌。从演唱的曲调上分为叹家姐、木鱼诗、白啰调、姑妮妹(咕哩妹);从咸水歌的题材内容可以分为情歌、劳动歌、仪式(婚、丧、祭祀)歌、生活歌、时政歌等,其中以情歌、劳动歌和仪式歌所占篇幅较多,涉及内容比较广。

---

① 参见《水上民歌》(三亚港),藏于三亚疍家人文化陈列馆。
② 周振鹤,游汝杰.方言与中国文化[M].上海:上海人民出版社,2006.

(一) 委婉绵长的情歌

各地民间歌谣多以情歌为主，三亚咸水歌也不例外。疍家青年男女对歌贯穿相识、表白、恋爱、求亲、婚嫁的整个过程，表达对美好爱情的渴望和幸福生活的向往。如：

> 水仙花遇着香芹菜 昨晚应承今晚开来 难为舍心丢妹甘耐 并无书信寄封开来 北风呀去南风返 问郎出路几时还 快者离娇三两晚 迟者离娇半个月间 君哎你出到埠头 钱财唔（粤语"不"的意思）好尽散 钱财尽散实见艰难 有情酒斟落无情杯 饮过此杯唔知何时回 四海江湖尽在此杯 临行玉手拍下郎腰背 去时难分别者难回

（节选自《水仙花·青楼悲曲》上）

木鱼诗调"水仙花"是最受欢迎、最古老的情歌，既可以对唱，也可以独唱。这里的"水仙花""香芹菜"比喻一对青年恋人，疍家女送别心上人出海打渔时反复嘱咐，难舍难分，情感真挚，朴实动人，催人泪下。像这样的送别情歌有《十送情歌》（之一、二）、《十送英台》《十八相送》《十对情歌》《五大行》《哥妹结成双》《情歌对唱》（合唱）、《疍家女有一枝花》《相送十里坡》《妹妹想哥夜梦长》等，如"一送情歌到尾棚，被哥引妹心又生，生得俏相同哥玩，爹娘知道寸步难行"（《十送情歌》），表达出疍家女对爱情的执着专一，相恋至深；"衣衫着烂肩头串 无个贤娇同哥补练 寻得针来又无线 寻得线来又无把金交剪"（《十对情歌》），引来一些单身的疍家男女大胆地用歌声来表达对对方的爱慕之情。疍家自为婚姻的婚嫁习俗，清乐钧在《青芝山馆诗集》有诗："郎如野笋出芳苞，妾似寒藤系苦匏。媒妁不须倩红叶，盆花盆草在船艄。"很多疍家男女是在咸水歌对歌比赛中认识相恋和结婚的。"姑妮妹"每句句尾的衬词都为"姑妮妹"，故名"唱姑妮妹"。唱姑妮妹，有男女对唱，有男或女独唱，有时先由男子独唱，唱到中间由女子答和，如《手巾做凭记》（姑妮妹）。

(二) 激昂粗犷的劳动歌

> 自古疍人闯四海，举纲开网耕八方；头顶烈日脚踏浪，风凶浪恶只

等闻。明星朗月当被穴，五湖四海当战场；世世代代平凡过，疏衣遮雨蓬挡风。一生操劳陪大海，随水漂流少返家，水上蛟龙腾浪起，我是一个疍家人.

这一支新篇咸水歌唱出了疍家人的海上劳动与生活图景，是疍家渔民真实的写照。咸水歌主要反映的是与渔民相关的海上生活、生产、风俗等内容。多采用以物起兴的创作手法，如海水、海浪、鱼、帆等形象作为歌调开始句的起兴、比喻用词。疍家渔民捕鱼时唱的《打渔劳作》，把海洋里的很多鱼类唱出来。打渔时为了集体的劳动动作，达到步调一致的效果，同时，也为了鼓舞劳动情绪，这时的咸水歌就是"劳动号子"。如"桅尾看鱼叫齐手，齐手扯网鱼网囚"（《抗罾七部口》）、"有种作业叫抗罾，四船合作不能分……张好罾网等鱼进，喊号扯网似拔河"（《七月南流好扛鱼》）、"顺着流向拉地网，网卡套腰喊号浓。号声引来歌声起，一曲渔歌拉地网"（《拉地网》）、"喊号绞梗力要齐，防止翻梗意不松"（《拖网劳作》）、《拿起橹来又唱歌》（咕哩美）等都描写了拉网时喊号声与咸水歌歌声组合在一起，起到振奋精神、缓解疲劳的作用。

（三）庄严隆重的仪式歌

疍家仪式歌是随民间风俗和礼仪的出现而产生的，在特定的场合演唱，主要有婚嫁歌、丧礼歌（《叹死礼》，专用于哀悼逝人，寄托哀思的）、祭祀歌等。婚嫁歌：疍家人嫁女必须"叹家姐"出嫁，嫁女哭"叹家姐"抒发深念亲恩和难分难舍的骨肉情意，姑嫂对唱"叹家姐"，长辈教育嫁女如何伺候翁姑和相夫教子，如咸水歌《婚嘱》《叹亲娘》；接亲时嫁女唱咸水歌让新郎答唱，旧时新郎接亲答唱咸水歌也是一种考验；拜堂完毕给列祖列宗上香叩拜，如《新娘入门拜家神》，"新郎新娘拜财宗""拜门神""拜祖公""拜门官""拜众神""拜土君""拜灶君"等一系列祭拜仪式，目的是保家人平安、健康、丁财两旺。祭祀歌：主要保存在民间祭祀、招魂、驱疫等较原始的宗教活动仪式中，往往寄托疍家人借助祭祀行为驱逐邪恶、赞美神灵、祈求吉祥的愿望。疍民的鬼神信仰十分浓厚，如疍家人闹元宵的游神、拜龙盘古井。疍家妇女用《三拜古井》《古井情深》《龙盘古井清又甜》等咸水歌来感激龙盘古井的哺育之恩。龙盘古井是疍家人移居三亚港挖的第一口井，已经有六百多年，每年的元宵节疍家人自发来到龙盘古井，摆上贡品烧香燃烛祭拜；祭拜亡灵，如《疍家魂》《十月廿二》都是因为祭拜一百多年前因台风"数千疍民变鬼魂"，对海祭拜疍家魂，因此还有《拜海神》，祈求海上平安。

三、咸水歌的艺术特征

（一）设问，又叫"盘歌"

设问，又叫"盘歌"。"无疑而问，自问自答"，也是明知故问。在许多地方民歌和小曲唱词中，设问现象普遍存在，而且多用一连串发问、一连串回答的排比句式。如：

　　乜鱼海底会叫嘈　乜鱼出水会跳游　乜鱼出水能打雾　乜鱼下锅换红袍

　　鲈姑划鱼海底嘈　虾仔出水会跳游　海蛇出水能打雾　虾蟹下锅换红袍

（节选自《白啰调》）

"乜"字，有疑问代词"什么"的意思，4个排比问句，接下来的是4个排比答句，结构整齐。这一段唱词节选自疍歌《白啰调》，一连用了60个设问。咸水歌里唱得最多的是"白啰"调，疍家人用方言，看到什么就唱什么，类似现在流行歌曲的即兴表演。这首咸水歌是疍家人根据自己的捕鱼和生活经验唱的。新篇的咸水歌比以往的歌曲更注重形式整齐，书写格式也有所不同，如《对鱼》一连用12个设问：

　　乜鱼生来眼有眉？苏眉生来眼有眉，
　　乜鱼生来眼向天？地保生来眼向天，
　　乜鱼生来嘴巴尖？沙转生来嘴巴尖，

乜鱼生来尾巴圆？沙白生来尾巴圆。

(节选自《对鱼》)

(二)拆字

中华文字多奇趣，古今文人墨客玩味其中以为乐。其中有一种文字游戏叫"拆字"，根据汉字特点，将合体字拆成独体字，或拆成相关部件（偏旁加独体字），被广泛用于作诗填词、撰联，或用于隐语、制谜、酒令等，"拆字诗"早在汉代时期就出现了。三国时代，流传着一则周瑜与诸葛亮对诗趣闻：周瑜嫉妒孔明的才能，总想加害孔明。周瑜首先出诗一首："有水也是溪，无水也是奚。去掉溪边水，加鸟便是奚鸟，得志猫儿雄过虎，落毛凤凰不如奚鸟。"孔明立即吟诗以对曰："有木也是棋，无木也是其。去掉棋边木，加欠便是欺。龙游浅水遭虾戏，虎落平阳被犬欺。"周瑜闻言大怒。这种"拆字"游戏在三亚疍歌里也普遍存在着，以《水上民歌》（三亚港）为例，48首疍歌里就有13首有"拆字"现象。如《十月采茶》中"夕字拉合口字并""人字骑王两点趁""圭字则边寸字共"等歌词暗含接下来的歌词的最后1个"名""金""封"字，前1句拆字，后1句末尾给出答案。疍歌一般7字句，4句1节，称为4句体结构，节数不定。每1节有的长，有的短，一般4句，有的6句1节，有的多至22句，如《十谏才郎》，句数多为偶数。含"拆字"句和答案均有规律地出现在每1节的最后两句，如《十谏女娘》（之二）里的第6节"艮字点头女字旁 出嫁颜容做好姑娘"，"艮字点头女字旁"，就是"娘"字。"艮字点头女字旁"这句歌词和一般的"拆字诗"不同，没有内容的意义，只是为了引出下文的"娘"字；但是在结构上意义非同一般，一是它使句式整齐，成为偶句；二是词尾的"旁"和这1节前面的"想""量""偿""样"以及后面的"娘"都是押韵的。将一些字拆分开来，运用在诗句中，既有节奏的韵律美，又有益智的趣味美。歌词里运用这种"拆字"法在一定程度上能够引起听众兴趣，留下思考空间。

（三）反复咏唱

咸水歌在结构上也有着与《诗经》相似的特点。《诗经》最突出的特点之一就是重章叠句、反复咏唱的结构形式，它将相同或相似的字、词、句、章重复或交错地加以运用，形成一唱三叹，节奏鲜明，回环反复，韵律整饬的艺术效果。采用反复咏唱的手法，造成一唱三叹的艺术效果。咸水歌也通过更换关键词语，大大扩展诗歌内容，加大了诗歌容量，从而使作品主题更加鲜明、更加突出。如咸水歌《五更北斗》："一更北斗转向东，水浸浮桥无路通；纟字则边添个工，一夜玩耍到天红。"接下来的章节是更换个别字达到反复咏唱作用，二更"南、返、三更"，三更"西、归、鸡啼"，四更"北、行、见艰难"，"五更北斗到东光，日出东边照四方；木字则边添个羊，一夜无玩好榜样"。这首咸水歌是为了说明一个不务正业的人，随着时光流逝，无路可走，最后又迷途知返、改邪归正的过程。像这样反复咏唱的歌词很多，如《婚日升棚》。

（四）定格联章体

咸水歌一般7字1句，4句1节（也称作"四句体"），通常节数不定，可长可短。咸水歌里很多"五更""十二月"的调子，类似定格联章体的民歌"五更""十二月"。如《五更北斗》《十月桃花》《十月采茶》《十二月排来》（之一、二、三、四）《十二月送人》《十二月梨》等8首。"五更调"由一更唱到五更，每一更为1节，每节体式相同。"十二月"，即按1年12个月的时序连续歌咏，每月1首，共12首（节）。其中，《十二月送人》把阿妹送别情哥难舍难分、1年的情思诉诸于12个月的日日夜夜中，长期盼望情哥早早归来，"廿九无返有日望，卅晚无返一年长"；《十二月采茶》歌词以农历12个月为线索来演唱，每个月都讲当月的时令、节气、农活以及青年男女之间的爱情、婚姻生活等情况。

赋、比、兴也是咸水歌中常用的表现手法，而且是多种修辞手法连用，如《怨才郎》：

无义才郎似白鸠，不记当初竹林包。乜人挚归喂大你？一逢飞去不回头。

　　无义才郎似支箫,生在深山竹尾摇。乜人砍回开好孔?路人赏乐赞声高。

　　无义才郎似只鸡,曾记当初翅不齐。乜人撒米喂大你?却去冤家屋上啼。

　　无义才郎似把刀,无人磨你身生锈。乜人挚义磨利你?上山斩木显英豪。

共4节运用了4个排比句,每1节前两句运用比喻,后两句运用反问,抒发了对忘恩负义的才郎的愤慨之情。

另外,衬字也是咸水歌的一大特点。句中和句尾有"啰""啊"等衬字和"啰哎""啰咧"等衬词,唱歌时起着延宕感情的作用。

四、三亚咸水歌的功能

疍家人唱咸水歌进行劝教、诉情、自叹、痛斥;出海捕捞以歌鼓劲;修船织网以歌提神;休闲时光以歌娱情;亲朋相聚以歌助兴;喜庆节日以歌抒情;男女恋爱以歌传情;丧葬时以歌当哭。咸水歌具有劝教、娱乐功能、协调动作功能和抒情功能。前面已谈及情歌和劳动歌,这里就试述咸水歌的劝教功能和娱乐功能。

（一）劝教功能

疍家人虽然没有自己的文字,父辈读书甚少,但是他们的教育方式是相当独特的。他们不习惯道德说教,而是用一种发自内心的、脱口而出的歌声来表达意愿。如女儿出嫁时,父母对女儿反复叮嘱,教育孩子做人的道理,"一谏女娘学心规 做女功夫要学齐 在家听从父母使 出嫁从夫脾性要减低 罗字丢抛无要四字仔 夫妻和顺守罗维"(《十谏女娘》之一);又如妻子对出门在外的丈夫进行劝谏,"从今劝夫出路莫赌钱 乜个赌钱乜个贱 未见赌钱人仔买肥田"(《十谏才郎》),"第一劝君讲三件 戒烟戒花戒赌钱 人生只有守本分贫穷富贵由勤俭"(《十劝才郎》)。另外,如孝敬、感恩父母《二十四孝古传真》《开书唱习书文》《百行孝为先》,用古代 24 个孝子从不同角度、不同环境、不同遭遇行孝的故事教育子女;如《百忍成金》《莫生气》《治家格言》《成功之路》,教授治身、齐家的道理。孝道是中国传统美德的根本,钱穆先生说:"中国社会伦理,乃奠基于家庭,而家庭伦理,则奠基于个人内心的自然之孝悌。"① 疍家人用咸水歌演绎与海洋搏斗的生命传奇,传授文化知识,交流生产生活经验,也是家庭教育、社会教育的良好形式。

(二)娱乐功能

"口传语言民俗中的神话、传说、故事、歌谣、叙事诗、谜语等形式,除在特定的情况下,含有较严肃的内容外,一般来说,大都轻松愉快、起调节精神的作用。"② 咸水歌把骨牌(骨排)游戏引入了歌词里。早在宋宣宗二年(公元 1120 年),民间出现了一种名叫"骨牌"的游戏。这种骨牌游戏在宋高宗时传入宫中,随后迅速在全国盛行。《金瓶梅》第 60 回、《红楼梦》第 40 回"史太君两宴大观园 金鸳鸯三宣牙牌令"都还谈到"牙牌令"。"牙牌令"就是"骨排令",三枚为一副,点子配好,各有专名——取名重在巧取像形,又运用诗词成句,十分有趣。咸水歌词中就有"双天出台廿四点""双地出台四点红""双人出台能百万""双鹅出台是女娘""双梅出台梅花摆阵""长生出台锁链一对"(《骨排词》之一),"天、地、人、鹅、梅、长",还有"板凳、斧头、红头、高脚",都是骨牌游戏的专有名词,来增强歌词的娱乐色彩。歌词的组合具有随意性,为了押韵,前一句和后一句的意思不一致,想起什么就唱什么。"全合装住有桔饼,文秀为妻路边算命;八仙探花来磨镜,孟姜无子哭崩长城"(《八全合》之三),词中"饼""命""镜"等押 ing 韵,不讲究对仗是否工稳。

五、三亚咸水歌的保护和传承

三亚的疍家人因聚居紧密,其非物质文化遗产得以比较完整地传承下

---

① 钱穆. 中国学术思想论丛(1)[M]. 台北:东大图书有限公司,1976:88.
② 陶立. 民俗学概论[M]. 北京:中央民族学院出版社,1987:88.

来。咸水歌是三亚疍家文化的精华部分，记录着疍家人的海洋生活和捕捞习俗。随着新城镇化进程的推进和互联网技术的强力冲击，咸水歌的传承面临着断代危机。究其原因有二：一是咸水歌赖以生存的土壤发生变化，疍家人的生活已经由"亲水"空间演变为"离水"空间；二是咸水歌的演唱者多是60、70岁的老人，年轻人很少去关注它，更缺乏保护意识。国务院对民间歌谣等非物质文化遗产的保护制定了"保护为主，抢救第一，合理利用，加强管理"的工作方针。对三亚咸水歌的保护与传承，提出几点拙见可供参考：

（一）全面搜集，忠实记录

全面搜罗遗逸、比较筛选、正音正字、纠正歌词中不妥之处，如"照镜梳头脂粉样 头发梳成似猛光"，这里的"猛光"应该是东汉时期与丈夫相敬如宾、举案齐眉的"孟光"才对；又如"三元及弟四兴隆 三元及弟同科中"，应该是"及第"，歌词中这种现象很多。搜集咸水歌时要了解其产生的历史、文化、社会背景，从传统的歌谣到新篇咸水歌，加上解题和注解，给咸水歌的演唱者和研究者提供更多的资料。忠实的、原生态的记录，增强咸水歌整理的科学性和内容的可读性。加强对咸水歌及其演唱活动的搜集、记录、拍照、录音、录像、整理、制作与出版，使歌词、曲谱及演唱活动以图书或音像资料的形式保存下来。

（二）生态保护，多媒传播

咸水歌主要是靠疍民在日常生产生活中通过口耳相传的方式代代相传的，目前多出现在重大的节日或婚丧嫁娶的场合。保护咸水歌，不仅要保护好疍家的传统民俗，还要保护好非遗传承人和优秀的民间歌手。包括他们的生活与健康状况，对他们演出活动的支持；改善文化生态环境，保护好有利于他们才艺展现的传统文化空间。采用多种途径保护和传承咸水歌：咸水歌保护要与时俱进，创造符合新时代特征的新篇章；经典咸水歌的演唱走进中小学、高校课堂；充分利用互联网、手机微信、微博、QQ 等多种媒介进行传播；与疍家风情的旅游项目相结合，成为三亚旅游文化的一道亮丽的风景线。

参考文献：

[1]（清）屈大均. 广东新语［M］. 北京：中华书局，1985.

[2] 参见水上民歌（三亚港），藏于三亚疍家人文化陈列馆.

[3] 周振鹤，游汝杰. 方言与中国文化［M］. 上海：上海人民出版社，2006.

[4] 钱穆. 中国学术思想论丛（1）［M］. 台北：东大图书有限公司，1976：88.

[5] 陶立璠. 民俗学概论［M］. 北京：中央民族学院出版社，1987：88.

（责任编辑：张玉秀）

备注：此文已收录于《海南广播电视大学学报》2018 年第 4 期。

市场扩大、技术交流与宋元之间海南棉纺业的发展*

元朝初年，海南纺织技术逐渐传播到江南；对这一问题，学术界对黄道婆的研究成果颇多①，但对宋元时期海南纺织业以及纺织技术发展的原因，探究比较少。黄道婆传播到江南的纺织技术是来自海南，但海南当时纺织技术为什么获得发展？本文拟对此进行研究，以求教于方家。

市场规模的扩大与技术革新之间有密切关系，当市场扩大，原有生产方式不能满足市场需求时，会产生技术革新，以扩大生产效率。② 宋元时期，海南岛的棉纺织市场呈现扩大的趋势。

中国古代棉花分为亚洲棉、草棉以及木棉。亚洲棉和草棉原产地在印度，分海路和陆路传入我国。③ 福建武夷山商代墓葬中就发现有棉纺织品④，这些纺织品是本地生产还是贸易传入，不得而知；但至少说明早在商代，中

---

* 本文作者：李文涛，任职于海南热带海洋学院 人文社会科学学院。
① 谭晓静. 文化失忆与记忆重构：黄道婆文化解读 [M]. 北京：人民出版社，2013. 该书从整体上梳理了学术界黄道婆研究的成果。近年来，也有学者从技术史，特别是纺织工具的织造的技术史来分析黄道婆的纺织技术问题。李强、李斌：《黄道婆研究的考辨》，《丝绸》2016 年第 9 期。
② 王章辉. 英国工业革命时期的国内外市场 [J]. 世界历史，1992 (1).
③ 曹秋玲. 基于文献记载的元代以前棉花在我国的利用 [J]. 纺织科技进展，2015 (4).
④ 林钊，吴裕孙，林忠地，等. 福建崇安武夷山白岩崖洞墓清理简报 [J]. 文物，1980 (6).

国南方沿海地区同印度之间有了直接或间接联系。《尚书·禹贡》中指出："岛夷卉服，厥篚织贝。""岛夷"，一般指居住在东南沿海岛屿的少数民族；"岛夷卉服"，这些少数民族有以纺织树皮制为衣服的传统。① "厥篚织贝"，则是纺织棉花制衣。这表明，战国时期，东南沿海岛屿居民已经掌握棉花种植与纺织技术。从印度棉种传播路线可以判断，"岛夷"最有可能是海南岛先民。

秦汉时期，海南岛纺织业获得一定发展，《后汉书·西南夷传》记载："武帝末，珠崖太守会稽孙幸调广幅布献之，蛮不堪役，遂攻郡杀幸。幸子豹合率善人还，复破之，自领郡事，讨击余党，连年乃平。豹遣使封还印绶，上书言状，制诏即以豹为珠崖太守。威政大行，献命岁至。中国贪其珍赂，渐相侵侮，故率数岁一反。""广幅布"应该是棉纺织品，大致宽70厘米左右，比当时内地宽50厘米左右的帛制品，显然是"广幅"②。因为是属于"珍赂"，市面上比较少见。而《汉书·地理志》则记载："自合浦徐闻南入海，得大州，东西南北方千里，武帝元封元年略以为儋耳、珠崖郡。民皆服布如单被，穿中央为贯头。""服布如单被"则应该是树皮等纺织而成，比较普遍。

北宋时期，海南岛棉纺织品吉贝作为交易品，市场上常见。苏轼在《和陶劝农六首》（并引）中记载："海南多荒田，俗以贸香为业，所产粳稌，不足于食，乃以薯芋杂米作粥糜以取饱。"此外，《和陶拟古九首》也记载："黎山有幽子，形槁神独完。负薪入城市，笑我儒衣冠……遗我古贝布，海风今岁寒。"苏过在《论海南黎事书》中记载："黎人处不毛之地，盐酪、谷帛、斤斧器用，悉资之华人，特以沉香、古贝易之耳。"南宋初年李光在《庄简集》卷一六《儋耳庙碑》中也记载："昌化军古儋州也……地狭民贫，而酒茗皆资之舶舡。土宜薯芋，民资之以为粮，歉岁惟食薯……妇人不曳罗

---

① 吴春明."岛夷卉服"、"纺织树皮"的民族考古新证[J].厦门大学学报（哲学社会科学版），2010（1）.
② 刘兴林.先秦两汉织机的发展与布幅的变化[J].中国历史文物，2009（4）.

绮。不施粉黛。女子自少小惟缉吉贝为生。"这表明，在北宋时期，棉纺织业只是黎族经济的补充形式，但随着市场的发展，棉纺织品需求增加，一些非黎族妇女也从事纺织业，成为家庭生计的重要补充形式。北宋时期海南岛对外贸易中，沉香是主要交换物质。

南宋初年，因为战乱，北方人口大量南迁，迁往南方的人口，至少有500万。① 同时，南宋初年，气候变冷。② 这两者导致市场对御寒纺织品的需求增加。绍兴三年，南宋政府就要求在海南等地购买棉纺织品："十二月十七日，户部言：勘会三路市舶除依条抽解外，蕃商贩到乳香一色及牛皮、筋、角堪造军器之物，自当尽行博买。其余物货，若不权宜立定所起发橐名，窃虑枉费脚乘。欲令三路市舶司，将今来立定名色计置起发。下项名件，欲令起发赴行在送纳：上等鹿皮、鱼胶、海南苏木、熟速香、画黄、龟、鼊皮、鱼鳔、椰心簟、蕃小花狭簟、菱牙簟、蕃显布、海南鸳盘布、海南吉贝布、海南青花鸳盘被单被、下色瓶香、海南白布、海南白布被单、楝香、上色瓶乳香、中色瓶香、次下色瓶香、上色袋香、中色袋香、下色袋香、乳香、塌香、黑塌香、水湿黑塌香、青鸳盘布䌷、生速香、斫削拣选低下水湿黑塌香、黄蜡、松子、榛子、夹煎黄熟香头……"绍兴十一年十一月（1141年），户部言："重行裁定市舶香药名色，仰依合起发名件，须管依限起发前来。所是本处变卖物货，除将自来条格内该载合充循环本钱外，其余遵依已降指挥计置起发施行，不管违戾。合赴行在送纳、可以出卖物色，细色……海南白布单、青蕃鸳盘小布……蕃头布、海南鸳盘布、海南青花布、皮单、长木、长倭条、短板肩……窃虑枉费脚乘。欲令三路市舶司，将今来立定名色计置起发。下项名件，欲令起发赴行在送纳：海南鸳盘布、海南吉

---

① 吴松弟. 北方移民与南宋社会变迁 [M]. 台北：台北文津出版社，1993：135-137.

② 张全明. 南宋两浙地区的气候变迁及其总体评估 [M] // 姜锡东，李华瑞. 宋史研究论丛（第10辑）. 保定：河北大学出版社，2009；刘浩龙等. 基于杭州偏晚终雪记录的南宋（1131-1270年）气候再推断 [J]. 地理学报，2017（3）.

贝布、海南青花鸳盘被单被、海南白布、海南白布被单。"①

除了市舶司和买之外，在桂林也能见到海南棉纺织品的身影。范成大在《桂海虞衡志·志器·黎幕》中写道："黎幕出海南，黎峒黎人得中国锦彩，拆取色丝，间木绵挑织而成。每以四幅联成一幕。"此外，《桂海虞衡志·志器·黎单》中也记载："黎单，亦黎人所织，青红间道，木绵布也。桂林人悉买以为卧具。"南宋中期，在绍兴一带，海南棉纺织品也走进部分家庭，陆游在《龟堂杂兴》写道："闽溪纸被软于绵，黎峒花紬暖胜毡。一夜山中三尺雪，未妨老子日高眠。"陆游在另一首诗《夏日杂题》中还写道："一枝黎峒桄榔杖，二寸羊城蟏蝐冠。万里来为老人寿，始知天地不胜宽。"可见，当时在杭州附近市场上来自海南的货物比较多。南宋时期，海南棉布成为主要输出岛外的产品，《诸番志》记载："海南土产，诸番皆有之……其余物货，多与诸番同；惟槟榔、吉贝独盛。泉商兴贩，大率仰此。"

此外，宋代海南棉纺织品种类也多，《岭外代答·服用门·吉贝》记载："吉贝木如低小桑，枝萼类芙蓉，花之心叶皆细茸，絮长半寸许，宛如柳绵，有黑子数十。南人取其茸絮，以铁筋碾去其子，即以手握茸就纺，不烦缉绩。以之为布，最为坚善。唐史以为古贝，又以为草属。顾古、吉字讹，草、木物异，不知别有草生之古贝，非木生之吉贝耶？将微木似草，字画以疑传疑耶……雷、化、廉州及南海黎峒富有，以代丝纻。雷、化、廉州有织匹，幅长阔而洁白细密者，名曰慢吉贝；狭幅粗疏而色暗者，名曰粗吉贝。有绝细而轻软洁白，服之且耐久者。海南所织，则多品矣：幅极阔，不成端匹，联二幅可为卧单，名曰黎单；间以五采，异纹炳然，联四幅可以为幕者，名曰黎饰；五色鲜明，可以盖文书几案者，名曰鞍搭；其长者，黎人用以缭腰。"

由于市场的扩大，宋代海南多地妇女以纺织吉贝为主要谋生方式。《诸蕃志》记载："琼州，在黎母山之东北，郡治；即古崖州也……人着紬缠，

---

① 徐松. 宋会要辑稿［M］. 上海：上海古籍出版社，2014：4212.

以土为釜、瓠匏为器；无曲蘖，以安石榴花酝酿为酒。今之上衣，无异中土；惟下裳男子用布缦，女子用裙。以纺贝为生……吉阳军……妇人不事蚕桑，惟织吉贝花被、缦布、黎幕。男子不喜营运，家无宿储……万安军……妇媪以织贝为业，不事文绣……女工纺织，得中土绮彩，拆取色丝，加木棉挑织为单幕；又纯织木棉吉贝为布。祭神以牛犬鸡彘，多至百牲。无盐、铁、鱼虾，以沉香、缦布、木棉、麻、皮等就省地博易，得钱无所用也。"《宋史·崔与之传》也有海南妇女以纺织吉贝为生的记载："寻特授广西提点刑狱，遍历所部，至浮海巡朱崖，秋毫无扰州县，而停车裁决，奖廉劾贪，风采凛然。朱崖地产苦蒘，民或取叶以代茗，州郡征之，岁五百缗。琼人以吉贝织为衣衾，工作皆妇人，役之有至期年者，弃稚违老，民尤苦之。与之皆为榜免。其他利病，罢行甚众。"从这些记载中，我们可以发现，北宋以前，海南从事棉纺织业的主要是黎族妇女；到了南宋时期，除黎族以外，一些汉族妇女也从事棉纺织业。

棉纺织市场的扩大，要求棉纺织业各个环节提高效率。中国传统纺织业中，纺纱与织布之间存在一定矛盾，即纺纱的效率满足不了织布的需要，大致三个人纺纱才能满足一个人的织布。① 南宋时期的海南纺织业的发展，也遇到这个难题，所以才有"黎峒黎人得中国锦彩，拆取色丝，间木绵挑织而成"。这也反映出了纺纱的不足。② 与此同时，剥花与弹花中也要提高效率。《泊宅篇》卷三记载："闽广多种木绵，树高七八尺，叶如柞，结实如大菱而色青，秋深即开，露白绵茸然。土人摘取去壳，以铁杖杆尽黑子，徐以小弓弹，令纷起，然后纺绩为布，名曰'吉贝'。今所货木绵，特其细紧者尔。当以花多为胜，横数之得一百二十花，此最上品。"此外，《岭外代答·服用门·吉贝》也记载："吉贝木如低小桑，枝萼类芙蓉，花之心叶皆细茸，絮长半寸许，宛如柳绵，有黑子数十。南人取其茸絮，以铁筋碾去其子，即以

---

① 徐新吾. 江南土布史 [M]. 上海：上海社会科学院出版社，1992：265.
② 解放前黎族妇女虽然也能纺织棉纱，但仍从市场购买棉纱. 史图博. 海南岛民族志 [M]. 广州：中国科学院广东民族研究所，1964：69-70.

手握茸就纺，不烦缉绩。以之为布，最为坚善。"则可知，在南宋中期，闽广一带剥棉效率得到大幅度提升。《岭外代答》记载："熟黎多湖广福建之奸民。"这些技术也应该随着移民来到海南岛，但这些提升仍不能满足海南地区棉纺织业的需求；海南用搅车，其剥花速度更快，《王桢农书》记载："木棉搅车。木棉初采，曝之，阴或焙干。《南州异物志》：班布、吉贝，木所生。熟时状如鹅毳，细过丝绵，中有核如珠珣。用之则治出其核，昔用辗轴，今用搅车，尤便。夫搅车，四木作框，上立二小柱，高约尺五，上以方木管之。立柱各通一轴，轴端俱作掉拐，轴末柱窍不透。二人掉轴，一人喂上棉英。二轴相轧，则子落与内，棉出与外。比用辗轴，工利数倍。"此外，弹花已经用大弓，弹花效率也大为提高。

至于纺织技术，南宋时期，海南纺织技术已经处于领先水平。海南地区，由于棉纺织业历史悠久，能用简单的工具"配色"，生产具有"细子花卉"的产品。① 这种技术在当时，只有海南地区独有。② 元朝时期，黄道婆将这些先进技术传入江南地区，《南村辍耕录》记载："国初时，有一姬名黄道婆者，自崖州来，乃教以做造捍弹纺织之具，至于错纱配色，综线挈花，各有其法，以故织成被褥带。其上折枝团凤棋局字样，粲然若写。人既受教，竞相作为，转货他郡，家既就殷。"随着江南地区棉花种植面积的推广以及棉纺织业的发展，黄道婆传入江南的纺织技术也逐渐被淘汰。③

南宋时期，海南地区的棉纺织品技术虽然有所发展，但仍存在不足，主要表现是不能纺织宽布，这主要是由于纺织技术限制④，故而产品销售和使用有一定限制；明清后，由于江南等纺织技术的发展，加之受到运输成本的限制，海南棉纺织市场萎缩，技术革新动力不足；棉纺织技术基本没有出现

---

① 史学通，周谦. 元代的植棉与纺织及其历史地位 [J]. 文史哲，1983（1）；李强，等. 黎族原始腰机挑花的织造工艺 [J]. 上海纺织科技，2011（8）.
② 史宏达. 南宋闽广地区的棉纺织生产 [J]. 史学月刊，1958（5）.
③ 李斌，等. 黄道婆"错纱配色综线挈花"技术研究 [J]. 纺织科技进展，2012（4）.
④ 史图博. 海南岛民族志 [M]. 广州：中国科学院广东民族研究所，1964：70.

大的变化。①

传统时代技术的创新是一个长期积累的过程。海南地区由于棉纺织业发展比较早,技术积累比较成熟,在棉纺织品市场扩大的刺激下,南宋时期,海南地区棉纺织业技术获得了一定的发展。从技术史发展来看,黄道婆只是将海南纺织技术传播到江南地区,其作为技术革新者的功劳不应被夸大。

---

① 梁敏. 黄道婆究竟向谁学 [J]. 民族研究,1990 (3).

"早发的神箭"与黎族历史文化关系考论[*]

百越后裔诸民族普遍具有竹图腾信仰,历史久远,积淀深厚,因此衍生出一种与之相关的造反英雄故事类型——"早发的神箭"。

黎族共有详略不同的异文9篇,其中6篇都是地名传说。《烧仔山》《落笔洞》《船岭的传说》《皇帝洞》《杨都总》《浅拉嘎》,此外尚有一篇《杀皇帝》,一篇历史人物传说《李德裕治贼》,还有一篇英雄史诗《帕隆》,正在整理之中。

此故事壮族亦有《莫一大王》《简宜的故事》《独子王的传说》《蜜蜂王》《李铃仔》《龙恭王》《石览王》《神弓宝剑》;侗族有《吴勉》;布依族有《德者的故事》《金竹师的传说》;仡佬族有《竹生的故事》;京族有《田头公》;仡佬族有《稼》;毛南族有《覃三九》《莫六》;傣族有《布岗》。可见,此类型故事在各民族都有异文传播,并常常依据当地的地理环境衍生出不同的版本,但其核心大都是一个造反英雄失败的故事。如壮族之故事流传于贵港、浦北、百色、柳城、罗城等地;侗族《吴勉》的故事在侗族居住的贵州、广西、湖南交界地区都有流传。

此故事类型丁乃通先生称为"险避魔箭"。刘守华先生称为"早发的神箭",他将故事的梗概总结如下:

1. 密谋取代皇帝做天下。(a)朝廷大臣想篡位;(b)风水先生发

---

[*] 本文作者:智宇晖,任职于海南热带海洋学院人文社会科学学院。

现了一处龙脉,想让自己的或他人的后代做天子;(c)某少数民族出于对汉族皇帝或土王的憎恨,想取代他自己做皇帝。

2. 神弓神箭。他们用(a)竹子、(b)桃木做成、(c)或用神秘法术炼成。只要箭一离弦即可穿透重重障碍射中皇帝,但必须在指定的日子和时辰射出才有效。

3. 竹人竹马。主人公住地生长着一片茂密的竹林,当(a)神箭射中皇帝,(b)或那位准备做皇帝的圣胎顺利出生时,竹林炸裂,竹中就会生出威武雄壮的兵马来帮他打天下。

4. 提前发射。由于(a)主人公性急,(b)妻子和母亲的疏忽,(c)他人的有意破坏,未到规定时间就将神箭射出,或圣胎早产。

5. 失败被害。结果神箭射到皇帝座椅或空中其他物品上,未能杀死皇帝,皇帝派兵征剿;因时辰未到,竹林炸裂后竹人竹马均未成形,不能作战。主人公(a)用计逃脱,(b)被砍头,(c)尸体变成马蜂复仇,终于蜇死皇帝。

这是一个讲述主人公以神秘手段企图推翻旧王朝,改朝换代,自己做皇帝而未能成功,饮恨千古的悲壮故事。虽篇幅不长,却具备英雄史诗的气魄与风格,闪耀出夺目的光彩。记录成文的许多篇目,今天读来依然扣人心弦,发人深思。[1]

一、黎族"早发的神箭"故事内涵

黎族流传在三亚、乐东、昌江等地的6篇地名传说都属于"早发的神箭"故事系列,然而都只是口头传播中的部分记忆,并非完整故事形态。而且相对于典型情节元素,或多或少发生了变异。我们此处只举故事较为全面的一篇以作说明,以见其故事流传情况。

《落笔洞》故事中英雄的名字叫董公殿①。他的母亲和外公曾经在出海

---

① 主人公为董姓,因故事传播地落笔洞村黎族董姓居多。

捕鱼时渔船被官船撞翻。外公去世，母亲被一位小伙子所救，小伙子是天上的神仙，二人同宿一夜后就离去。母亲怀孕三年才生下董公殿。他到九岁还不会讲话，十岁那天上集市，突然开口要一条大鲤鱼。回家剥开大鲤鱼，里面有三支箭，一把弓，一口宝剑，三支笔和一个墨砚。宝剑上刻有"崖州董公殿"几个字。那时皇帝欺压黎民，抢掠财宝和女人，董公殿准备设计杀死皇帝。在前一天晚上睡觉前他告诉母亲，第二天早晨四时叫醒他。母亲问为什么，他不肯讲。一晚上，他不停地问母亲时间，母亲有点烦了。当听到鸡叫头遍就说时间到了（实际时辰未到）。董公殿取出箭，用力向北射去，利箭飞进皇宫射穿了皇帝的龙椅。皇帝发现箭上的名字，发兵捉拿。

董公殿发箭后，便将家中的谷子、粟子和玉米各量一斗，分别用三个水缸把它们浸起来，密封好。然后分别写上"三个月成士兵""三个月成马""三个月成兵器"字样。可是不满三月，官军已登上了海岛。他把缸中的法宝倾倒在场上，变出了手持利刃骑马的士兵。然而由于时日未满，兵马力量不足。他们边打边退。母亲也被暗箭射死。他们被巨石挡住了去路，董公殿用最后一支箭射开石头，出现大洞，他们钻进石洞，再也出不来了，日久年长，变为石像。

较之壮、侗、仡佬等族之同类传说，黎族显得相当简略。但从各处传说中提取不同要素，发现壮、侗诸族故事中之相关母题，黎族也无不具备。下面我们依据情节复杂的造反故事去看散落在海南岛山水之中的故事碎片。通过这些晶莹的碎片，我们可以想象完整艺术品的辉煌灿烂与悲壮之美。

第一，神奇的出生。《烧仔山》和《船岭的传说》中之神婴在母亲腹中即能说话，《落笔洞》中主人公的母亲怀孕三年，《浅拉嘎》中主人公的母亲怀孕两年三个月，仡佬族之《稼》中主人公的母亲怀孕三年六个月。

第二，神奇的能力。《皇帝洞》中的神婴力大无穷，善飞腾跳跃。《浅拉嘎》中的主人公三天会说话，六天会走路，在摇篮中就能回答知府刁难之问题。《吴勉》中的主人公一出生会言语，三岁满山跑，五岁会骑牛。《稼》中的主人公三月会走路，五月会讲话。

第三，箭射皇帝的原因是为父报仇。造反者都没有父亲，与母亲相依为命。《皇帝洞》为父报仇，《浅拉嘎》为父报仇……《吴勉》《莫一大王》和《稼》皆同此因。

第四，得到神奇的宝剑。黎族故事中获得宝物是哑巴的孩子突然开口说话要买大鲤鱼，剖开鱼肚取出神兵（《杨都总》）；《稼》是用水中的犀牛神毛变化（犀牛为父亲的灵魂所化）；《莫一大王》也是在水潭见到父亲所化的神牛，神牛赠宝珠，主人公吞下肚中获得神异力量。《吴勉》是炼了七七四十九天，《皇帝洞》是拿旧犁头炼制。

第五，用神奇的赶山鞭（竹子所制）赶山挡官兵（《吴勉》），黎族缺少这个情节。当为情节遗失，黎族地名传说《七仙岭》有兄弟二人赶石造岭之情节。

第六，主人公受招安在京做官（或本来即京中官员）（《莫一大王》《田头公》），骑飞马或穿飞靴朝出暮归，在京城和家乡来回穿梭，被皇帝发现抓捕。黎族无此情节，其余各族亦不一定有，或为在原故事基础上的增扩。

第七，早发的神箭。黎族的各地传说虽残缺不全，但这个核心情节皆保留了下来，射神箭的都是神婴或神童（有的一出生即射箭），为黎族所独有（估计受到在黎族大量流传的怪异儿故事之影响）。造反英雄叮嘱母亲在夜间指定时间叫醒他，但时间往往提前。有的是因为神婴不停地问，母亲烦了，随口说时间到（《船岭的传说》），有的说是母亲报仇心切，提前叫醒儿子（《皇帝洞》）。《吴勉》则是因为黄鼠狼打翻了铜锣，引起了鸡鸣提前（著名的《莫一大王》无此情节）。箭射出，射中皇帝的龙椅。皇帝发现箭上刻有造反者的名字，随即发兵捉拿。

第八，提前用法术造下的神兵因时间问题失灵。前举《落笔洞》造反者在缸中炼的兵马因火候未到不能发挥应有之效力。《莫一大王》中扎草人、种竹子制作神兵，因错过时机而失效；《稼》中主人公用一根犀牛毛扎草人需49天。《布岗》在竹节里养兵马，纸箱里有纸人纸马，天机泄露，时辰未到，法术不灵。

第九，杀不死的英雄。莫一大王的头刚被砍下，就飞上了天空，张嘴对官兵哈哈大笑（《莫一大王》）。吴勉被砍下头，母亲连喊三声"我的好儿子吴勉"，立即复活（《吴勉》）。田头公被砍掉头，看监斩官走了，刑场无人，自己双手推起头安上去（《田头公》）。《杀皇帝》中之神童自己抓起头放在脖子上回家。

第十，死亡的问题。《杀皇帝》中之神童回家问母亲："砍了鸡头接在南瓜上能生吗？割了葱头接在菜上能长吗？"母亲说不能，神童于是死去。莫一大王问村人："树砍了还会发芽吗？割了薯藤，薯条还会长吗？"得到肯定之回答。问母亲："人头掉下来还会活吗？"母亲说"不能"，他随即死去。田头公问牧童："牛吃了草还能再长吗？"问村姑："韭菜割了还能再长吗？"问母亲："鸡割了头还会再活吗？"得到否定回答后即死去。《布岗》中的傣王被埋在鹅卵石中始死去。

第十一，死后的化身。最典型的是死后埋葬的地方长出神奇的竹子，为英雄灵魂所化。黎族之《杀皇帝》中神童死去，埋葬的地方长出竹子，竹尾飞起来插到皇帝的床上，边叫"杀皇帝、杀皇帝"。皇帝派的人听见竹内有人说话："竹子裂开就去杀皇帝。"皇帝听闻火烧竹村。《李德裕治贼》中李德裕死后，葬在神蛙岭，墓上长有刺竹，竹子长老，破开有神兵。由于叛徒告密，刺竹砍不死，洒狗血，竹内冲出人马，与贼兵厮杀。《帕隆》中主人公死后生长出大刺竹，里面的神兵因敌人之破坏而未炼成。《田头公》却是完满的结局。主人公的灵魂化为竹子，皇帝出现，见到漂亮竹子，用来做轿杠，过桥时折断淹死皇帝。大体上，结局是悲剧性的。《莫一大王》和《稼》的人头没有埋葬，而是放在缸中修炼，也是因其母亲的错误提前打开，飞出无数蜜蜂，飞到京城蜇了皇帝，但死不了人。这两篇故事化生是特殊的，英雄化蜂为黎族所无（莫一大王种竹练神兵，而非死后幻化）。而蜂在黎族的竹图腾神话中是一位引路的神灵。

段成式《酉阳杂俎》前集卷十七记载有"竹蜜蜂"，"蜀中有竹蜜蜂，好于野竹上结窠，窠大如鸡子"[2]。黎族以蜜蜂引路，壮族以人头化蜂，有其生活观察之依据。

"早发的神箭"故事是英雄反抗的悲剧,特色情节是竹神兵,是在竹图腾崇拜圈广泛流传的故事。刘守华先生云:

> 在中国漫长的封建社会里,皇帝作为最高统治者,不仅对臣民拥有生杀予夺的无限权力,还有根深蒂固的"君权神授"的传统理念作掩护,被神圣的灵光所笼罩。反皇帝即"大逆不道",更遭"天诛地灭"。而在我研究的这类故事里,想改朝换代,自己当皇帝的人是那么多;甚至乡野小民,也胆敢萌发起兵打天下坐江山的野心。这种文化心态不禁令人惊愕。[3]

黎族之情节虽残缺不全,但其衍化出了多种形态,表现出了多种文化因素的综合影响。如《浅拉嘎》由一位造反英雄演化成兄弟二人前仆后继,神婴被害,其弟长大后继续战斗,由于神婴所化的竹兵法力不足而失败。《皇帝洞》是兄弟二人争夺统治权的斗争,兄害弟,神童复仇。《杀皇帝》中神童是皇帝的外孙,《李德裕治贼》的主人公是历史上的贬谪官员。特别是正在整理的史诗《帕隆》更表现了其历史文化传播的复杂性。

这些造反故事是与当地人民反抗的历史记忆血脉相通的。蓝鸿恩指出广西壮族的此类故事"有一个特点,即流传这类故事的地方,都一定附会该地方的造反人物混合在一起,而这些造反人物,一定都是和该地土司老爷的姓氏一样的,这也是说明歌颂民族酋长一类英雄人物"[4]。这一故事在湖北、湖南部分地区流传,有"天子山""天子坟""天子洼"的遗迹,张家界有关于向天子(向民为地方少数民族豪酋家族)造反遗迹点将台、金交椅、解甲峪等(刘守华)。黎族之传说地点也有历史的依据。落笔洞已经考古挖掘证明,在新石器时代,洞内即有人类居住,而且留存下丰富的遗物。昌江黎族自治县的皇帝洞也是一处军事遗址。皇帝洞位于昌江县王下乡牙迫村东的五勒岭,隔南尧河与牙迫村对峙。洞穴总面积五千余平方米,可容纳万人。洞内有石笋、石柱、石钟等,姿态万千。最引人注目的是,洞口有一道石墙,高约3米,为古代防御工事。1984年,文物工作者在洞内收集了大量文物,有陶片、石刀、石斧,还有一副少年骨骼,经鉴定为新石器时代遗址。[5]虽然无法指实神话传说与具体某一次历史事件的直接关系,仅从故事地点的考古发现即可断言,此故事有着悠久的历史文化渊源。

　　故事中主人公的姓名是较为模糊的,但我们回顾历史,在此故事流传的地方皆曾上演过轰轰烈烈的反抗压迫的斗争之壮烈悲剧。在漫长的封建时代,从汉代以来,黎族人民对历代王朝的压迫之反抗从来就没有间断过,元明清三代之斗争尤为频繁而剧烈。元代苏天爵《建北时政事五》称:"海南黎蛮为梗,有司视为故常。"[6]如"早发的神箭"故事流传的三亚地区,在明嘉靖二十八年爆发了崖州止强、石讼黎那燕、那牵、古镇州峒(今东方市)符门钦领导的大起义,声势甚大,东至陵水,西至昌化,七百余里阻绝不通。他们常据险以守,立排栅,挖壕堑,悬木垒石,以强弓利箭、皮盔角甲聚集山村,与官军周旋一年之久,后遭残酷镇压,先后杀害五千多黎民。[6]道光九年十二月崖州黎亚鸡起义,带有明确反封建剥削性质。黎亚鸡病死后,张西基等继续领导反抗斗争,多次大败清兵,清廷震惊,导致雷琼道以下的总兵、知州、知府等大小官员均被革职。后两广总督李鸿宾亲自督战,剿抚并用,六年之后,战斗才平息。[6]那些声势浩大的、具有传奇色彩的斗争故事,对于经历过战斗的人民是刻骨铭心的。战斗到哪里,"早发的神箭"故事就会以哪里的地理地貌为依据传播开来。《浅拉嘎》就明确记录了造反者攻打崖州城之事。武齐纠合青年练兵,即为攻打崖州城做准备,结果叛徒告密,崖州府官兵提前来包围村寨展开战斗。直接描写的就是农民反抗之事迹。《皇帝洞》《将军石》《船岭》等传奇故事,是黎族人民无数次大大小小反抗斗争凝成的篇章。

二、《帕隆》与黎族早期历史

　　与"早发的神箭"有密切关联的是《帕隆》,据之可以探索黎族早期史。《帕隆》作为海南省之黎族古籍整理项目,尚在进行之中。据高泽强《黎族长篇叙事——帕隆》,其基本内容按故事发生顺序简括如下。

1. 教母智斗伟代（国王或皇帝）

此部分形容帕隆幼儿时的神异之处、非凡之能。母亲下田插秧，将襁褓中的帕隆吊在大榕树下。皇帝路过，刁难母亲："今天插了多少棵秧？"帕隆反问："你来的时候马走了多少步？留下多少脚印？过了多少棵树？"皇帝气急败坏，要抓他，抓不到（《浅拉嘎》中是知府刁难母亲，方法与此相同，神婴破之）。

2. 守西瓜得宝，调教懒惰兄长

母亲去世，帕隆受尽嫂的欺侮，十二岁看守西瓜园，用计骗猴子尊为猴祖，偷走猴子的宝竹筒，要什么有什么。用宝竹筒向村民赠牛赠地。哥哥想致富，取竹筒，走出的牛瞎眼，跛脚，他砸烂竹筒。帕隆又编为鱼篓，鱼儿自动进入，哥哥效法却变出粪便，把鱼篓烧掉。弟弟把灰捏成团变为灵石，用来打猎收获颇丰。哥哥效法反受伤害，将其扔进水潭。帕隆设法寻找灵石，石头被大鱼吞下。有一个路过的妇人也要那条鱼，帕隆夺之，妇人淹死。剖开鱼肚，里面是一把闪亮之宝剑（此为"狗耕田"故事之变体，在黎族民间故事中多有流传。核心情节都是竹筒变鱼篓，鱼篓变灰，灰变灵石。灵石变刀剑。但又各有差异。《一个怪竹筒》没有变刀剑之环节，但灵石掉河里不是了。白沙的一篇异文，哥哥在拿宝石打猎中失效身死，宝石消失；五指山节《弟弟的奇遇》有大鱼吞石情节，老妇人抓住大鱼，水涨她吓跑。鱼没有剖开，变为姑娘，是狗耕田和螺女型的混合；乐东之《三兄妹》中的竹筒是龙给的。最后鱼腹中取小刀，雷公偷走，出现闪电）。

3. 初战告捷，两族和亲

为了预防死去的外族妇人之族人来复仇，帕隆组织村民练兵器，习骑射。外族果然来攻，他设机关，挥长剑，大败敌军两次。三十之帕隆未曾婚娶，外族以公主和亲。他过起了恩爱的三口之家的幸福生活。宝剑藏在梁上，公主不知。有一次无意中发现宝剑，在父亲的命令之下偷回本族（"早发神箭"反抗皇权之主题此处没有，变成两族之血亲复仇。至于练习兵马，在《浅拉嘎》中武齐为准备为兄复仇，组织村中青年练习刀箭之术）。

4. 被捕就义

外族再次入侵。帕隆失去宝剑，失败被捕，刀砍、火烧、油煎皆无恙，反而害了敌人自己。最后敌人用黑狗血洒在他身上，用一种草叶将其杀害。死后埋在大路边。（莫一大王与稼也是杀不死，狗血洒之，法术失灵）

5. 竹筒里练兵

三年后，埋葬帕隆的那块地方长出茂密的大刺竹。外族官兵骑马经过，刺竹将其打下马，而且听到竹子中人喊马嘶、刀剑相击之声。外族国王派人砍竹，竹不死。用三牲祭祀，再洒黑狗血，才逐个砍掉。最后一根大竹被砍开，雷电交加，许多正在练习战斗之技的大人小孩死在竹中。如果晚一年，竹筒中将走出精兵强将（时间的禁忌，与《浅拉嘎》近似，人马未成，《莫一大王》所种之竹亦功败垂成）。

我们看《帕隆》之故事与"早发的神箭"有若干相似的情节，而主题却非反抗皇权，是两民族之争战，又糅合了民间故事中的若干类型，成为一个充满矛盾的叙事体。第一部分已暗示了皇帝对帕隆的憎恶，后面却无回应。但是我们仔细剥离剖析，会发现《帕隆》深厚的历史渊源。

高泽强教授评论说：

> 几千年来，黎族人民在海南岛上休养生息，不断繁衍，《帕隆》的故事情节也随着历史的发展而发展，尤其是在流传过程中，经过民间千百年来口口传唱，当今我们所了解的《帕隆》，可能与原先的《帕隆》已有些差异。但从7个部分的简单展开中看，里面涉及稻作文化、渔猎文化、宗教文化、军事文化等方面，它一方面反映了远古时代黎族人民为民族的生存勇于斗争的精神，一方面又体现出远古时代黎族人民的经济生活和生活方式；既有神话般浪漫的色彩，又有英雄史诗般的悲壮。所以，这是一部全景式、全方位地向人们展示远古时代，黎族人民一幅幅社会历史画卷的长篇故事，它应是我国少数民族口碑文献少有的以叙事为主，夹叙夹唱夹议的长篇故事。[7]

《帕隆》之故事还与贬谪文化、图腾文化结合在一起，使李德裕这位唐代伟大的政治家成为黎族的守护神。李德裕,中晚唐著名宰相,历仕文宗、武宗,功勋卓著。唐宣宗即位后,于大中三年(849年)被贬至崖州,任崖州司户参军。当年正月到达海南岛,年底即因病去世。在海南岛,他有半年时间是在病床上度过,并无政绩可言。但其人却为南部之黎族人民所接受,以祖先供奉。海南乐东黎族自治县大安镇之李姓,自认为李德裕之后,并立祠庙祭祀,庙名"祖公屋",1958年被夷为平地。关于李德裕是否有后裔居留海南,争论甚多。① 但黎族人民对他的追宗认祖之情是发自内心的。由此,在他去世后,在乐东大安乡流传起他的神奇故事《李德裕在黎寨》《李德裕的传说》,皆为民造福之事迹。举凡传播文化、勇降盗贼、反抗官府、兴修水利,皆留下了他的业绩。《李德裕治贼》中他以神奇的法术对付山贼,保护黎民之人身安全。然为叛徒出卖被害。死后埋葬的神蛙岭长出一丛刺竹,山贼砍开未成熟之幼竹,冲出的兵马依然将贼杀尽。李德裕在这里与那位黎族英雄帕隆一样,成为竹神。

高泽强从古文献中发现了骆越的一段争战历史与《初战告捷》和《两族和亲》的部分情节的相似性,认为可以作为揭示黎族先民与安阳王关系的历史渊源关系之重要佐证。我们循着这条线索往下追索。

此则文献是郦道元《水经注》卷三七引《交州外域记》关于骆越的一段历史传说:

> 交趾未有郡县之时……设雒王、雒侯②,主诸郡县。县多为雒将,雒将铜印青绶。后蜀王子将兵三万来讨雒王、雒侯,服诸雒将。蜀王子因称为安阳王。后南越王尉佗举众攻安阳王,安阳王有神人名皋通,下辅佐,为安阳王治神弩一张,一发杀三百人,南越王知不可战,却军驻武宁县……越遣太子名始,降服安阳王,称臣事之。安阳王不知通神人,遇之无道,通便去,语王曰:能持此弩王天下,不能持此弩者亡天

---

① 智宇晖,段莲. 中流砥柱,魂寄天涯——根系崖州的名相李德裕[M]. 海口:南方出版社,2015.
② "雒"通"骆"。

下。通去，安阳王有女名媚珠，见始端正，珠与始交通，始问珠，令取父弩视之，始见弩，便盗以锯截弩讫，便逃归报南越王。南越进兵攻之，安阳王发弩，弩折遂败。安阳王下船径出于海。"[8]

与《帕隆》传说相较，差异甚多，高泽强教授指出其中四点：战争胜负之关键，一在箭，一在神弩；一以公主为间谍，一以太子为间谍；一为失神剑而亡，一为失神弩而败；主人公结局一亡一逃。

需注意者，在"早发的神箭"故事和《帕隆》、李德裕的传说中多出现叛徒或奸细出卖之情节，受到安阳王公主无意中出卖了自己的父亲之情节的影响。

差异虽多，不影响传说与历史之间深远的渊源关系。安阳王公元前257年开始统治骆越地区。据宋欧阳忞《舆地广记》："君长为'雒王'，臣佐为'雒侯'，设诸'雒将'。后蜀王子讨雒王，灭之，自称安阳王，居此。"[9]安阳王统治之都城，据徐中舒《〈交州外域记〉蜀王子安阳王史迹笺证》考证，其位置相当于广西南部，越南北部区域。[10]据考古发掘，都城具体位于今越南河内市东北方之东英县。学者们指出："骆越地理位置位于今广西南部和西南部，广东西南部和海南岛以及越南北部。"[11]在安阳王在位之几十年间，海南属于其统辖之区。

《交州外域记》约成书于三国时代，其故事当是安阳王被灭之后其民族遗民制作出来的神奇故事，所谓神弩的神异之力自不必相信，但荒诞的情节却隐含了丰富的历史信息。这则传说在安阳王曾经统治的区域一直流传。到15世纪，越南杂史《岭南摭怪》中记录一则《金龟传》，当是《交州外域记》中传说之延续，抑或另一版本之延续。故事较之前者远为复杂，共分两部分，金龟助安阳王筑城和两王之交战。神弩之制作须以金龟之爪为扳机始成，金龟代替了神人皋通。安阳王失败，金龟驮其入海。公主羞耻而亡。越南后代民间传说《喇叭城的传说》沿袭《金龟传》而略有变化。其中神弓为龟甲所制，结局是安阳王杀死女儿后自杀。处于古骆越统治区的广西龙州县亦流传一则《神弓宝剑》之传说。神龟成为反面角色，是一个妖精，它的四脚做弓箭之扳手。斗争双方成为骆越与瓯越，王子带上"和辑百越"之宝剑离开（此剑之象征意义大于实际功用）。王八精挑拨其间，变做假王子骗走神弓之扳指。两国误会之后，骆越发兵攻打瓯越，王子为平息事态自杀。公主最后用宝剑杀死王八精。此则传说颇为曲折，改造甚多，但较之黎族《帕隆》，保留的原始意味较多。黎族之神剑出现，似乎与此故事颇有关联。

几则后世传说皆流传于安阳王统辖之骆越，其他地区罕见此故事之流传。说明安阳王统治覆灭的神话传说主要在骆越统治区内流传，没有波及更远地区。

"早发的神箭"故事则与安阳王灭国之历史无甚关系，当属于安阳王族属之另一传播系统。古籍中未见相似记载。已知此传说较早附会的是唐代人物。广西钦州有《蜂王的传说》，崇左、龙州等地流传《简宜的故事》，此二则故事附会于钦州僚人宁悌原，曾于唐代中进士，后因进谏唐玄宗避写唐太宗杀兄事的圣旨而辞官还乡。死后，唐肃宗为他平反，立寺以祭。此人物之事迹载于方志，纯为虚构。《蜂王的故事》中主人公名为"驾二郎""驾二"，古越音是"谏议"之谐音。[12]而"简宜"与"谏议"同音。如同黎族之相关传说，此故事在传说地之山岭留下了英雄遗迹，石刀、石剑、石人、石马、石凳，一切生活用具皆化石，是造反英雄最后之归宿（《皇帝洞》《浅拉嘎》《落笔洞》），《蜂王的传说》说当地的众仁岭上留下了驾二郎居住的石楼，有石台石凳、石床石椅，砂锅碗碟亦为石制。《简宜的故事》也有大片的竹林与山上的山洞的遗迹。这与黎族的故事皆非常相似。据此我们可知，此故事附会于唐人，说明同类故事最晚在唐代即已流传。需注意者，骆越区之龙州也有此故事之流传，与《神弓宝剑》同时在一地传播，此与海南黎族相似，只未混淆。进一步考察历史，可推知，"早发的神箭"之源头亦当与安阳王有深远之联系。

灭骆而王之安阳王为先秦蜀国之开明王之后。公元前316年，梁惠王派司马错伐蜀。蜀君开明王十二世及太子被杀，秦继续立蜀王后裔为蜀侯，但旋立旋杀，治蜀三十年左右，公元前285年废侯设守，又移万户秦民入蜀。

蜀王子泮率三万古蜀遗民向南迁移,当在灭国之后,具体时间尚存争议;但从蜀国灭亡到安阳王立国相距甚久,可知蜀移民经历了漫长的迁徙,其南下迁移途经之处为百越聚居之区。蒙文通《越史丛考》收《安阳王杂考》一文,从语音角度进一步论证说:"开、安二字音近字通,明阳二字古音皆在阳部,本常通用……故余决安阳之即开明,交趾之安阳即蜀开明民氏后裔之南迁者也。"[13]

《金龟传》及越南后来流传之故事,主要是关于安阳王建国及灭国之事迹。盖一国家一民族,其建立与灭亡为民族记忆中最重要之部分,关于建国、灭亡之传说,中外历史中各古国所在多有。建国是他们的辉煌史,灭国是痛史。《金龟传》前一部分记载安阳王建螺城,屡建屡崩,在一只神龟的协助下才成功。此为安阳王祖先世代相守之神异传说,相守而不失。明代胡应麟等辑录的干宝《搜神记》卷十三"龟化城"条曾记载了张仪灭蜀之后筑成都之传说①:

> 秦惠王二十七年,使张仪筑成都城,屡颓。忽有大龟浮于江,至东子城东南隅而毙。仪以问巫,巫曰:"依龟筑之。"便就。故名龟化城。[14]

成都建城得名远在司马错灭蜀之前,当属古老之本地传说,与《金龟传》一样,当为古蜀王开国建城之传说。所谓"龟化城"与开明民先世"鳖灵"(或写作鳖令)有关。扬雄《蜀王本纪》②:"荆有一人名鳖灵,其尸亡去,荆人求之不得。鳖灵尸随水上至郫,遂活,与望帝相见。"[15]罗开玉先

---

① "龟化城"之传说是否属于干宝《搜神记》原书所有,李剑国先生《旧本〈搜神记〉伪目疑目辩证》认为证据不足,尚需进一步考证。见李剑国辑校.新辑搜神记[M].北京:中华书局,2007.
② 《蜀王本纪》之作者,目前尚无定论。此处取传统说法。徐中舒《论蜀王本纪成书年代及其作者》主作者为"谯周",见《史学史资料》1979年第2期。孙远《蜀王本纪著者考》主扬雄说,见《琼州学院学报》2015年第1期。林方泰《关于蜀王本纪的作者》则持审慎态度,认为是西汉蜀中知识分子劳动的结晶,见《文史杂志》1992年第3期。

生认为，所谓"鳖灵"并非人名，不过是蜀国开明氏的龟鳖图腾。[16]开明氏既以之为图腾，故世代以之为国家之保护神，故安阳王建新的都城需要神龟之助，建造护国神弩要神龟之脚爪。我们还发现一个有趣之情节，流传于百越之"早发的神箭"故事，主人公英雄之宝物，除极少数为自己炼制之外，都取之于水牛之神灵，莫一大王吞食水中神牛之宝珠，稼获得水中犀牛之毫毛，黎族之多篇故事讲主人公之宝剑取之于鱼腹之中，帕隆之宝剑亦取之于鱼，一则异文则云剖鳖鱼之腹而得宝剑。

而且，莫一大王与稼的宝物皆是他们的父亲所化（有牛图腾的因素），黎族的《落笔洞》和《船岭的传说》中，神婴的父亲皆从天上而来，有神异出身。这些现象当非偶然。

尚有一点核心的情节，竹神化兵马所反映的竹图腾的信仰，亦为开明氏的原始宗教。一般认为，古蜀之族为楚地的汉濮人，受楚王的挤压迁蜀立国。濮人称为僰。《礼记·王制》云"屏之远方，西方曰棘"，郑玄注云"棘当为'僰'"[17]。《蜀中名胜记》引《夷裔考》云："僰人者，其先世本华人，有罪贬远方，以棘围之，故其字从棘从人。"[18]唐段成式《酉阳杂俎》云："棘竹，一名笆竹，节皆有刺，数十茎为丛，南夷种以为城。"[2]棘竹即刺竹。蜀之竹图腾，僰族为古汉族之后裔。沈彙认为"蜀"与"竹"古音可通，蜀王即竹王。[19]屈小强《巴蜀民族——部落集团共同图腾是竹》对其有精详考证。[20]

竹王神话之发源地夜郎（亦为百濮之一支），另有濮人支系"古句町国"，历史上统辖壮族所居住的西林、隆林、田林等地，其国王"母波"之名即"花竹王"。另外，开明氏曾经统治过的乐山、彭山等地，大都建有"竹王祠""竹王庙"，有学者甚至认为："汉夜郎国居民即所谓'夜郎人'乃是由开明氏失国后其王族南逃至遁水流域与土人结合而成，从根本上说汉夜郎人还是鳖令濮人的后裔。"[21]

开明氏政权灭亡，乃民族之大事，面对强大的秦国，蜀人弱小，他们亡国之后，皆制作神话意图反秦而再建故国。安阳王与赵陀之间地位相当，皆是汉王朝所属百越诸侯国,故其传说的基础是两国对垒。秦蜀之间实力是悬殊的,蜀国灭亡以后以反抗者的心态制作神话传说,以激励民族遗民,并以之宽慰失败来自天意。观后世诸民族生活区域此故事流传之广,凡有反抗发生过的地方,皆留下一处处和反抗英雄相关的遗迹,其激励被压迫民族反抗的意图是显而易见的。

蜀国后裔在灭国之后及向南迁徙的岁月里,其灭国的故事(反抗强权)在各地传播开来,当时各族之间频繁的部落之争及与秦汉王朝之间的战争也加速了此故事的传播速度。司马迁曾说"瓯骆相攻,南越动摇"[22],可见部族战争的激烈。一个民族记忆之痛莫过于亡国之事。秦始皇公元前211年统一六国后,即派屠睢率五十万大军向岭南百越之地进军,许多百越小国被灭。《淮南子·人间训》记载了一则西瓯国反抗秦军的悲壮剧。西呕(注:即瓯)首领译吁宋为秦军所杀,余部同秦军顽强作战,大败秦兵,杀统帅尉屠睢,伏尸流血数十万。[23]不过,西瓯最终在公元前的202年被攻陷。西瓯活动区域主要在桂江流域与珠江中游一带,在当今两广交界之区,其民族聚居,"包含了古代骆越人、东瓯越人、复杂的倭人、楚人和中原人等"[24]。这些灭族的战争大大加速了故事的流传,以作亡民之精神寄托。在今靠近桂西南的肇庆四会县,亦曾有天子岭的传说。南宋王象《舆地纪胜》卷九六云:

> 旧传有人姓黄,居岭下,状貌魁岸,家亦富饶。其祖父葬于岭间。隶职广州,每乘二竹朝往夕还,一日,家人误断竹,乃不得去。后有占气者云:"此地有天子气。"逐断山形,掘其父祖墓,发棺见尸,若蚂蛭成文,有"天子"二字,盖"子"字未成也。遂灭其家。后因号曰"天子岭",或嫌其名,曰"天资"。[25]

我们再回视黎族之传说。安阳王立国越北,其种族记忆亦随之传播。我们认为,前一灭国传说传播通过两条梁道,即未建国之前由岭南传入海南,安阳王统治骆越后再传播。在黎族人民的历史记忆中,两次亡国的传说极易混同。故出现《帕隆》之混杂形式,另有一篇《皇帝洞》亦表现出混合的特征，玉皇大帝派龙神在海南繁衍后代，龙子为兄弟二人。哥哥为争夺统治权，把弟弟杀掉。主人公为弟弟的后代，他立志为父报仇，最后失败。越人断发文身以像龙子，暗示故事的族群为百越之族。兄弟之关系即骆越与南越之诸侯关系。故事是安阳王与赵佗战争的记忆变形。而后面伯父杀害主人公后，掰开手掌，写着"长大当皇，除恶扶善"，却是"早发的神箭"主题。

另外，黎族传说中竹兵出现，明确为刺竹。刺竹为黎族防备外来入侵的天然屏障，很多村寨四周密植刺竹，只留一个出口，易守难攻。[26]在《杨都总》故事中，主人公生出于麻竹头村，四周密不透风、皆为盘根错节的刺竹。故事开头还有关于竹子的神异现象："倏然间，霹雳一声巨响，震天撼地，有三株似圆石柱粗的大麻竹拔地而起，直指苍穹，节节竹眼长得像个人头儿，每片包衣顶端还长着锋利的箭尖儿。"① 百越之布依族亦有种竹保寨习俗，贵州平塘一带的农村，祭祀四棵带根的竹子，祭司拜之为"四位濮老"，祭祀后栽于村寨的四方路口，护佑平安。[27]《酉阳杂俎》记载刺竹之根"大如酒瓮"[2]。其酷似人头的竹眼和巨大的竹根，确能激发古人的想象。

刘守华先生认为"早发的神箭"为中国所特有，是主要流行于楚地的故事。② 他是以考察湖南、湖北之相应故事为基础，兼及西南、岭南的前提下得出此结论的。他持的楚文化的范围很广，就古楚国而言，自有其合理性。

通过以上的考察，我们可以在楚文化的范围再度具体化。"早发的神箭"的故事以与楚文化甚有渊源的古蜀国的灭亡事件为中心，由蜀之移民四处传播，以竹图腾文化信仰在百越后裔诸族中的普遍性为故事接受的前提，以秦汉时代中央王朝讨伐百越为催化剂，各民族很快接受了蜀国灭亡的传说，并改造成自己部族灭亡与反抗的神话。这是故事在早期传播的心理基础。民族的聚居、部族的迁徙成为其传播的途径。蜀族后裔一路南迁，在南迁的途中向各族诉说其灭亡的神奇故事。当到达越南北部建立新的国家，其故事成为

---

① 符桂花. 黎族民间故事大集［M］. 海口：海南出版社，2010：261. 文中所直接引用的黎族民间故事，如无特别说明，均出自本书。
② 丁晓辉博士见告，此故事在其它许多地区也有流传，各有变异。

民族的痛史，必延续不衰，身处其统治区的骆越之民，便把古蜀国灭亡的传说代代相传，与安阳王建国与灭亡的神话一样，同时成为一个地域人民的心理记忆，同时也是关于古蜀国英雄失败的悲剧。时间一久，口头流传，无文字记载，相似的两个故事便发生了混合变形，这是民间故事在传播中常见的现象，而在有些骆越地区，后世两个故事虽有变形，尚各自流传。这就是《帕隆》情节混杂的根本原因。同传布于其他地区的亡国传说一样，进入漫长的封建时代，生活在不同地域的人们却常共同遭受封建统治者的压迫和剥削，因反抗斗争此起彼伏，刀光剑影，是普通老百姓"天子梦"的折射。各地附会的天子坟、将军洞、皇帝洞和地名相联系的"早发的神箭"故事更遍地开花，并在其他民间故事类型的影响下，产生了各种变异形式。但不论如何变，因竹图腾信仰之制约，其主要流传地更集中于西南和南中国的古百越地区。黎族作为骆越人的后裔，它的此类神话传说则极为典型地表现了古代百越文化的精神特质，并与黎族人民的反抗史及海南岛的贬谪文化相结合，形成其独具特色的故事形态。

参考文献：

[1] 刘守华. 楚文化中的民间故事——《早发的神箭》文化形态剖析 [M]//刘守华. 比较故事学论考. 哈尔滨：黑龙江人民出版社，2003：284-297.

[2] 段成式. 酉阳杂俎 [M]. 北京：中华书局，2017.

[3] 刘守华. 楚文化中的民间故事——《早发的神箭》文化形态剖析 [M]//刘守华. 比较故事学论考. 哈尔滨：黑龙江人民出版社，2003：284-297.

[4] 蓝鸿恩. 广西民间文学散论 [M]. 南宁：广西人民出版社，1981：228.

[5] 海南省昌江黎族自治县地方志编辑委员会. 昌江县志 [M]. 北京：新华出版社，1998：217.

[6] 吴永章. 黎族史 [M]. 广州：广东人民出版社，1997.

[7] 高泽强. 黎族长篇叙事——帕隆 [M] //海南省民族研究所. 拂拭历史尘埃：黎族古籍研究. 昆明：云南民族出版社，2006：250-251.

[8] 陈桥驿. 水经注校证 [M]. 北京：中华书局，2013：822-823.

[9] 欧阳忞. 舆地广记 [M]. 李勇先，王小红，校注. 成都：四川大学出版社，2003：1214.

[10] 徐中舒. 论巴蜀文化 [M]. 成都：四川人民出版社，1982：150-165.

[11] 陈国强. 百越民族史 [M]. 北京：中国社会科学出版社，1988：251.

[12] 农学冠. 岭南神话解读 [M]. 南宁：广西民族出版社，2000：123.

[13] 蒙文通. 越史丛考 [M]. 北京：人民出版社，1983：66.

[14] 干宝. 搜神记 [M]. 李剑国，辑校. 北京：中华书局，2007：669.

[15] 扬雄. 蜀王本纪 [M] //严可均. 全上古三代秦汉三国六朝文. 上海：上海古籍出版社，2009：403.

[16] 罗开玉. "鳖灵决玉山"纵横谈——兼析《蜀王本纪》的写作背景 [J]. 四川师范学院学报，1984（1）：69-77.

[17] 郑玄，孔颖达. 礼记正义 [M]. 上海：上海古籍出版社，2008：547.

[18] 曹学佺. 蜀中名胜记 [M]. 刘知渐，点校. 重庆：重庆出版社，1984：212.

[19] 沈慄. 哀牢文化新探——倭奴即哀牢说 [J]. 社会科学战线，1985，31（3）：130-138.

[20] 屈小强. 巴蜀氏族—部落集团共同图腾是竹 [J]. 四川师大学报，1992 No.86（3）：89-96.

[21] 李伯章. 蜀开明氏族蜀试探——兼释"故大夜郎国"与"汉夜郎国"[J]. 贵州文史丛刊, 1994 (2): 32.

[22] 司马迁. 史记[M]. 北京: 中华书局, 1959: 2977.

[23] 刘文典. 淮南鸿烈集解[M]. 冯逸, 乔华, 点校. 北京: 中华书局, 2013: 752.

[24] 梁钊韬. 西瓯族源初探[J]. 学术研究, 1978 (1): 129-135.

[25] 王象之. 舆地纪胜[M]. 影印道光二十九年刻本. 天津: 天津古籍出版社, 2005.

[26] 王辉山. 黎族竹文化[M]//海南省民族研究所. 拂拭历史尘埃: 黎族古籍研究. 昆明: 云南民族出版社, 2006: 347-355.

[27] 罗曲. 布依族的竹崇拜[J]. 西南民族大学学报, 2000, 21 (11): 43-46.

(本文已发表于《海南热带海洋学院》2018 年第 4 期)

主题学视域下的黎族与其他壮侗语族民间爱情叙事长诗比较[*]

按照民间叙事长诗的内容或者主题来看,可以把长诗基本分为爱情类长诗和社会矛盾类长诗,其中爱情类型是一般民族中叙事长诗较为丰富的。黎族爱情长诗如《甘工鸟》《猎哥与仙妹》《巴定》《四季歌》等;傣族的如《召树屯》《娥并与桑洛》《宛纳帕丽》《玉南妙》《南波冠》《葫芦信》等,极其丰富;壮族的如《唱文龙》《唱离乱》《幽骚》;布依族的《光铁芳》《布卡和兰莎》;傈僳族的《重逢调》《逃婚歌》;侗族的《珠郎娘美》《秀银与吉妹》等。在民间叙事长诗特别是爱情叙事长诗中,由于文学传承、汉族经典叙事文学的影响和文学惯性等众多原因,情节模式化是非常普遍的现象,以情节单元为核心,是主题学研究的一个重要范畴。下面就把黎族和其他诸百越民族民间爱情叙事长诗依据情节单元进行分类、阐释,挖掘他们同属百越民族的共性和在发展中形成的各自的民族特色。

一、爱情—阻挠—幻化成某种东西的情节模式

《甘工鸟》[1]在黎族中有民间故事、叙述短诗与杜桐由搜集的短诗创作的叙事长诗三种形态。作为文人创作,《甘工鸟》由二十几行的短诗增加的两百余行,也完成了由原来的民间爱情故事到国家意识形态的转变,爱情在故

---

[*] 本文作者:段莲,海南热带海洋学院人文社科学院副教授。

事中升华,斗争也在长诗里形成。从长诗中的爱情形态来看,《甘工鸟》讲述的是民间爱情故事中最为常见的爱情与阻挠主题,像所有这类爱情故事一样,长诗中的人物或者说角色,除相爱的男女外,都有一个第三者,也即角色中的三号。这样故事的主角即是阿甘、劳海这对爱人和帕三顺这个反面角色,围绕这正反两面,形成了两种观念与意志的抗衡,最终是恶与丑的代表赢得了某种胜利,但善与美却在失败中或失败后赢得了另一种胜利,而且这种胜利往往是最终意义的胜利。因此《甘工鸟》所形成的故事是这样的:美丽善良的姑娘阿甘和勤劳英俊的猎人劳海相爱,但地主奥雅之子帕三顺看上了阿甘,于是逼婚,逼婚不成便抢亲。劳海受伤逃入山中,阿甘被关押起来。恶与丑先取得一场胜利。在关押中阿甘得到仙人的帮助,插上银翅变成了一只美丽的飞鸟,这时劳海恰好骑马来解救她,双双逃走。于是爱情出现了转机,命运开始倾向于善与美的代表。从这里开始,故事的讲述出现分歧:一种结局是他们在与随后追赶来的帕三顺的混战引起的大火中双双化为飞鸟,鸣叫声如"甘工",于是人们就叫它们为甘工鸟;另一种结局是他们打败了随后追赶来的帕三顺,而且阿甘重新恢复人形,和劳海一起过上了幸福的生活——而且还要为其他的穷人谋取幸福。从中可以看出,前一种故事结局是悲剧性的,在这种结局中,恶与丑在胜利的同时又失败了,而善与美在失败的同时又胜利了,前者的胜利属于世俗意义上的,从精神这一维度来说是失败的,后者与此恰好相反。后一种结局显然是喜剧性的,是大团圆的典型。在这种故事结局中,命运最终和善与美同在,当它们同时胜利到达终点时,它们已经完成了一种道德训诫。因此,这种胜利的主角其实是道德,而不是爱情本身。不言而喻,这两种结局都有它的现实基础,但依然能够作出某种区分,如前一种现实的基础是历史,后一种的则是心理。在前一种结局中,善恶美丑都分别得己之所得、失己之所失,从而形成历史的辩证、达到了历史的平衡;后一种结局的心理基础使善恶美丑本身被强大的国家意志取代,由此也使民间爱情胜利转变为国家意志胜利,于是民间故事的主角及主题都悄然滑向国家意志,并失去历史的辩证与平衡,最终,国家意志被自身的强大逻辑推向历史,成为历史本身。这种角色与主题转变的实质,就是民间伦理被纳入了国家意识的轨道。当然,杜桐的《甘工鸟》选取的是后一种结局。

从历史演变角度看,这种在民间爱情长诗中广泛存在的三角模式,应该是人类远古婚姻从群婚向一夫一妻对偶婚、"从夫居"取代"从妻居"过渡阶段在后代的某种遗留,而这种男人或者说雄性间的角力又是所有生物的本能。不过在"甘工鸟"这个故事中,还有另一种原型,即"羽衣仙女"故事。

"羽衣仙女"故事是广泛存在于民间的一种故事模式。一般而言,故事讲的多是作为凡人的男主人公和仙子相爱,而由于某种阻挠或者过失,或者仙子丧失了羽衣化仙的可能,或者男子失去仙子。当然,"甘工鸟"的这种"羽衣仙女"故事色彩已经很淡了,只保留了"变形"。不仅阿甘开始时是凡身俗体,而且从故事来看,可以说它本来说的是"甘工鸟"这种鸟的来源,是属于风俗、风物诗范畴的。但在傣族《召树屯》《孔雀姑娘》中,"羽衣仙女"故事原型的色彩很充分。

《孔雀姑娘》[2]讲的是一个由现实变成的神话故事:从前南浪湖畔有一个叫勐庄的寨子,有一个姓刀的老人有七个莲花一样美丽的女儿,最大的女儿依腊和邻村的岩永相爱。岩永是孤儿,但勤劳善良。同样住在岸边的凶恶残暴的魔王看上了依腊,提亲不成就抢亲。依腊被关了起来,岩永在救依腊时被魔王发现并被打死,依腊自杀。魔王仍不甘心,在丧礼中要来娶二姑娘。被赶走后,魔王为了报复,当天夜里把老人住的竹楼烧毁,在浓烟烈焰中飞起七只孔雀,它们沿着寨子和湖面盘旋三圈后飞走了。原来这七个美丽的姑娘是孔雀的化身,因羡慕人间而下凡,但最终失望而去。此后每年的正月初七的晚上,就会有七只孔雀在湖中洗澡。飞来时她们哀伤地唱道:

　　飞啊,飞啊
　　我们又回到我们思念的地方
　　啊,我们不知道是欢乐,还是悲伤

>一想起我们住过的竹楼
>
>就听见亲人那含泪的呼唤
>
>只是一看南浪湖
>
>又高兴地看到可爱的故乡

在天亮前她们必须飞回天堂。她们在湖面飞来飞去,凄楚而歌:

>故乡啊,我们又要分离
>
>过去的伙伴啊,我们还来不及问候
>
>只一瞬间,我们又要飞走
>
>恨只恨那恶毒的魔王
>
>再见了,故乡让我们再看看你的面貌

从此在元江傣族中形成一种风俗,在每年的正月初七,男女来到湖边歌舞,自由选择爱人;这一天是青年男女的洗澡节。

可以看出,《孔雀姑娘》和《甘工鸟》很相似。它们都既是爱情长诗,又是解释风俗风物起源的风俗诗。在内容上,爱情的角色、过程都如出一辙,不同的只是结局:"甘工鸟"故事有不同的结局,而《孔雀姑娘》的结局是唯一的。

《召树屯》[3]中喃婼娜也是孔雀仙子,但召树屯不是猎人和孤儿,而是王子。后来召树屯因为战争出征,留下喃婼娜在王宫,灾难于是降临。国王做了个奇怪的梦,解梦的摩古拉说只有杀了喃婼娜才能解除即将降临在国王和人民的灾难。在利益面前,国王和百姓对喃婼娜的哀求与解释不敢回应。喃婼娜提出在死前要跳最后一次舞,于是她得到自己的孔雀衣,最后飞走了。出征回来的召树屯得知喃婼娜飞走后历尽艰辛去魔国寻找心上人,下面就出现了在民间爱情故事中经常见到的"难题"——求婚故事。当然,相爱的人最终相拥在一起。

《召树屯》和《孔雀姑娘》里的孔雀本来是傣族的图腾,其故事是鸟图腾神话和羽衣仙女故事相融合而成的。傣族生活在亚热带的森林中,那里一直是孔雀之乡。但这里故事的背景也有佛教的影子。如在《召树屯》中，解梦的占卜师摩古拉无疑是代表原始巫术的，而他对喃婼娜的忌恨以至于要借机除掉，可能就另有意味了。

二、爱情—阻挠—生离死别或双双殉情的情节模式

黎族的爱情叙事长歌《巴定》[4]具体地叙述了黎族古代社会的婚姻悲剧，巴定在"布隆闺"里有了情人，隆闺是黎族青年男女分别建造在村边的草房，供青年们娱乐、谈情说爱和睡觉用，也就是说黎族社会风俗是允许青年男女自由恋爱的，但婚姻不能自主，要听从父母之命。父亲看重的是钱财、是富有，正如诗中所唱：

"隆闺"里头别情郎
铜锣米酒换侬去，
巴定终回还。

牵来了大牛，
送来了蛙锣，
抬来了银元，
挑来了米酒。

父亲眼中女儿心中那炽热的、坚贞的爱情根本不值一提，他根本看不到爱情对女儿年轻的生命有多重要，他以自己的阅历、多年生活的艰辛，一厢情愿地认为要找经济条件好的女婿，女儿出嫁后不愁吃、不愁穿，自己也能得到大量的聘礼，岂不两全其美。所以他先是骗女儿说嫁的是"同村寨的伙伴，布隆闺的好友"。巴定嫁到番阑，因为"公婆刁如猴，整天骂不休"，因为"新郎又老又难看，巴定心紧揪"，重新回到娘家。可是家里人除了她母亲同情外，其他人都历数番阑人家的富有，看重的还是经济条件，爱情只是附庸或者根本不存在。巴定只有重踏公婆家的门，在"阵阵大风狂"中，忍受对情人的相思之苦，忍受公婆的辱骂，忍受丈夫的无情。

219

巴定最终和情人分离了,独自踏上了悲剧人生的征途,分离他们的与其说是她的父亲,不如说是那个物资匮乏、穷苦的社会。古代黎族大都生活在海南岛中部的群山之中,交通不便,自然资源匮乏,一年忙碌到头能吃饱饭就不错了。所以父亲,这个爱情当中阻挠者的角色就非常普遍、典型了,可以说是黎族社会爱情婚姻悲剧的一个缩影。这种因为经济原因而导致有情人劳燕分飞或双双殉情的爱情叙事长诗在其他百越民族中也大量存在。如侗族的《秀银与吉妹》[5],周秀银是崔吉妹家的长工,他们"一年长工,他俩同山做工来相伴;两年长工变成一对难离的情人"。可见他们是在日常生活中,互相爱慕、互相欣赏,最终成为难分难离的情人的,他们的爱情有坚固的基础,也为日后的殉情做了铺垫。他们的爱情不被吉妹的母亲所理解,"她母亲不知道女儿为什么这么多情?一天三餐白饭吃得这么香甜,她母亲不知道长工为什么这么高兴?秀银白天上山不怕苦和累"。她母亲不理解女儿为爱痴狂的情谊,不解爱情为何物,也许她只是认为那是小儿女过家家,于是她就自作主张把吉妹许配给薛家财主,她像巴定的父亲一样,首要看重的是家庭经济条件,爱情在她眼里是根本不存在的。显然,势单力薄的一对情侣是无力与财高的薛家抗衡的。他们只能用自行支配的言行来控诉无情的现实。例如:

> 吉妹说:假如相爱不成妹心碎,
> 黄泉童子带路我愿同哥去阴城。
> 秀银说:活着我们应该是一家,
> 死了也要共葬一丘坟。

言语的反抗终究改变不了残酷的现实。秀银终于积气成疾,悲愤难平,最后"咬牙翻眼不再醒"。吉妹实践了"生要共一家,死要共坟堆"的誓言,吞食了鸦片,"手抓泥堆,魂追周秀银"双双殉情而死。

傣族的《娥并与桑洛》[6]也是这一类的爱情悲剧。景多昂英俊的小伙子桑洛外出做生意,在孟根找到了中意的姑娘娥并,两人一见倾心,可是他们的爱情遭到母亲的反对,她想把同样是富有商人(沙铁)的外甥女阿扁作为自己的儿媳，在此我们可以看出桑洛的母亲和巴定的父亲、吉妹的母亲是一样的，他们看不到爱情对年轻生命的重要性，看不到爱就是年轻生命的灵、生命的根，桑洛的母亲把儿子当作自己的私有财产，不尊重儿子独立的人格，以自己的好恶、财富的多寡为儿子选择儿媳妇，最终导致了悲剧的发生，"留下桑洛一个人，活着也不再有生命"。爱人死了，心中炽热的爱恋也没了对象，生命也就从此枯竭，于是他一刀自杀了，倒在了娥并的身旁。壮族的《幽骚》、傣族的《南波冠》[7]同样是这一类爱情故事。《南波冠》的爱情悲剧是这样的：管水头人的女儿南波冠在父亲死后给寨子放牧，一天她在山上遇到一只猛虎，危险中猎人首领的儿子宰坝杀死猛虎，救了她，从此两人相爱了。但在结婚前夕，南波冠被国王看中，国王想霸占她，便欺骗宰坝，让他去森林里捕大象，趁机抢走南波冠。宰坝发现受骗，从宫殿溜了偷偷带着南波冠，和她一起逃入森林成婚。严冬来临，他们没有食物，也没有火，这时南波冠已怀孕。宰坝外出寻找火种，结果被大雨所阻，当他终于回到家时，南波冠已经在狂风暴雨里因分娩虚弱死去，婴儿也已经被蚁群咬烂。宰坝悲愤地埋葬了妻儿，走进大雾之中。

以上长诗中的男女主人公都为争取恋爱婚姻的幸福与自由，进行了不屈不挠的斗争，甚至不惜以生命殉情，造成这一悲剧的直接原因是人民的贫富、门第等观念；是父母对儿女爱情的不理解，不懂爱，不知道他们一味地阻止会造成什么后果；是爱情与婚姻冲突的结果。南方百越民族有很多习俗是给青年男女的自由恋爱创造机会的，如黎族的"三月三"、壮族的歌圩、侗族的"坐夜""走寨"等。爱情与婚姻相关联，但爱情不等于婚姻，在爱情中，主体是人，是相爱双方忠贞不渝的情感；而婚姻的主体是物，是"聘礼"，是牛和羊，是米酒、肥猪、稻田新房、奴儿，总之是财富与地位。很明显，在二者的对抗中，爱情处在不利的地位。爱情会导致婚姻，但爱情不一定能成就婚姻。在这里，婚姻并不仅仅只是维持爱情，它还要维护家庭、维持社会。爱得强烈而持久，如不能结合，悲剧便发生了。

三、爱情—阻挠—团圆的情节模式

黎族的《抗婚歌》[8]偏重抒情,从严格意义上来说可能把其归为抒情诗更合适。但从它确实具有事件过程以及和其他黎歌相比篇幅稍长上来看,这里仍把它放在叙事诗的范畴中。

《抗婚歌》叙述的是一对相爱的男女为了爱而远走他乡的故事。整首歌是以女主人公的口吻叙述"我俩"的爱情经历:

> 双双坐在山坡上,
> 拔弄着茅草尖,
> 扫弄着茅草尾。
> 我俩的爱情很不幸,
> 心里像针扎一样苦,
> 因为阿拜给我另定婚。
> 我俩转来转去,
> 哭上了溪流和深潭。
> 你站在溪那边哭着,
> 我站在潭这边哭着,
> 眼泪把纱线染上色。

他们相爱了,但他们的爱情遭到女方父亲的反对,父亲给女儿另定了婚事,他们被迫"到遥远的天边",到汉人居住的地方。在那他们"与异乡人友好相处",过上了幸福的生活,"我们有了可爱的孩子,异乡的邻居都来探望"。男女主人公的爱有了归宿,但他们却陷入对家乡和亲人的无尽思念中,最终踏上了回家的路。当他们——

> 远远望去,
> 见到了故乡的椰梢,
> 我们轻轻地,

轻轻地叹气——

长诗的开头和结尾是诗中最为动人心魄的部分。一个是离乡前的彷徨哭泣，一个是多年之后回乡时的遥望叹息。对于这对相爱的人来说，回乡可能是另一种离乡。这种开始就是结束、结束即开始的故事结构，使时间与空间静止，从而和"抗婚""逃婚"紧张的主题相呼应，叙述效果令人震撼。黎族的另一篇叙事长诗《猎哥与仙妹》[9]也是以大团圆模式结尾：猎哥从小父母双亡，在乡亲们的帮助下慢慢长大，猎哥勤劳、勇敢、技艺高强，虽然有很多姑娘爱猎哥，但因为他是"孤寒仔"，父母都不愿将女儿嫁给他。七指岭上的仙女听到猎哥的爱的哀歌，下凡和猎哥成亲，有情人成眷属，同村的财主打西看到仙妹长得漂亮，就派人把仙妹劫走，猎哥在神仙的帮助下，最终战胜打西"忽然山洪滚滚下，冲得打西命都无"。猎哥与仙妹的胜利得益于仙人的帮助，这是幻想的胜利，是一种精神胜利法的表现。在古代社会，爱情在金钱与权势面前，抗争也是无用的，往往会落得悲剧性的结局。所以他们便借幻想获得一种精神上的慰藉。如果第二种爱情模式是现实残酷的反映，那么这一类爱情叙事长诗则是人们美好愿望的体现。

这种通过神仙救助或有威望的人帮忙取得爱情胜利的情节模式，在百越诸民族爱情叙事诗中占相当一部分。如布依族的《金竹青》[10]，她叙述布依族姑娘郎秀和后生凡龙在丢花包中相爱，两人削金竹为誓，要让爱情像榕树一样长青。他们的爱情得到父母和寨邻的祝贺。可是他们的爱情遭到第三者的阻挠，有钱有势的绍宋垂涎郎秀的美丽，利用权势强迫凡龙从军，然后抢走郎秀，威逼成亲。幸亏好心的鲤鱼给凡龙送信，凡龙骑上天马赶回来，凡龙杀死了绍宋，用绍宋的头祭郎秀，郎秀复活。他们乘着金竹的光华升天而去，这里出现了神物：鲤鱼、天马、金竹，正是借助他们的力量，爱情胜利了。还有布依族的《布卡和兰莎》[11]是在布依族老人的帮助下杀死爱情的阻挠者，爱情才得以胜利。

黎族和其他百越民族的爱情叙事长诗有共同的情节模式，诗歌中的男青年与女青年相爱，他们的爱情由于第三者的阻挠而发生爱情悲剧，结局由于人们美好的愿望,也可能带上神话的色彩,使男女主人公仙化而去或在人间结合。民间叙事长诗是民族活的文化记忆,在它们的歌唱与哀诉中,复活的不仅是人与事、爱恨与情仇,也是民族与历史本身。

参考文献:

[1] 杜桐. 甘工鸟 [M]. 广州:广东人民出版社,1960.

[2] 岩峰,等. 傣族文学史 [M]. 昆明:云南民族出版社,1995:658-659.

[3] 岩叠,陈贵培,刘绮,等. 召树屯 [M] //上海文艺出版社. 中国民间长诗选(第一集). 上海:上海文艺出版社,1980:417-480.

[4] 符桂花. 黎族传统民歌三千首 [M]. 海口:海南出版社,2009:661-665.

[5] 杨通山,蒙光朝,过伟,郑光松,等. 侗族民歌选 [M]. 上海:上海文艺出版社,1980:288-298.

[6] 岩峰,等. 傣族文学史 [M]. 昆明:云南民族出版社,1995:615-621.

[7] 岩峰,等. 傣族文学史 [M]. 昆明:云南民族出版社,1995:643-648.

[8] 符桂花. 黎族传统民歌三千首 [M]. 海口:海南出版社,2009:200-2055.

[9] 符桂花. 黎族传统民歌三千首 [M]. 海口:海南出版社,2009:470-475.

[10][11] 布依族文学史编写组. 布依族文学史 [M]. 贵阳:贵州民族出版社,1992:355-356.